叢書・ウニベルシタス　1050

カンギレムと経験の統一性

判断することと行動すること　1926–1939年

グザヴィエ・ロート
田中祐理子 訳

法政大学出版局

Xavier ROTH: "GEORGES CANGUILHEM ET L'UNITÉ DE L'EXPÉRIENCE ;
JUGER ET AGIR (1926-1939)"
Préface de Claude DEBRU

カンギレムと経験の統一性——判断することと行動すること　一九二六—一九三九年　目次

凡例

一、本書は Xavier Roth, *Georges Canguilhem Et L'unité De L'expérience : Juger Et Agir (1926-1939)*, Librairie Philosophique J. Vrin, Paris, 2013 の全訳である。

二、原文でイタリックとなっている箇所は傍点や〈 〉などで強調する。書名の場合は『 』とする。大文字で表記されている語も〈 〉で示す。

三、原文の《 》は「 」とする。なお、〔 〕は原文の引用も含め、訳者が読者の便宜を考慮して挿入したものである。

四、原注は＊に番号を付け傍注とする。原書では頁毎に番号が振り直されているが、本邦訳書では章毎の通し番号とした。また、訳注は番号を付け、各章末に掲載する。

五、原書での引用については、邦訳があるものはそれを参考にしつつ、引用の文脈等に応じて訳者があらためて訳し直し、訳語を変えた場合もある。その場合も邦訳の該当箇所を記す。また、原文の引用文中での原著者による挿入・追記は［ ］とし、原典における（ ）と区別する。

カミーユ・リモージュに捧ぐ

緒言

断言できることとして、カンギレムの作品は、著者の逝去にしばしば伴う、忘却の煉獄に見舞われることはなかった。このグザヴィエ・ロートの素晴らしい著書は、そのことのさらなる、そして輝かしい証左である。輝かしいというのは、この書物が、歴史的な意味でも、政治的にも学問的にも、多くの点で極めて決定的な意味を持った一九三〇年代という時代のさなかに、ある重要な哲学的思考が生まれたことを、我々に初めて目撃させるものだからである。すなわちこの書物は我々に、「弟子」カンギレムから「師」カンギレムへという、一個人の身に生じたその変貌を目撃させる。この変貌には困難や危機がなかったわけではなく、そしてそこには生と思想、人物と哲学との間の緊密なつながりという、哲学としての真正さの疑う余地のないあかしがある。個人の生と現実の試練が、それまで受けいれられてきた観念や自明の理とされてきた事柄、正統ではあるが古びてしまった信条の数々を、明るみにひき出すこととなるのである。アランと共有されていた平和主義は、三〇年代の衝撃に抗しえなかった。カンギレムはスペイン内戦の時期にトゥルーズで教職に就いており、これを間近で見ることになった。生理学者カミーユ・スーラ、そのスーラによってトゥルーズに招かれていたアメリカ人の同僚であるウォルター・キャノンらは、対ファシズムの戦いでスペイン共和派を支援すべく尽力していた。この対ファシズムの戦いに、カンギレム自身もフランスの政治的動乱の中で加わるのだが、周知の通り、その戦いは一国的な文脈を超えた、はるかに激しいものとなっていった。従って、二〇年代終わりから三〇年代にかけてのカンギレムの哲学的思考の展開の背後、つまり手短に言えば、ラシュリエ、ラニョー、アランによって受け継がれたカントに源泉をもつ「判断」の哲学から、カンギレム独自の「技術」および「生命」、そして最終的に「医学」を参照領域とするような「価値」と「行動」と「選択」の哲学へと向かう展開の背後には、もう一つ別の変遷の存在を思い浮かべるべきなのである。この場合それは歴史的な展開というものであり、そしてこの歴史的展開との関係において、哲学者は決断をする。それゆえ、哲学者の深奥からの信念によって生み出された思想についての哲学的な読解の後景に、我々は、三〇年代の危機によって重く困難なものとなっていた、そして成熟の途上にあったカンギレムがそれを生きるとともに思考していた、社会的・政治的・イデオロギー的な問題の数々の確かな存在を見ることができるのである。

かくして、私はグザヴィエ・ロートのおかげでようやく、フーコーに対するカンギレムの称賛の哲学的な理由を理解することができた。その理由とは、フーコーがその『言葉と物』において、カンギレムが彼自身で体験し感じ取りながら、しかし十分に明確な形で言葉にすることができなかったことを、ある体系的なやり方で説明したということに由来する。すなわちそれは主体の消失、つまりデカルトのコギトであれ、カントの超越論的主体であれ、主体というものが、経験的・生命的・社会的諸構造と引きかえになって消失したのだということであり、そしてそこでは経験という要素こそが、超越論的な基盤づけという企てにおける空位を埋めるのだということである。しかし、カンギレムは本当に、あらゆる形式の主体による固定化作用を断念していたのだろうか？　生命の規範性の哲学者が、そもそもそれを完全に断念するなどということがありえたのだろうか？　グザヴィエ・ロートによって再構成された、カンギレムがその主要業績群に至るまでに進んだ哲学的道程は、そのように根本的な、そして恐らくは解くことの不可能な問いを提起するものである。そこでは我々は、哲学的世界が現実世界と極めて不思議な関係を結んでいることを知る。この哲学者は現実世界を、可能的なことという尺度において解釈するのである。彼は（アランの教えに従って）、まず第一歩目から現実と自らとを対決させるのである。それが彼の本質であり、立場である。たとえそれがどれほどありそうもないことであろうとも、新たな現実を創り出すべく、そのための危険を冒し、行動的に参与するという点において、彼は哲学者である。この哲学は価値の主張という点において必然的に観念論＝理想主義〔idealisme〕と一体化するものであり、それは二つの特に相応しい領域において表現される。つまり、精神の変容としての教育と、社会的構造および規準の変容としての政治行動である。カンギレムは、あらゆる人に知られた控えめさを持ちつつも、この二つのどちらにおいても力を惜しむことはなかった。

このグザヴィエ・ロートのかくも該博な著作は、以上のような考察を触発するものとなろう。カンギレムほどの哲学者、すなわちその独自性、誠実さ、そして哲学への献身に対する絶対的な忠実さにおいて、二〇世紀の最も偉大な哲学者の一人である人物について、その思考の形成期となる初期の知的道程を、説得力があり、しかも辿りやすい形で復元するのは、容易なことではなかった。ここに加わった新たな証言であるこの書物は、ジョルジュ・カンギレムという哲学者の人物像を理解するうえで、欠くことのできない貢献となるものである。

クロード・ドブリュ

序章　「仮面を被って進み出る」——哲学者カンギレム

そうであれば、私はまたも、小心さと遠慮のために誤りを犯してしまったのだと思います。自分を表現することをためらったせいで、私の感情のよき部分を失い、そして恐らく真実とは逆の批判を受けることとなってしまうのは、これが初めてのことではありません。

カンギレムからJ－R・ブロックへの手紙、一九四六年三月一九日付[訳注1]

逆説的な影響力を持った専門的な著作

ミシェル・フーコーは、ジョルジュ・カンギレムの著作が持つ大いに逆説的な影響力を明瞭に理解していた、我々の知る限り最初の人物である。よく知られた論考「生命——経験と科学」においてフーコーは、「六〇年代の奇妙な時期」に主導的な役割を果たした哲学者たちに対し、カンギレムが及ぼしていた権威を、ある逆説として見事に示してみせた。

その結果ひとつの逆説が生まれる。カンギレムの作品は厳格であり、科学史のある特定の領域に注意深く身を投じている。いずれにせよ科学史などはおもしろおかしい学問としては通用しない。ところが、彼自身はおよそ参加しようとはしなかった議論のなかで、彼の作品が問題とされることになったのである。[*1]

カンギレムの作品とは、それが扱う対象の専門性と、それからその作品が書かれる際の研究作業が示す慎重さに満ちた学識との両方において、確かに厳格であった。たとえば「一九世紀における『医学理論』終焉への細菌学の効果」、「一九世紀における甲状腺の病理学と生理学」、「オーギュスト・コントのフェティシズム論における宗教史と科学史」、さらに言えば彼の哲学博士論文である『一七世紀および一八世紀における反射概念の形成』を見れば、それはわかるだろう。しかしながら、そしてこれこそが科学史の「ある特定の領域に注意深く身を投じている」著作が持った逆説的な運命なのだが、カンギレムは「一世代にわたるフランスの思想家たちにあれほどの賛嘆と親愛を抱かせた[*2]」のであり、それゆえに彼について〔ピエール・〕ブルデューはその『自己分析のための素描』において、「思想の師」、「トーテム的エンブレム」、「灯台」、「高官〔マンダラン＝官吏〕」、「範例的な人物」、そして「フランス的と言ってよい合理主義の伝統においてもおそらく最良の部分を代表している」「本当の意味で普遍的」な思想家だと、言葉を重ねて紹介するのである。つまり、一方には対象を厳密に限定した専門的著作、他方にはそれが掻き立てることとなった「普遍的」な反響があり、そこに逆説的な関係性が発生しているのである。

この、フーコーに倣うなら「フランスの知識人界の社会学」[*3]と呼べるものの土台の上に成立した第一の逆説に対して、これと比べると強調されることの少ない、第二の逆説というものを加えておかなければならない。周知の通り、フーコーはカンギレムによって占められた逆説的な立場について、これをフランス哲学の中に一本の分割線を引くことによって解体・再構成することを提案した。すなわち、

経験、意味、主体の哲学と、知、合理性、概念の哲学。一方ではサルトルとメルロ＝ポンティの系譜があり、他方にはカヴァイエス、バシュラール、カンギレムの系譜がある。[*4]

この二分法は大きな反響を呼び、また、繰り返し哲学的な議論を引き起こしてきた。[*5] ここではその議論

＊1　M. Foucault, « La Vie, l'Expérience, et la Science », *Revue de métaphysique et de morale*, 1, janvier-mars 1985, numéro spécial consacré à Georges Canguilhem, p. 3-14, repris dans *Dits et Écrits II*, Paris, Gallimard, 2001, p. 1582-1595, p. 1582-1583.〔『フーコー・コレクション六　生政治・統治』小林康夫・松浦寿輝・石田英敬編、筑摩書房、二〇〇六年、四二一頁〕

＊2　P. Bourdieu, *Esquisse pour une auto-analyse*, Paris, Raison d'agir, 2004. 引用については p. 22-23 et p. 40-45, p. 40-41.〔『自己分析』加藤晴久訳、藤原書店、二〇一一年。ここでの各々の引用については、同書二九頁および五一―五六頁を参照。なお「高官」とはカンギレムがフランス高等教育制度内で占めた地位を指すものであり、これによってブルデューは「自由な哲学者というイメージによりふさわしい活動に専念する代わりに［…］彼は準備学級担当教員、全国視学官、哲学教授資格試験審査委員を歴任した」（同五六頁）ことを批判する者たちの存在に言及している〕

＊3　M. Foucault, « La Vie, l'Expérience, et la Science », *op. cit.*, p. 1582.〔『フーコー・コレクション六』四二一頁〕

＊4　*Ibid.*, p. 1583.〔同四二二頁〕

＊5　P. Cassou-Noguès, P. Gillot (éd.), *Le Concept, le sujet et la science*, Paris, Vrin, 2009. を参照。

について詳しく述べることはしないでおこう。我々が注意を向けたいのは上記のテクストに続く箇所であり、そこでフーコーは、第一の逆説よりも哲学的にさらに深遠なものである、第二の逆説について強調しているのである。主体の哲学を一方に置き、もう一方に概念の哲学を置くこの分割に関する議論に引き続いて、フーコーは次のように述べている。

　一見したところ、この第二の系列のほうは、より理論的で、より思弁的な問題に閉じこもっており、直接に政治的な問いかけからも遠ざかっていたように思われる。しかし、戦時中にきわめて直接的なかたちで闘争に参加したのは、こちらのほうだ。あたかも合理性の基礎の問題が、その存在のアクチュアルな条件への問いかけと切り離せないかのようだったのだ。[*6]

この第二の逆説とは、フーコーにとって、言うまでもなくカンギレムとカヴァイエスによって戦時になされた英雄的行動のことを指している。すなわち、エピステモロジーと科学史の難解な問いに専心する哲学者でありつつ、彼らは、それが必要だと感じられたときには、ためらいなく武器を手にとったのである。だが、〔ルートヴィヒ・〕ウィトゲンシュタインの重用した区別をここで援用して、我々はこの実践的な身を投じるという行為＝アンガージュマンは、哲学者たちのテクストにおいては決して語られることはないまま、しかし示されているのだと言いたいと思う。カンギレムについて言えば、彼のテクスト群の最終目的とは、著者が明示的にそのテクストに与えていた境界線、つまり「科学的諸概念の形成、変形および修正の歴史」[*7]を辿るという境界を、確かに超えたところにあったと考えられるからだ。それはすなわち、彼においては、科学の歴史とは従属的な歴史であったということである。しかし、ではそれは何に従属していたというのか。『一七世紀および一八世紀における反射概念の形成』の序文で、カンギレムは以下のように表明している。

従来あまりにしばしば混同されてきた複数の観点をしっかりと区別しながら、歴史的、批判的にこの問題を見通すというのがわれわれの目的である。だがこれは何も、学識を楯に議論する学者が熱心なあまりに陥りがちな、他人の非をあげつらおうという点に目標を置こうというのではなく、この問題を掘り下げることで浮上してくる可能性のある、科学史やエピステモロジーにとって有益な教示を引き出すという点に意義を見出すからなのだ。[*8]

言い換えるなら、彼の科学史研究の最終目的とは、エピステモロジー、すなわち科学の認識論に関わるものだということだ。この主張は既にドミニク・ルクールによってなされたものである。「G・バシュラールのエピステモロジーとは、歴史的なものであった。一方G・カンギレムの科学史とは、エピステモロジー的なものである」[*9]。ここでは、エピステモロジーという観点においてカンギレムの作品が果た

＊6　M. Foucault, « La Vie, l'Expérience, et la Science », *op. cit.*, p. 1584.〔『フーコー・コレクション六』四三三頁〕

＊7　G. Canguilhem, « La constitution de la physiologie comme science », dans G. Canguilhem, *Études d'histoire et de philosophie des sciences* (1968), Paris, Vrin, 7e éd. aug., 2002, p. 235.〔『科学史・科学哲学研究』金森修監訳、法政大学出版局、一九九一年、二七三頁〕

＊8　G. Canguilhem, *La formation du concept de réflexe aux XVII*^{e} *et XVIII*^{e} *siècles* (1955), 2e édition revue et augmentée, Paris, Vrin, 1977, p. 3.〔『反射概念の形成——デカルト的生理学の淵源』金森修訳、法政大学出版局、一九八八年、六頁〕

＊9　D. Lecourt, *Pour une critique de l'épistémologie (Bachelard, Canguilhem, Foucault)*, Paris, Maspero, 1972, p. 71.

した貢献について、これを問い直そうというわけでは全くない。しかし我々としては、たとえカンギレムのテクストが明白に科学史とエピステモロジーについて語っているとしても、それらはさらになお別のものを示しているのであり、そしてそこにおいては、エピステモロジーとしての貢献というだけではそのテクストのもたらすメッセージのすべてを汲み尽すことはできないのだということを主張したい。なぜなら、この二人の科学的概念の歴史家たちの独創性をなすものであり、また彼らに抗しがたい魅力をもたらしているものとは、彼らから読者が得ることとなる教えが、〔ルネ・〕タトン風[訳注2]の学識深い科学史研究が提供する情報も、そして同時に〈厳密な意味での〉〔stricto sensu〕エピステモロジーの枠組みも、超え出るものだというところにあるからだ。

　そこから何が理解できるだろうか。フーコーの指摘した二つの逆説に続けて、上記のカンギレムの表明の意味を明らかにしてくれるかもしれない、第三の逆説を提起することができるだろう。『正常と病理に関するいくつかの問題についての試論』[10]〔以下『正常と病理』とする〕の刊行からは、七〇年の時間が流れている。遺伝学と分子生物学を主要な基盤とする今日の医科学は、カンギレムの知っていた一九四〇―五〇年代の医学の理論的・実践的世界とは、もはやあまり関わりのないものとなっている。このことは、『正常と病理』を主導していた思想にも、確かに影響をもたらさずにはいない。とりわけ、病気の同定を可能にするものは主体という次元にしか存在しないとした命題のことを思い起こしておきたい。カンギレムは次のように書いた。「病理学に関する限り、歴史的な意味において最初に発せられる言葉と、そして論理的な意味において最後に発せられる言葉とは、臨床に属するものである」[11]。しかし二〇世紀後半に生物学が経験した進展から考えれば、この命題は今日「維持不可能」[12]なものであり、もとよりカンギレム自身もこれを維持することはしなかった。ならば『正常と病理』はもはや、医学史の古文書庫へと向かうべきものなのだろうか。決してそんなことはない。そしてここにこそ、我々のいう第三の逆説がある。つまり、いかにデータの面で時代遅れとなり、またたとえその主要な命題の一つにおいて失効したとしても、この特異な書物は、極めて現在的であると同時に普遍的な射程を持ったメッセージを、発し続けているのである。

この謎めいた魅力については、クロード・ドブリュが有力な視座を与えてくれていると思われる。確かにカンギレムとは、ピエール・マシュレが今日では古典となっている一九六四年の論文[*13]で活写したように、エピステモロジーと科学史の何たるかを示した人物である。その意味では、間違いなく彼はカヴァイエス、バシュラールそしてコイレと並んで、フーコーの指摘したように「知、合理性、概念の哲学」の主要人物の一人だと見なすことができるだろう。しかし、我々はクロード・ドブリュを引用して、「彼の思想は主にはそれとは別個のものであった」[*14]と主張したい。なぜなら、この医学博士論文が過去にあらゆる者に対して訴えかけたのであり、また今日でも同様にあらゆる者に訴えるとすれば、それは次のことのためだからだ。

＊10　G. Canguilhem, *Essai sur quelques problèmes concernant le normal et la pathologique* (1943), repris dans *Le normal et le pathologique*, Paris, P.U.F., 1966, p. 3-167.〔『正常と病理』滝沢武久訳、法政大学出版局、一九八七年、一―二一二頁〕

＊11　*Ibid.*, p. 153.〔同二〇七頁〕

＊12　M. Morange, « *Retour sur Le normal et le pathologique* », dans A. Fagot-Largeault, C. Debru et M. Morange (dir.), Hee-Jin Han (éd.), *Philosophie et médecine. En hommage à Georges Canguilhem*, Paris, Vrin, 2008, p. 155-169. を参照。

＊13　P. Macherey, « La philosophie de la science de Georges Canguilhem. Epistémologie et histoire des sciences » (1964), repris dans *De Canguilhem à Foucault, la force des normes*, Paris, La fabrique éditions, 2009, p. 33-70.

＊14　C. Debru, « Introduction », dans *Philosophie et médecine, op. cit.*, p. 9.

その博士論文はまた、明示されているテーマである生理学と病理学、科学と技術、規範と価値、あるいは糖尿病や電気ショック、神経膠腫による病気、あるいは病的な細胞といったものとは別のことを、我々に語る。その論文は、我々の中において生きているものについて語る。それによってこの論文は、我々に生の何たるかを示し、またそうすることで、哲学的思考の最も高度な目的を達成するのである。[*15]

クロード・ドブリュによるこの数行には、単に生〔vie〕という語の持つ多義性による言葉の遊びを、はるかに超えたものがこめられている。生物学の対象として理解される生命についての科学と、哲学の歴史に関する問題とを読者に語りながら、カンギレムは同時に読者に対して、実存的な意味における「生」についての教えを――決して明示的に語ることなく――示すのである。ジャン＝フランソワ・ブラウンシュタインの数々のカンギレムに関する研究は、「彼〔カンギレム〕の作品を徹頭徹尾貫く心理学への批判は、強く倫理的な射程を持つものである」[*16]ことを特に明らかにするものであるが、彼もまた、以下のように述べている。

> 同時に、そしてこれこそが彼の作品を特徴づけることなのだが、カンギレムは哲学や倫理学をごく一瞬しか論じない。たとえそれらが彼の著述の中に姿を見せたとしても、それは控えめな形でしかなされず、そして往々にしてその存在には十分な注意が注がれないことになる。[*17]

これに続けてジャン＝フランソワ・ブラウンシュタインは、カンギレムが一九五三年にユネスコのために行った世界の哲学教育についての調査から、次の言葉を引用する。「哲学者とは、何かを勧告したり、変えさせたり、まして教化するものではない」[*18]。我々はここに、カンギレムの〈哲学〉の核心を見出せる。なぜならカンギレムの作品とは、一見したところではまず歴史学的であり、極めて専門的でありながら、しかし一貫して、語の最も一般的な意味——カントならば〈宇宙論的〉〔*cosmique*〕と言うだろう——において、〈哲学〉だからだ。

カンギレムの著作においては〈スコラ的〉ではなく〈宇宙論的〉な意味での哲学と出会うこととなるというのは、明白なことではない。なぜなら、彼はあたかも自らのテクストにおいて、その正統哲学的な野心というものを示すことに、常にためらいを持っていたかのように見えるからだ。詳しく述べるなら、以下のようになる。（一）遡及的に見れば彼の最初の科学史家としての仕事と考えられる一九四六年の「細胞理論」は、もともとは「科学理論の意味と価値について」という副題をつけられていた。ところが、この歴史研究において当初はっきりとその哲学的な動機を示していた副題は、一九五二年の論集『生命の認識』では、奇妙なことに再録されなかった[*19]。（二）『正常と病理』は今日において、誰もが

＊15　*Ibid.*

＊16　J.-F. Braunstein, « Présentation », dans J.-F. Braunstein (éd.), *Canguilhem. Histoire des sciences et politique du vivant*, Paris, P.U.F., 2007, p. 9-16, p. 12.

＊17　*Ibid.*

＊18　*Ibid.* 引用元については、G. Canguilhem, « La signification de l'enseignement de la philosophie », dans Collectif, *L'enseignement de la philosophie. Une enquête internationale de l'Unesco*, Paris, Unesco, 1953, p. 22. を参照。

＊19　G. Canguilhem, « La théorie cellulaire en biologie. Du sens et de la valeur des théories scientifiques », *Mélanges 1945, IV. Études philosophiques.* Publications de la Faculté des Lettres de Strasbourg, Fascicule 107, Paris, Les Belles Lettres, 1946, p. 143-175 ; repris *sans* le sous-titre, et révisé *La*

第一級の哲学的書物と認めるものだが、著者カンギレムにとってそれは長い間「ささやかな」、「正常と病理に関するいくつかの問題についての試論」であるに過ぎなかった。(三) 一九五五年の哲学博士論文は、紛うかたなきバシュラール的なタイトルを持ち、明らかに科学史的研究としての姿をとっている。しかしながらその序章の最後でカンギレムは、ほんの一瞬だけの走り書きのように、彼が「反射概念の歴史と筋肉収縮の歴史」を辿ったのは、その両者の関係には「生命の本質的特異性に関わるだけではなく、よかれあしかれ人間が人間の生命に帰属させる偉大な尊厳に関わる[*20]」問題が作用しているからだと、告白しているのである。

上記した三つの例では、まるでカンギレムは細心の注意を払って、自らが伝統的な哲学の領域に踏み込んでいることを見えづらくしようとしているかのように見える。この点に関して、彼が終生にわたって、デカルトの著作に対して特別の関係を保っていたことを思い起こすのは無駄ではないだろう。たとえば一九二七年に出された彼の最初期の刊行物の一つはデカルトに関わるものでだったが[*21]、その一〇年後、彼の最初の大きな学術的口頭発表もまたデカルトについてのものであった[*22]。しかるに、そのデカルトは、よく知られる通り、自らが哲学の舞台にのぼる前の青年期の著作において、以下のように述べていた。

舞台に呼ばれたとき、役者は自らの顔の赤さを見られないように仮面を被る。彼らと同じく、私も人生の舞台に登場しようとするに際して、今まではそこで観客として過してきたのだが、仮面を被って進み出る[*23]。

デカルトに倣って、我々はカンギレムもまた、仮面をつけて進んだ哲学者であるのだと考えたい。そして彼の被った仮面こそは、細胞や環境、反射、調整の概念についての歴史という、数々の回り道にほかならない。但しここで問題となっているのは、ジャック・ピクマルが述べたように「戦略的な回り道」[*24]なのであって、そこではこれらの回り道は決して無条件なものではなく、常にほかでもない、哲学的な見地をそれによって根拠づけるためになされているのである。なぜなら、カンギレムの著作において印象的であるのは、まさに哲学的である議論を哲学の外部の素材によって支えることへの配慮であり、この場合その素材とは、医学や生命の科学の歴史となる。あたかも彼は、哲学言説が自らだけに専心した瞬間から、それが単なる言葉遊びに陥ってしまうこと、つまり時間と空間にその全体を限定されている事物との接触を一切持たないものになってしまうことを、恐れていたかのようにも思われる。少なく

connaissance de la vie (1952), 2e éd. revue et augmentée, Paris, Vrin, 1965, p. 43-80.〔『生命の認識』杉山吉弘訳、法政大学出版局、二〇〇二年、四三―八八頁〕

＊20　G. Canguilhem, *La formation du concept de réflexe aux XVIIe et XVIIIe siècles*, *op. cit.*, p. 7.〔『反射概念の形成』、一一―一二頁〕

＊21　E. Boutroux, *Des vérités éternelles chez Descartes*, thèse latine traduite par M. Georges Canguilhem, élève de l'École normale supérieure. Préface de M. Léon Brunschvicg, Paris, Alcan, 1927 ; repris dans G. Canguilhem, *Œuvres Complètes*, tome 1, Paris, Vrin, 2011, p. 935-978.

＊22　G. Canguilhem, « Descartes et la technique », dans *Travaux du IXe Congrès international de philosophie (Congrès Descartes)*, publiés par les soins de Raymond Bayer, tome 2, Études Cartésiennes IIe Partie, Paris, Hermann, 1937, p. 77-85 ; repris dans G. Canguilhem, *Œuvres Complètes*, tome 1, *op. cit.*, p. 490-498.

＊23　Descartes, *Préambules* (1619). 本書での引用はすべてAlquié版（3 tomes, Paris, Garnier, 1963-1973）から行い、可能な限りAdam et Tannery版（ATで示す）の該当箇所も併せて示す。ここでの引用については、Alquié I, p. 45 ; AT X, 213. を参照。〔『増補版　デカルト著作集　四』白水社、二〇〇一年、四三七頁〕

＊24　J. Piquemal, dans « Georges Canguilhem, professeur de Terminale (1937-1938) », *Revue de métaphysique et de morale*, 90, nº spécial Canguilhem, janvier-mars 1985, p. 63-83.

とも、一九四三年の『正常と病理』冒頭の「未知の素材」を肯定する呼びかけは、そのような意味で理解できる。カンギレムが「哲学とは、あらゆる未知の素材が適している思索である。[…] しかも、それに適した一切の素材が、未知でなくてはならない思索である」[*25]と述べるとき、それらの素材は哲学者にとって、錨の意味を持つのだと理解できるのである。というのも、それらの錨は非−哲学的な材料の中に投げ込まれることで、哲学者が自らの言説の好むままに流されることを阻むものだからだ。但し我々には、カンギレムが自らの哲学的命題を哲学の外の素材につなぎとめることへの配慮をあまりに強く進めた結果、彼のテクストに賭けられていた哲学的な目的が、その歴史的な情報の博識によって覆い隠されてしまうことになったようにも感じられる。言葉を換えれば、手段(概念の歴史)が目的(哲学)をその仮面で覆ってしまったように思われるのである。ガリー・ガッティングがアメリカの読者に向けて書いたカンギレムの紹介は、上述についての一つのいい事例を示してくれる。それによれば、カンギレムはおおよそ〔grosso modo〕、アリステア・クロムビー[訳注3]のフランス版だということになるだろう。

バシュラールが第一には科学の哲学者であり、その結論の基盤を歴史的研究に求めたのに対して、カンギレムとは、確かに自らの仕事の哲学的前提や意義について極めてよく理解していたとはいえ、本質的に科学史家であった。[*26]

ここでもう一度繰り返して、その反対に、カンギレムとは本質的に、伝統的な哲学の問いに専心した哲学者であったのだと我々は主張したい。そして、そうでありながらも、彼が紛れもなく哲学的な見地を根拠づけるために、巧みに「未知の素材」を利用したという点に、彼の独自性があるのだということを主張したいと思う。

カンギレムの戦闘的エピステモロジー

先の主張の源泉は、「正常と病理に関する新考（一九六三―一九六六）」の中の有名な一節にある。一九六三年、ソルボンヌでの「正常と病理」についての講義の際に、カンギレムはその二〇年前、つまり『正常と病理』を書いていた時期にクレルモン＝フェランで行なった講義で論じた問題を、もう一度論じ直すことになる。当時の自分の「問題の立て方は悪くなかった」と評価しながら、一九六六年に、彼は次のように結論する。

それゆえ今日もなお、私はおよそ二〇年前と同様に、慣性と無差別性に対立する活動と考えられる生命についての哲学的な分析によって、正常なものの根本的意味の基盤を築こうと挑んでいるのである。[*27]

＊25　G. Canguilhem, *Essai*, *op. cit.*, p. 7.〔『正常と病理』九頁〕
＊26　G. Gutting, *Michel Foucault's Archeology of Scientific Reason*, Cambridge, Cambridge University Press, 1989, p. 32.〔『理性の考古学――フーコーと科学思想史』成定薫・金森修・大谷隆昶訳、産業図書、一九九二年、四六頁〕
＊27　G. Canguilhem, « Vingt ans après... », dans *Nouvelles réflexions concernant le normal et le pathologique* (1963-1966), inséré dans *Le normal et le pathologique*, *op. cit.*, p. 173.〔『正常と病理』二一八頁〕

「慣性〔inertie〕と無差別性〔indifférence〕に対立する活動と考えられる」生命。この一文については、そこにおける「生命＝生〔vie〕」とは単に生物学的に捉えられる意味を大きく超えたものと考えられ、我々は常にこれを、まず一般的な哲学の命題として解釈してきた。実際に我々はここで、二〇年以上にわたって医学と生命科学と向き合い、ついにその末に〔in fine〕、生命についての一つの総称的な定義を提出しようとしている哲学者を目の前にしているのではないだろうか。この定義において使用されている言葉に、最大の注意を払う必要がある。まず初めに、カンギレムによって置かれている「活動」と「生命」との間の等価性に注目することができるだろう。その注目は恐らく、この二つの語が揃って、それらの概念を限定しようとするあらゆる試みを阻むような、意味論的な不鮮明さを共有していることにも由来しているだろう。しかし何よりも、この等価性は、生命とは根本的に能力であり、すなわち力なのだという思考を指し示している。そしてより正確に言うならば、「対立する活動」であるということは、生命とはつまり極性を持った能力なのである。生きるとはすなわち〈否〉を言うことである。では、何に対する〈否〉であるのか？　まず第一には慣性に対して、つまり「自らについて、それが置かれている運動状態や停止状態を変えることができないという、物質の持つ特性」（リトレ）に対して。慣性に対立するということは、別の言い方をすれば、自らの運動をつかさどる能力を要求することである。ところで、このような拒絶において、運命論やその他の決定論に対抗する、道徳哲学の原理を見出さずにいられるだろうか。同時にカンギレムは、生命とは無差別性＝無関心〔indifférence〕への対立によっても特徴づけられるのであり、そこにおいて、生命は諸々の価値を定めずにはいられないのだと述べている。生命は、無差別性というものを持っていないのである。すなわち、生命は何かを好み、選び、排除し、拒み、要するに、自らの環境を作りあげる。ここに、第二の哲学的原理が存在しているとは言えないだろうか。そしてこの哲学的原理は、暗黙の裡に、人間とはつまり健康を求める生きものである以上、常に既に自らの実存のための諸条件の選択に関わっているのだということを主張するものではないだろうか。この問いの持つ〔ジャン＝ポール・〕サルトル的な音調は、しかし誤って理解されてはならないものである。選択とは、カンギレムにとって何らの必然性を意味するものではない。彼にとってそれは一つの強制であり、あるいはむしろ、一つの義務である。なぜなら彼の思想のすべては、不決断を拒む、デカルト的な高邁なるものの一つの形式を示そうとするものだからである。

確かに、我々はここで一本の医学博士論文が示した結論を、過度に哲学的に拡大適用しているとの非難を免れることはできないだろう。紛れもなく哲学的である見解を根拠づけるためにカンギレムが医学や生命科学の素材を利用したのだと主張することは、実際には彼の試みを、一つの「科学イデオロギー」[*28]に帰することではないのだろうか？　あるいは少なくとも、それを「哲学者の生物学、すなわち途方もない企て」[*29]のこの上ない一事例とすることなのではないか。一九六六年の「新考」において定式化されている生命の定義から出発している以上、確かに、我々の主張が一九四三年の『正常と病理』にではなく、既にそれ自体が『正常と病理』からの拡大適用を行っているもの、つまりカンギレムが「二〇年後」になって、規範と正常なものという問題を問い直し、それを社会の領域にまで広げようとしたことに乗じているとの批判は避けられないかもしれない。言い換えれば、我々は医学博士論文からの拡大

＊28　G. Canguilhem, « Qu'est-ce qu'une idéologie scientifique ? », dans *Idéologie et rationalité dans les sciences de la vie*, Paris, Vrin, 1977, p. 39.〔『生命科学の歴史——イデオロギーと合理性』杉山正弘訳、法政大学出版局、二〇〇六年、三九頁〕

＊29　G. Canguilhem, *La formation du concept de réflexe aux XVIIe et XVIIIe siècle*, *op. cit.*, p. 1.〔『反射概念の形成』三頁〕

適用を、さらに拡大適用しているのかもしれない。これらの批判への反論として、二つの議論を提起しておきたい。第一の議論は、カンギレムは『正常と病理』の第二部を、『正常と病理』の結論の拡大適用だとは全く考えていなかったということによる。たとえ「正常と病理に関する新考」が社会に「踏み込む」ことを自らに許していたとしても、それは「もっぱら、社会的規範と生命の規範とを対照することによって、生命の規範に特有な意味を解明するためなのである」[*30]。つまり分析はここで、〔「新考」の〕第一節のタイトルが示すように、「社会的なものから生命的なものへ」向かっているのである。第二の議論としては、極めて大胆であり、かつ哲学的示唆に満ちた生命についての定義をカンギレムが提起したのは、一九六〇年代に入ってからのことではないという点を指摘しておきたい。なぜなら、一九四三年の『正常と病理』は、著者が明らかに「生命＝生」という語の多義性の上を自在に駆けめぐっているような表現で満ちているのであり、そこでは「生命＝生」という語は専門的な語義にも一般的な語義にも理解されうる――すなわち、たとえば彼が、人間なる生きものという特殊な生きものの〈経験〉を名指したときなど、にである。そこでは、次のようなことを読むことができる。「生命とは極性であり、それゆえに、無意識のうちに価値の見解でもある」（原著七七頁）[訳注4]、「生命とは実際には規範的活動である」（同箇所）、そして生命とは「意味を与え、同化する活動」（同八〇頁）[訳注5]であり、「環境と戦っている、極性を持った活動」（同一五三頁）[訳注6]であり、そこにおいて「生命は自分が生きていける条件に対して無差別的＝無関心〔indifférente〕ではない」（同七七頁）。

　これらの言葉を読んでも、読者がなお、まさしく哲学的な命題のために医学という素材を支えとしたカンギレムという像に懐疑的であるとしたら、上記の数々の定義が、いかなる文脈の中で示されたものだったのかを思い起こしてもらいたい。それというのも、クロード・ドブリュの言葉を借りるならば、それが、ご存知の通りの世界的および国内的ドラマのさなかで書かれたことを思い出すのは、この作品の持つ力強さを理解するために無関係ではない。医学と哲学の間で生じるドラマが見せる激しさは、政治的破綻の中での身体的な状況参加の激しさと反響し合っており、その両者はあたかも互いを育み合い、支え合っているかのようである。病気が表現し続けているものとしての、生命の規範形成的な力能に対するカンギレムの賛歌は、虐殺と死の絶対的支配を否認する政治的規範をうち立てるための闘争と切り離して考えることは難しい[*31]。

その議論においても、それが書かれた例外的な状況においても、『正常と病理』は極めて特異な作品である。ドイツによるフランス占領下、クレルモン＝フェランへ〈退避〉させられていたストラスブール大学において、哲学の教授が「病気とは狭められた生命の様態〔un mode de vie〕である[*32]」と主張する医学博士論文の口頭試問を受けたのである。そしてこの論文はまた、反対に以下のようにも主張するものであった。

健康を特徴づけているのは、一時的に正常と定義されている規範を超え出る可能性であり、通常の

＊30　G. Canguilhem, « Vingt ans après… », op. cit., p. 173.〔『正常と病理』二一七頁〕
＊31　C. Debru, « Georges Canguilhem et la rationalité du pathologique », dans *Georges Canguilhem, science et non-science*, Paris, Édition Rue d'Ulm-Presses de l'École normale supérieure, 2004, p. 25-48, p. 26.
＊32　G. Canguilhem, *Essai*, *op. cit.*, p. 124.〔『正常と病理』一六七頁〕

規範に対する侵害を許容する可能性、または新しい場面で新しい規範を設ける可能性である。[*33]

ここで、エピステモロジーに属する事柄と、広い意味での倫理に属する事柄とを見分けるのは不可能である。なぜなら『正常と病理』の本質とは、確かにここでカンギレムによって張りめぐらされている医学と哲学、そして対独レジスタンス闘争との間の連関にあるからだ。この〈哲学者‐医学者‐レジスタンス闘士〉は次のように言う。「病気もまた生命の一つの規範である。だがそれは、その規範＝常態〔une norme〕が有効な条件からずれるとき、別の規範＝常態に自らを変えることができず、どんなずれにも耐えられないという意味で、劣っている規範＝常態である」。[*34]ところで、「人間が、自分はよい健康状態にあると感じる――それが健康である――のは、自分が正常〔normal〕である――つまり、環境とその要求に適応している――と感じる以上に、自分が規範的〔normatif〕であり、生活の新しい規範についていくことができると感じているときだけである」。[*35]それゆえに、「生理学者によって定められる正常な人間〔homme normal〕について語れるとして、それは、規範的な人間〔homme normative〕というもの、すなわち諸々の規範＝常態〔normes〕を崩し、規範を新たに設けることが、彼にとっては正常〔normal〕であるような人間というものが存在するからである」。[*36]そしてカンギレムは以下のように結論する。つまり生とは「単に環境に従属するだけなく、自らに固有の環境を設定するのである」。[*37]

これらの言葉を、二〇世紀ヨーロッパの経験した最も暗い年代にわたる、その執筆の背景にあった文脈に置き直すなら、カンギレムのエピステモロジーの特徴、すなわちそれが語の完全な意味において彼の「哲学」から切り離すことができないものだという、極めて重要な特徴が明らかになる。カンギレムのエピステモロジーとは、闘争に身を投じた、戦闘的エピステモロジーである。それは格闘し、抵抗するものである。そしてこのことは、そのエピステモロジーが常に何らかの程度で、承服しがたいものと判断された現在と戦っているということに由来する。周知の通りの状況で書かれた『正常と病理』であれ、フランス軍がアルジェリアにおいて暴力的な心理学実験を行っていた折に書かれた[*38]「心理学とはなにか」であれ、あるいはまた一九七〇年代終わりにおける、認知パラダイムの権勢の増大に対する反応として書かれた「脳と思考」であれ、カンギレムのテクストの多くは——そこには最も先端的で専門的なものも含まれる——、根本的に論争的なテクストなのである。カンギレムのエピステモロジーは、何らかの動機を持たないものでは決してありえない。そもそも、その研究対象である知それ自体が、常にそこから完全に切り離されることの叶わない歴史の中にとりこまれているものである以上、彼のエピステモロジーにこれ以外のあり方がありうるだろうか。「検証の諸規範によって錬成された純化[*39]」という、カンギレムによる「その歴史における科学というもの」を特徴づける性質とは、漸近的なものでしかありえない。あるいは、より正確に言えば、この「純化」とは、科学的活動にとっての調整的観念、カントに言わせれば、その論理的地平線である。それというのも、知とはある流れに巻き込まれたもの〔em-

＊33 *Ibid.*, p. 130.〔同一七五—一七六頁〕
＊34 *Ibid.*, p. 119-120.〔同一六一頁〕
＊35 *Ibid.*, p. 132-133.〔同一七九頁〕
＊36 *Ibid.*, p. 106.〔同一四四頁〕
＊37 *Ibid.*, p. 155.〔同二〇九頁〕
＊38 カミーユ・リモージュによって提供された情報による。
＊39 G. Canguilhem, « Qu'est-ce qu'une idéologie scientifique ? », *op. cit.*, p. 44-45.〔『生命科学の歴史』四七頁〕

barqué〕だからであり、歴史的な世界にとりこまれているのであって、そこにおいては認識論的な諸価値というものは、カンギレムが技術に関する数々のテクストで示そうとしたように、宗教的、経済的、政治的さらには生命的な諸価値と混ざり合っているのである。それゆえ、我々はジャン・カルボニエによる法社会学の概念をこのエピステモロジーの考察に敷衍して、カンギレムの科学史とは「間‐規範的現象」[*40]をその対象としていたのだと述べたい。カンギレムの研究は、様々な科学の諸々の事物に対して向けられたのではなく、「二つのカテゴリー、秩序、あるいは規範の体系の間で、互いに結ばれたりほどかれたりする諸関係により構成される、現象の総体」[*41]に対して、つまり一方では認識論的規範と、そして他方では社会的規範とに対して向けられていたのである。この点に関して、『生命の認識』の冒頭でなされた、次の際立って強い主張を思い起こすことは無為ではないだろう。「そこ〔認識の問題〕では、認識するという操作に注意を向けることが、結果として、認識するということの意味に対しては注意を向けさせないことになってしまうこと、それは認識という問題に専心する哲学すべての特性の一つである」[*42]。この主張の持つ異様さに注意しておきたい。一九五二年の時点で、やがて後にフランスのエピステモロジーの守護者的存在と見なされるようになる人物が、エピステモロジーの試みとは結局のところ自ら自身に帰着するものだという空虚さについて認めているのである。彼は次のように書いている。「知るために知るということが、食べるために食べること、あるいは殺すために殺すこと、あるいは笑うために笑うこと以上に、道理にかなっているなどということは決してない」[*43]。それが知であることの理由――その意味――は、知それ自体の側には求められず、むしろその認識の活動を事後的に生じさせた、ある〈他性〉〔une *altérité*〕の側に求められる。認識とは事後的な活動なのであり、そして「科学の構成にとって、同時に、またときとして、障害でありかつ可能性の条件となる」[*44]という科学イデオロギーの両義性とは、この視点から理解されるべきなのである。

従って、カンギレムによって、バシュラールの論争的エピステモロジーは拡張されることとなる。つまり〈否定の哲学〉[*45]、「対抗的な合理主義」[*46]はこれ以降、大きな意味での政治を包含することになる。これはある意味では、既に一九八五年にJ－J・サロモンが述べていたことである。「バシュラールにおいて否定の哲学があったように、ジョルジュ・カンギレムにおいては抵抗の人間学がある」[*47]。カンギレムにおいて、衝突はもはやただ科学的精神と一般的経験との間にあるのではなく、「生命についての人間的な意識における人間と世界とのあいだ」[*48]にある。『科学的精神の形成』の一節をやや変形しながら、我々は次のように述べてみたい。カンギレムにとって、「構成的理性と論争的理性とを分離するのは、

＊40 J. Carbonnier, « Internormativité », dans A. J. Arnaud (dir.), *Dictionnaire encyclopédique de théorie et de sociologie du droit*, Paris-Bruxelles, LGDJ-Story Scientia, 1988, p. 313.
＊41 *Ibid.*
＊42 G. Canguilhem, « La pensée et le vivant », dans *La connaissance de la vie* (1952), 2e édition revue et augmentée, Paris, Vrin, 1965, p. 9.〔『生命の認識』四頁〕
＊43 *Ibid.*〔同箇所〕
＊44 G. Canguilhem, « Qu'est-ce qu'une idéologie scientifique ? », *op. cit.*, p. 38.〔『生命科学の歴史』三八頁〕
＊45 G. Bachelard, *La philosophie du non* (1940), 4e éd., Paris, P.U.F., 1994.〔『否定の哲学』中村雄二郎・遠山博雄訳、白水社、一九九八年〕
＊46 G. Bachelard, *La rationalisme appliqué* (1949), 3e éd., Paris, P.U.F., 1966, p. 15.〔『適応合理主義』金森修訳、国文社、一九八九年、二八頁〕
＊47 J.-J. Salomon, « Georges Canguilhem ou la modernité », *Revue de métaphysique et de morale*, n° spécial consacré à Canguilhem, *op. cit.*, p. 52-62, p. 62.
＊48 G. Canguilhem, «« La pensée et le vivant », *op. cit.*, p. 10.〔『生命の認識』五頁〕

考えられているよりも困難である。なぜなら経験に関する批判（政治）は、その経験の理論的組織化と真の意味で一体化としているからである」[*49]。今日では、この科学史と政治との間の関連性こそが、エピステモロジーにおける「フランス的様式」を他から区別させるものと見なされている。J－F・ブラウンシュタインは現在の科学史の見取り図を描く中で、フランス系の歴史的エピステモロジー研究とは次のように特徴づけることができると述べている。

〔「フランス・エピステモロジー」は〕大きな意味での科学の政治史への関わりにおいて〔特徴づけることができる〕。カンギレムであれハッキングであれ、フーコーであれダストンであれ、現在のところ、それらの歴史的研究が賭けている狙いには大きな違いはない。すなわち、「規範的〔normative〕」歴史という観念は、単に伝統的な意味での認識論的なものとは異なる目的を意味している[*50]。

ここで問題なのは、これらの多様な人物を「歴史的エピステモロジー」という分類ラベルでまとめることの正当性を問うことではない。何より重要であるのは、「〈規範的〉歴史」――なぜならそれは現在によって導かれているものなのだから――を語る際に、ガストン・バシュラールの名前を挙げずに済ますわけにはいかないことを指摘しておくことである。彼の初期のエピステモロジー研究から二五年後に書かれたテクストである『現代物理学の合理主義的活動』において、この哲学者は、「科学哲学の使命」（序章）と「エピステモロジーと科学の歴史」（第一章）の間の関係に立ち戻って論じた。そこで彼は、伝統的な歴史家の眼には著しく異様に映るだろう、ある方法論的命令を発している。

科学史においては、必然的に理解しなければならないし、しかも判断＝審判〔juger〕を下さねばならない。そこでは、「過去は現在の最大の力によってのみ解釈されねばならない」というあのニーチェの意見が、他の場合においてよりもいっそう真である。[*51]

伝統的な歴史学、つまり「諸帝国と諸国民」の歴史とは異なり、科学の歴史においては、既に実証されており、かついまも実証可能である、一つの進歩を描かなくてはならない。すなわちそれが、科学的精神の進歩である。このためにこそ、「科学史は判断を下し、価値づけをし、誤った諸概念への回帰の可能性をすべて排除しながら、記述しなければならない」。[*52] 既に一九三八年の『科学的精神の形成』においても、バシュラールは「歴史は、その原理からいえば、実際いかなる規範的判断にも対立する。ところがもしひとがある思考の有効性を判定しよう〔juger〕とするならば、規範的観点に立たざるをえないであろう」[*53]と認めていた。ここから、「回帰する歴史、現在の目的性によって照らされる歴史、現在の

＊49　G. Bachelard, *La formation de l'esprit scientifique* (1938), Paris, Vrin, 1975, p. 10.〔バシュラールの原文では「経験に関する批判（政治）」が「経験（実験）〔l'expérience〕に関する合理的批判〔la critique rationelle〕」となっている。『科学的精神の形成』及川馥訳、平凡社ライブラリー、二〇一二年、二〇頁を参照〕
＊50　J.-F. Braunstein, *L'histoire des sciences. Méthodes, styles et controverses*, Paris, Vrin, 2008, p. 240.
＊51　G. Bachelard, *L'activité rationaliste de la physique contemporaine* (1951), 2e éd., Paris, P.U.F., 1965, p. 24.〔『科学認識論』竹内良和訳、白水社、《新装復刊》二〇〇〇年、二六三頁。なお、ここでのニーチェの引用は『反時代的考察』第二篇「生に対する歴史の利害について」より（『ニーチェ全集四　反時代的考察』小倉志祥訳、ちくま学芸文庫、一九九三年、一八〇頁を参照のこと）〕
＊52　*Ibid.*, p. 25.〔『科学認識論』二六三頁〕
＊53　G. Bachelard, *La formation de l'esprit scientifique*, *op. cit.*, p. 17.〔『科学的精神の形成』三〇頁〕

確実性から出発して過去のなかに真理の漸進的形成を発見する歴史」[*54]をうち立てる必然性が生じることになるのである。
歴史的探求の規範としての現在という問題は、バシュラールにおいてと劣らず、カンギレムにおいても本質的である。だからこそ、『正常と病理』で彼は次のように述べている。

歴史的な物語とは常に、関心や問いによる真の順序を逆転させる。問いが反省を促すのは、現在においてである。たとえ反省が過去へのあともどりに導くとしても、そのあともどりは、必然的に現在に関係している。だから実際には、歴史的な起源よりも、反省的な起源の方が重要である。[*55]

それゆえに、有名なテクスト「科学史の対象」において、カンギレムは以下のように主張することとなる。すなわち、かつてピエール・ラフィットによって提案された実験室というモデルに対して、[訳注7]

科学史の機能や意味を理解するために、学校や法廷のモデル、そこにおいて、知の過去や過去の知について判断が下される施設や場所などというモデルを対置させることもできる。[*56]

法廷のモデルは、バシュラールによってなされた科学史にも、カンギレムによってなされた科学史にも、ともに当てはまる。両者のどちらにおいても、問われるのは規範的な歴史なるものであり、そこでは「ある一つの科学が語るようになった最新の言語を歴史に教えることによって、歴史に判断の原理を提供すべく招請されるもの、それがエピステモロジーである」[*57]。では、この二人の著者は、それぞれの研究の対象——バシュラールにとっては数学、物理学、化学、そしてカンギレムにとっては医学と生命科学——に関する以外、違いはないということになるのだろうか。既に述べた通り、我々はカンギレムによって、バシュラールの論争的エピステモロジーは拡張されることとなったと考える。すなわちカンギレムにおいては、上に引いたテクストの言葉をもう一度用いるなら、「知の過去についての判断」が召喚されるのは価値についての新たな判断のため、つまりもはや「知の過去」を対象とするのではなく、同時代的な知の現在的な使用こそが対象であるような、新たな判断を表明するためなのである。つまりカント主義的な姿勢に影響されながら、カンギレムのエピステモロジーとは、ほかならぬ現在の知に対してその資格を尋ね、そしてその社会的領域への、あるいは社会的領域による、潜在的な侵犯を断じるのである。カンギレムの歴史的エピステモロジーとは、恐らく何よりもまず、批判的エピステモロジーである。現在という光に照らして知の過去を判断するとしても、それは全く同時に、最終的には過去の知の光に照らして知の現在——その使用——を判断する＝裁く〔juger〕ことになる。これは行動主義的心理学に関しても同様になされたことであり、この学問の歴史を辿る戦略的な回り道は、それが実際には「厳密さの欠けた哲学に、強い要請のない倫理学と統制のない医学を混ぜ合わせている」[＊58]ことを明ら

＊54　G. Bachelard, *L'activité rationaliste de la physique contemporaine*, p. 26.〔『科学認識論』二六六頁〕
＊55　G. Canguilhem, *Essai*, *op. cit.*, p. 30.〔『正常と病理』四〇頁〕
＊56　G. Canguilhem, « L'objet de l'histoire des sciences », *Études d'histoire et de philosophie des sciences* (1968), 7e éd. aug., Paris, Vrin, 2002, p. 13.〔『科学史・科学哲学研究』八頁〕
＊57　*Ibid.*〔同箇所〕
＊58　G. Canguilhem, « Qu'est-ce que la psychologie », repris dans Études d'histoire et de philosophie des sciences, *op. cit.*, p. 366.〔同四三一頁〕

かにする。同じことは、環境についての決定論的な概念形成に関してもなされる。そこにおいてもまた、環境という概念が形成される歴史を追うことは、むしろ反対に「環境とは決してある解決法を命じるものではなく、それを示すだけなのだ」[*59]ということの方を露わにするのである。

フーコーは、カンギレムの概念史におけるこの論争的側面を、誰よりも深くまで掘り進めることとなる。フーコーにおいて、精神医学、医学および監獄制度の知の過去は明らかに「自己からの離脱」の道具として考察されるのであり、人文諸科学の概念の歴史を辿る回り道は、我々が自らの現在を理解するために用いている諸カテゴリーに隠れた偶然性を暴くことを目的としている。そこから、以下の考えが導かれる。つまり哲学の意義とは本質的に、我々の現在について「別の方法で思索することが、いかに、どこまで可能であるかを知ろうとする企て」[*60]にあるのであり、すなわち我々の思考様態の偶然性に対する意識に存するのであって、そしてフーコーによれば、それによってこそ可能的なものの領野はひらかれるのである。

生命と論争

「最新の科学」に照らした過去の知の批判であり、知の過去に照らした「最新の科学」の批判であり、そして知一般について今日我々が行っている〈使用〉の批判である、カンギレムのエピステモロジーとは、一貫して論争的なものである。そしてここでは、そのエピステモロジーが根源的に論争的である面について、強調しておきたいと思う。なぜならこの根深さに関わる問いのうちには、カンギレムを、彼がその弟子であったバシュラールからも、その教師であったフーコーからも、真に区別するようなものが働いているからである。

カンギレムにおいて根本的に独創的であるもの、そしてそのために彼を英米系エピステモロジーから見ても極めて異質なものとするのは、彼が自らの歴史学的な仕事が持つ論争的な外観を、生きているものの哲学〔une philosophie du vivant〕というもので説明した点である。カンギレムの科学史が論争的なものであるとしたら、それは彼の科学史が、生命それ自体が一個の論争的力能であるかのように立ち現われる、一つの医学哲学に基づいているからである。すなわち、生命とは「自分の生活する環境の変化に対する、分極化された反応」[*61]であり、生命は「環境支配への渇望」[*62]として成長する。そこから、以下のような論理が導かれる。もし生命が「慣性と無差別性に対立する活動」[*63]であるならば、人間なる生きものという、この特殊な生きものによる特殊な活動である科学史というものも、それ自体が一つの「対立する活動」と特徴づけられることとなる。ここでカンギレムがいかに――但し、全く異なる道筋を経た上で――、科学とは先行する知にさからって〔contre〕自らを築くものだという、バシュラールの命題と出会うこととなったのかということがわかる。すなわち「ひとは以前の認識にさからって、認識をおこなう」[*64]、「〈自然〉〔la Nature〕にさからって」[*65]、「イマージュにさからって、アナロジーにさからって、メタフ

＊59　G. Canguilhem, « Le vivant et son milieu », dans *La connaissance de la vie*, *op. cit.*, p. 142.〔『生命認識』、一六三頁参照〕
＊60　M. Foucault, *L'usage des plaisirs*, Paris, Gallimard, 1984, p. 15.〔『性の歴史II　快楽の使用』田村俶訳、新潮社、一九八六年、一六頁〕
＊61　G. Canguilhem, *Essai*, *op. cit.*, p. 80.〔『正常と病理』一〇八頁〕
＊62　*Ibid.*, p. 133.〔同一八一頁〕
＊63　G. Canguilhem, « Vingt ans après... », *op. cit.*, p. 173.〔同二一八頁〕
＊64　G. Bachelard, *La formation de l'esprit scientifique*, *op. cit.*, p. 14.〔『科学的精神の形成』二四頁〕
＊65　*Ibid.*, p. 23.〔同四二頁〕

アーにさからって」。[*66] もし生命が根本的に論争的なのであり、そして諸科学とは人間なる生きものというこの特殊な生きものの形式の表現であるのならば、「一つの真理は、論争のあとでしかその十全な意味をもたない。最初の真理などはありうるはずがない。あるものは最初の誤謬のみである」[*67] とするバシュラールの主張は、全く新しい解釈を施されることになる。医学への回り道はこのようにして、〈認識論的障害〉の意味を、「生命的合理主義〔rationalisme vital〕」[*68] の観点から見直すべく導くのである。

ギヨーム・ルブランは、その「カンギレムにおける人間学と生物学」に関する素晴らしい研究の最後を、次のような主張で閉じている。「［カンギレムによって始められた］人間学の改革は、その前提条件として、生命が特異化と規範の生産の力能であることを明らかにする生物学の哲学を持っている」[*69]。ここで人間学について言われていることは、エピステモロジーについても、なお一層有効な意味を持つ。というのも、一九四〇年代半ばからカンギレムによって展開されたエピステモロジーは、彼の医学博士論文において呈示された生命のパースペクティブのうちに置き直さなければ、十全には理解されえないからだ。この新たなパースペクティブは、ある斬新な概念によって完全に要約されている。それは「生物学的規範性」[*70] という概念であり、カンギレムはこの概念を、驚くべき簡潔さで説明するテクストによって提起する。

> 反対に我々は次のように考える。すなわち、生物が、傷害や、寄生虫侵入や、機能の混乱に対して病気によって応ずるという事実は、生命が自分が生きていける諸条件に無関心でないという基本的事実、および、生命とは極性であり、それゆえに、無意識のうちに価値の見解でもあるという基本的事実、要するに、生命が実際には規範的活動であるという基本的事実を表現しているのだと。

〈規範的〉とは、哲学では、ある事実を規範との関係から評価したり資格づけたりするすべての判断のことであるが、しかしこのような判断とは、実際には、規範を設定するものに従属している。言葉の完全な意味で、規範的ということは、規範を設定することである。生物学的規範性を、この意味で語ることを私は提案する。擬人化におちいる傾向について、私は誰にも劣らず警戒しているつもりである。私は、生命の規範に人間的な内容を帰すのではなく、むしろ、人間の意識に本質的な規範性とは、もし仮にそれが何らかの仕方で生命の中に萌芽的に存在していないとするならば、一体どのようにして説明されるのかと考えてみたい。[*71]

「生物学的規範性」というものが存在しうるという考えを呈示することによって、カンギレムは自らの健康と病気に関する医学的考察から、それが価値についての一般的な哲学において持つ意義を引き出す。あるいは、より正確に言えば、彼は一つの事実、すなわち価値に関する生命的な事実というものをめ

＊66　*Ibid.*, p. 38.〔同六八頁〕

＊67　G. Bachelard, « Idéalisme discursif », repris dans *Études*, Paris, Vrin, 1970, p. 87-97, p. 89.〔『エチュード――初期認識論集』及川馥訳、法政大学出版局、一九八九年、一三九頁〕

＊68　この表現はフランソワ・ドゥラポルト（François Delaporte）編による次の書籍の題名より借りている。*A Vital Rationalist. Selected Writings from Georges Canguilhem*, New York, Zone Books, 1994.

＊69　G. Le Blanc, *La vie humaine. Anthropologie et biologie chez Georges Canguilhem*, Paris, P.U.F., 2002, p. 287.

＊70　これと相当する表現として、カンギレムは生命の規範性〔normativité de la vie〕、生の規範性〔normativité vitale〕、さらに生体の・生きているものの規範性〔normativité du vivant〕についても論じている。

＊71　G. Canguilhem, *Essai*, *op. cit.*, p. 77.〔『正常と病理』一〇四頁〕

ぐって、医学と哲学を接続させるのである。それはしかも「我々に与えられて欲しいと思う唯一の事実である。つまり、生物学的に無差別性＝どうでもよいということ〔indifférence biologique〕は、存在しない」[*72]と彼は述べている。「生物学的規範性」という概念は、様々の次元、異なる様相において、生命とは規範を分化させたり、設定したりする活動であるのだということを、確かに示すものである。有機体の形態学的次元から、人間の意識における象徴的次元に至るまで、生きもの一般の生物学的次元を貫いて、生命とは価値の創造であり、「規範的活動」なのである。生きものであるということは、その生きものがあるものを好んだり排除したりせずにはいられないようにできているという意味で、つまり価値と切り離せないということを意味する。カンギレムはこのことを指して、生命の価値論的な極性と呼んだのであり、そしてそれを基盤として、彼は環境に関する決定論的な理解に反論するのである。その批判は、『正常と病理』刊行の翌年になされた有名な講演、「生体とその環境」において頂点に達する。カンギレムはそこで、生きものの特性とは環境を甘受することにあるのではなく、「自分の環境をつくること、自分の環境を構成すること」[*73]にあるのだと再度主張する。彼はとりわけ、〔ヤーコプ・フォン・〕ユクスキュルによって提起された〈環境〉〔Umbegung〕と〈環世界〉〔Umwelt〕の区別を議論の拠りどころとする。[訳注8]この区別によってユクスキュルは、生きものとは必要を規範と捉え、これに応じて一般的な環境（〈環境〉）からその生物独自の環境（〈環世界〉）を切り出すものだということを示した。「生きるということは、光を放射することであり、そして、その最初の意味を失うことなしにはそれ自体は参照されえない参照体系の中心から、環境を組織することである[訳注9]」。

「生物学的規範性」という概念の形成

ここまで辿ってきたことを要約すると、以下の通りとなる。我々はカンギレムの著作について、今日恐らく世界的な水準で最もよく知られている面、すなわちその科学史家としての仕事から出発した。実際に、一九八三年には、カンギレムが権威ある国際科学史学会からジョージ・サートン・メダルを授与されていることを思い起こしておきたい。それから我々は、そのような彼の歴史研究について、これが持つ本質的に論争的な性格を強調しながら、その特殊性を検討してきた。その際に我々は、この論争的な科学史が、カンギレムの作品のもう一つ別の側面に立脚していることを指摘した。すなわち、彼の医学の哲学である。カンギレムの科学史が規範に関わるものとなるのは、それはこの科学史が、生命を「規範的活動」として理解する医学哲学に根ざしているからである。そうして我々は、カンギレムの著作のすべては、一九四三年の博士論文で呈示された「生物学的規範性」の概念から捉え直すことができるだろうことを主張したのである。

これらのことを念頭に置いた上で、この本の核心となる問いを発してみることができるだろう。それは次のようなものである。カンギレムによる諸体系（医学哲学、生命科学の歴史、およびエピステモロジー）の総体が「生物学的規範性」の観念に立脚するものだとして、ではその概念はそれ自体、何に立脚しているのであろうか。その源泉とは何だったのか。その系譜学とは何だったのだろうか。要するに、カンギレムの規範性の概念は、一体どこから生じたものなのか。

＊72　*Ibid.*, p. 79.〔同一〇七頁〕
＊73　G. Canguilhem, « Le vivant et son milieu », *op. cit.*, p. 143.〔『生命の認識』一六五頁〕

『正常と病理』のページを繰ることに慣れた読者にとっては、「生物学的規範性」の概念の起源は、もとより全く疑う余地もないものであろう。すなわち、カンギレムが生命とは価値の見解であるとする考えを取り入れたのは、クルト・ゴルトシュタイン[訳注10]の神経心理学からであり、そしてそれは「負の価値を持った行動[*74]」である病気においても同様なのである、と。このような見方は、特にジャン・ゲイヨンによって支持されている。

『正常と病理』の命題の数々の多くは、一九三四年にドイツ語で出版された、クルト・ゴルトシュタインの著作『生体の構造』に着想を得ている。我々の考えでは、クルト・ゴルトシュタイン（一八七八―一九六五年）が、ジョルジュ・カンギレムが医学について書こうと決心した際に選ばれた、真の師であるということは間違いない。[*75]

その形式においても内容においても、ゴルトシュタインはカンギレムの医学博士論文で中心的な位置を占めている。生命が環境との論争という基盤の上で展開される規範的活動であることを示すために、カンギレムははっきりとゴルトシュタインの仕事を参照している。カンギレムは次のように述べている。生命とは、「それは、逃走や、落し穴や、回避や、そして思いがけない抵抗などが存在する環境との、討議もしくは議論（ゴルトシュタインが〈交渉〉〔Auseinandersetzung〕と呼んでいるところのもの）である[*76]」。確かに『生体の構造』においてゴルトシュタインは、生物とは環境と結ぶ関係性からこそ自らの統一性を得るのだという、「生物学的基本原則[*77]」を示すことに力を注いでいる。「自己の特性を維持しつつ世界の中に自己を実現することは生体と環境との交渉の特有の形式によって可能となる[*78]」。生体は自らが環境と結ぶ関係において、またその関係によって、自らを定義する。より正しく言えば、生体とは、この環境との関係である。但し、ここで問題とされているものは、中立的な関係性ではない。ゴルトシュタインはこの関係性をAuseinandersetzungと、すなわち我々がdebat〔討議〕の語で訳した表現で示しているが、それはむしろStreitという語、つまり口論や論争、衝突という言葉に近いものである。従って、ゴルトシュタインが生きものとその環境との関係を、論争の言葉で概念化した人物であると考えられる以上、彼をカンギレムの「真の師」と見なすことが容易であるのはよく理解できる。このような見方からすれば、生命とは「慣性と無差別性に対立する活動」であるとする『正常と病理』を支配する理念は、生命を「世界との交渉[*79]」であると理解する『生体の構造』の、ほぼそのまま引き写しであるということになるかもしれない。

だが当然ながら、ことはそれほど単純ではない。というのも、D・ラガッシュも既に一九四六年、『正常と病理』の最初の書評で「ゴルトシュタインがカンギレムの第一の発想の源泉である[*80]」として支

＊74　G. Canguilhem, *Essai, op. cit.*, p. 150.〔『正常と病理』二〇四頁〕

＊75　J. Gayon, « Le concept d'individualité dans la philosophie biologique de Georges Canguilhem », dans M. Bitbol, J. Gayon (dir.), *L'Épistémologie française, 1839-1970*, Paris, P.U.F., p. 431-463, p. 435.

＊76　G. Canguilhem, *Essai, op. cit.*, p. 131.〔同一七七頁〕

＊77　K. Goldstein, *La Structure de l'organisme* (1934), trad. fr. par E. Burckhardt et J. Kuntz, Paris, Gallimard, 1951, p. 96.〔ゴールドシュタイン『生体の機能』村上仁・黒丸正四郎訳、みすず書房、《改版》、一九七〇年、六〇頁〕

＊78　*Ibid.*, p. 95.〔同箇所〕

＊79　K. Goldstein, *Der Aufbau des Organismus*, Den Haag, M. Nijhoff, 1934, p. 300, 325, 350.〔同、二三九、二五六、二七三頁を参照〕

＊80　D. Lagache, « Le normal et le pathologiqe d'après M. Georges Canguilhem », *Revue de métaphysique et de morale*, no 51, 1946, p. 355-370, p. 369.

持していた、この〔ゴルトシュタインがカンギレムの「師」であるという〕説は、ある証言によって、大いに異なる含みを持たされることとなるからである。その証言とはカンギレム本人から発せられたものであり、彼はそこで、ゴルトシュタインによって精神病理学の領域で得られた結論を、生理学の地平に置き換えることの正当性を問うている。そこでの回答とは以下のようなものであった。

それに対して我々は次のように答えることができるだろう。我々はゴルトシュタインについての解説だけでなく、最終的にはその読解を行ったのであり、そして我々の仮説や提言――それらにとってゴルトシュタインの思想は、励ましであって示唆ではない――を支えるために用いられた病理学的事実に関する事例は、すべて生理‐病理学に負うものである。[*81]

カンギレムが「ゴルトシュタインについての解説だけでなく、最終的にはその読解を行った」ことについては、〔『正常と病理』の〕「病気、回復、健康」の章がその証拠となるだろう。実際この〔原著においては〕一七頁分の紙幅に、ゴルトシュタインへの参照の殆どが収められている。このことからは、ここで問題となっている議論のすべては、医学博士論文の全体的な構成に最後の瞬間に付け加えられたのだということが考えられる。いずれにせよ、我々はこの証言を重要なものと捉えたい。カンギレムが、ゴルトシュタインの思想とは彼にとって「励ましであって示唆ではない」と述べた際、それはつまり、この哲学者がかの神経心理学者の中に、やがて『正常と病理』が「生物学的規範性」の概念でまとめあげることとなる主張を読み取ったときには、彼は既に自らの立場に立っていたということを意味している。我々としては、カンギレムは確かにゴルトシュタインの精神病理学の研究に、彼の哲学的見解の総体を医学的地平において確証してくれるものを見出したのだと考えたいと思う。我々は先に、ゴルトシュタインが「ジョルジュ・カンギレムが医学について書こうと決心した際に選ばれた、真の師[*82]」であることに疑いはないとしたジャン・ゲイヨンに言及した。ここでは、その意見の後半部に注目しておこう。カンギレムがゴルトシュタインを選んだのだとすれば、その選択には理由がある。そして我々の見方としては、その選択とはつまり、神経心理学が、但し異なる道筋を通りながら、カンギレムが哲学的地平で主張していた説と合致するところとなったのだ、ということに要約される。すなわちゴルトシュタインはカンギレムにとっての出発点ではなく、むしろ既にかなり進まれていた道程における、一つの――確かに大きな――交流地点だったのである。

だとすれば、カンギレムの規範性という概念の源泉を辿る試みを、哲学の側から始めることもできるだろう。但しこの点は強調しておきたいが、それはこの概念が、哲学にのみ根ざしたものだということを意味するわけではない。むしろ、それには全くほど遠い。その名前が示す通り、「生物学的規範性」とは概念として哲学と生命諸科学の交差する点となるものであり、それは実際、カンギレムによってなされた哲学と医学の接続によって生じたものである。それゆえに、「生命の規範性」なる概念の完全で網羅的な系譜学を辿るためには、これから我々が論じていく哲学的源泉に加えて、カンギレムの医学的源泉についても研究しなくてはならない。ここでは我々は、カンギレムが一九三六年から一九四三年の間に交流していた医学部の教師たちのことを念頭に留めておきたい。すなわち、トゥルーズ大学で燦然

＊81 G. Canguilhem, *Essai*, *op. cit.*, p. 126.〔『正常と病理』一七〇頁〕
＊82 J. Gayon, « Le concept d'individualité dans la philosophie biologique de Georges Canguilhem », *op. cit.*, p. 435.

たる活躍を見せていた生理学教授であり、フランスにおける〔チャールズ・〕シェリントン[訳注11]の紹介者であったカミーユ・スーラ、そして何よりも、クレルモン゠フェランに退避していたストラスブール大学のシャルル・カイゼル、マルク・クライン、そしてアルフレド・シュヴァルツである。極めて信憑性の高いこととして、『正常と病理』に散りばめられている「ドイツ的言説」[*83]――ゴルトシュタインは無論のこと、〔カール・〕ヤスパース[訳注12]、〔ルドルフ・〕フィルヒョウ[訳注13]、〔ギュスタフ・〕リッケル[訳注14]、〔ゴットホルト・〕ヘルクスハイマー[訳注15]、〔H－E・〕シゲリスト[訳注16]、さらに〔ヴィクトーア・フォン・〕ヴァイツゼッカー[訳注17]――をカンギレムが学び始めたのは、彼ら医学部教師たちとの出会いによるものであった。ところで、ヘニング・シュミッジェンがヘルクスハイマーによるリッケルへの批判を分析しながら明らかにしたように、この「ドイツ的言説」はそのハイブリッドな性質によって特徴づけられている。つまり、確かにそこでは、医学と哲学が解きほぐせない形で結びついているのである。従ってヘルクスハイマーにおいて、その病理学は、明らかに西南ドイツ学派による新カント主義の〈価値哲学〉〔Wertphilosophie〕を背景に負っている。[*84]そうだとすれば、これらの「ドイツ的言説」にカンギレムの「生物学的規範性」の概念の源泉を認めるまでは、わずか一歩の距離のことだ。

だが、我々はその一歩をとることはしない。なぜなら、特にゴルトシュタインとの関係として既に論じたことは、「ドイツ的言説」一般についても同様に有効であると思われるからである。つまり、カンギレムが「ドイツ的言説」と出会う以前にある堅固な哲学教育を受けていなかったなら、彼がこれらの「言説」から彼が得たところを引き出すことは、決してなかったと考えられるのである。先に引いた論文において、シュミッジェンは次のように述べている。

このようにして、リッケルとヘルクスハイマーの論争を通じて、カンギレムは、一九四三年の『正常と病理』において、価値の哲学すなわち「価値論の哲学」と遭遇したのである。それは偶然のことではなく、また奇妙なことでもないと思われる。[*85]

確かにこの遭遇は、何一つ偶然的なものではない。もしカンギレムが新カント派の「価値の哲学」に対する感受性を備えていたとすれば、それは長い時間をかけて準備されたものであった。彼がリッケル・ヘルクスハイマー論争の折に〔ヴィルヘルム・〕ヴィンデルバント、[訳注18]〔フーゴー・〕ミュンスターベルク〔＝ヒューゴ・ミュンスターバーグ〕、[訳注19]〔ハインリヒ・〕リッカート[訳注20]の「価値哲学」〔Wertphilosophie〕と出会ったのだということについては、我々も確かにそのように考えたいと思う。しかし彼が「価値哲学」を発見するに至ったのが、医学博士論文を書く段階になってからであると主張することには同意できない。というのも、それではカンギレムがパリ高等師範学校の生徒そして教授資格者として、本質的にカント主義的であったフランスの大学制度の中で大戦間期に教育を受けたということ、そしてそのフランス大学制度がドイツの哲学教育制度とよく似て、但し異なる様式をとりながら、価値の問題を無視することなど決してありえないものであったのだという事実を忘れることになるからだ。言葉を換えれば、そしてジャン＝フランソワ・ブラウンシュタインの適切な表現を用いるならば、そこには「カンギレム以前のカン

＊83　H. Schimidgen, « Canguilhem et "les discours allemands" », dans *Philosophie et médecine. En hommage à Georges Canguilhem, op. cit.*, p. 49-62.
＊84　*Ibid.*, p. 53-54.
＊85　*Ibid.*, p. 54.

ギレム」[86]が存在していたのである。この上記の指摘は、本書の研究がとるべき全体的な議論の枠組みを、呈示させてくれるものである。

カンギレムの著作目録は医学博士論文の刊行によって一九四三年に始まるものなのだということは、実に長い間、明白な事実とされてきた。ごく限られた、事情に通じた人々の間では、一九三七年の第九回国際哲学会の場でなされた「デカルトと技術」についての講演というものの存在は確かに知られていたが、『正常と病理』をカンギレムの哲学的経歴の出発点とみなすのがまず一般的な傾向であった。しかし、一九九四年にカミーユ・リモージュによってなされた書誌考証[87]は、「相対的に作品の発表が少ない」[88]カンギレムという、それまでのこの哲学者について抱かれてきたイメージを大きく覆すこととなった。C・リモージュは多くの読者に対して、実際には一九四三年、その高名な医学博士論文の刊行で最初の哲学的著作を発表したとき、明らかにカンギレムは「作品の発表が少ない」ものなどではなかったのだということを示したのである。三九才の時点で、事実として彼は、数多くの雑誌（その大部分を『リーブル・プロポ〔*Libres Propos*〕』および『アランの日誌〔*Journal d'Alain*〕』が占めている）にかなりの論考を発表しており、また「ファシズムと農民」に関する社会学的・政治的研究を書き、さらにリセの受験準備学級に向けたものである『論理・道徳概論』を共同執筆していた。執筆に関してあまり精力的でない傾向があるのではないかと考えられてきた人物としては、それは実に驚くべきことである。これらの著作は今日、この哲学者が一九二六年から一九三九年の間に発表したテクストをすべて集めたものである、G・カンギレムの『全著作集〔*Œuvres complètes*〕』の第一巻に収められている[89]。この第一巻の序言で、イヴ・シュヴァルツは以下のことを指摘している。

ジョルジュ・カンギレムの著作、人柄、そして生涯に影響を受けたすべての精神にとって、この『全著作集』の第一巻は一つの出来事となりうるだろう。それは発見というよりも――それもまた事実でありうるとしても――、あまりにも容易に陰に置き去りにしたままでよいとしてきたものとの、遭遇の感覚を与える。すなわち、偉大なる哲学的思索の生成、その編成の過程である。[*90]

実に長い間、『正常と病理』は所与のものと見なされてきた。この重要な作品が出現した背景となる条件を辿ろうとする試みが現れるには、一九九〇年代の後半を待たねばならなかった。イヴ・シュヴァルツの指摘する通り、カンギレムを前にしたとき、多くの者がそこにおいて、極めて複雑に生成した作品と対峙しているのではないかとの思いを抱いてきてはいた。恩師についての書物において、クロード・ドブリュは「カンギレムは何よりも、［…］その思考が極めて遠いところから生じ、そしてまた最も遠いところまで赴いた、そのような人物として浮かびあがる[*91]」と、但し、その遠い起源とは何であると理解すべきなのかは特定しないまま、主張していた。カンギレムの青年期のテクストの刊行は今日、このような暗礁を取り除き、そして長い間にわたって歴史的エピステモロジーに関して考慮されないままで

＊86　J.-F. Braunstein, « Canguilhem avant Canguilhem », *Revue d'histoire des sciences*, vol. 53, no. 1, janvier-mars 2000, p. 9-26.

＊87　C. Limoges, « Critical Bibliography », dans F. Delaporte, *A Vital Rationalist. Selected Writings from Georges Canguilhem*, *op. cit.*, p. 385-454.

＊88　P. Macherey, « Georges Canguilhem : un style de pensée » (1996), repris dans *De Canguilhem à Foucault*, *op. cit.*, p. 110-123, p. 110.

＊89　G. Canguilhem, *Œuvres Complètes*, tome 1, *Écrits philosophiques et politiques* (1926-1939), Paris, Vrin, 2011.

＊90　Y. Schwartz, « Jeunesse d'un philosophe », dans *Œuvres Complètes*, tome 1, *op. cit.*, p. 71.

＊91　C. Debru, « In memoriam », dans *Georges Canguilhem, science et non-science*, *op. cit.*, p. 24.

あったかもしれないもの、すなわちジョルジュ・カンギレムの思考の「生成、その編成」を問うことを呼びかけるものである。カミーユ・リモージュやジャン゠フランソワ・ブラウンシュタイン、そしてドミニク・ルクールといった先駆者が、我々に辿るべき道筋を示してくれている。もし今日「カンギレム以前のカンギレム」なるものが存在していたことが認められているとするなら、「生物学的規範性」概念に関わる本書の試みとは、先駆者を持たないものとしてのその概念の誕生を辿ることではなく、哲学の厚い土壌からの、その漸進的な形成を辿ることにこそ存する。なぜならそこで出会うこととなる若きカンギレムは、まだエピステモローグではなく、そして科学史家でもない。そこにいるのは最も伝統的な意味での哲学者であり、彼は一九二六年から一九三九年の間、哲学における重大な問いの一つと格闘する。それはすなわち、〈経験の統一性〉という問いである。一方には判断という体系、他方には行動という体系というものが存在する、この二つの異質な規範形成の体系を、いかに連接させるべきであるのか。行動に対する判断の優位を主張するべきなのか、あるいは逆に、客観的認識に対する行動の還元不可能性を認めるべきであるのか。このような二者択一と、若きカンギレムは向き合うこととなる。そして彼は、経験の統一性とは〈事実〉ではなく、哲学的な〈価値〉なのだということを、決して手放すことはしないのである。

訳注

1——ジャン＝リシャール・ブロック（Jean-Richard Bloch, 1884-1947）はユダヤ系の作家であり、ロマン・ロランとともに『ヨーロッパ』誌を創刊した人物でもある。社会主義者であり、本書で後に詳述される一九三〇年代の平和主義運動にも深く関わった。カンギレムは高等師範学校在学中の一九二五年に、ブロックの二人の娘の家庭教師となった。以後一九二七年から四六年にわたる、カンギレムからブロック宛書簡がフランス国立図書館のブロックの文庫に収められている。カンギレムの教え子であったブロックの娘フランスは、第二次大戦中に夫とともに対独レジスタンスに加わり、四三年に処刑された。ここで引用された手紙では、ユダヤ系であったためにブロック家が辿った過酷な運命を知りながら、フランス解放後すぐにブロックと連絡をとらなかったことについて、カンギレムは謝罪と痛切な弁明を記している。*Cf.* Georges Canguilhem, *Œuvres complètes, tome 4, Résistance philosophie biologique et histories des sciences (1940-1965)*, Paris, Vrin, 2015, p. 227-231 ; Michel Trebitsch « Document : L'intellectuel dans l'action : Lettres de Georges Canguilhem à Jean-Richard Bloch (1927-1946) », *Vingtième Siècle. Revue d'histoire*, No. 50 (avril – juin, 1996).

2——René Taton (1915-2004). フランスの科学史家。*Revue d'histoire des sciences* を創刊した一人であり、フランス社会科学高等研究院に科学史部門を創設した。

3——Alistair Cameron Crombie (1915-1996). オーストラリアの動物学者、科学史家で、オックスフォード大学の初代科学史講師を務めた。ヨーロッパの科学史の中にいくつかの明確な「様式（styles）」を区別し、その系統関係を辿ることができると論じた。

4——『正常と病理』一〇四頁。

5——同一〇八頁。

6——同二〇八頁。

7——「[…] オーギュスト・コントの熱烈な弟子であったピエール・ラフィットは科学史の役割を『精神的顕微鏡』であると定義した。彼にいわせれば、この『精神的顕微鏡』は、科学的知識が発明されたり伝播されたりする際に突きあたったさまざまな障害を列挙することで、科学的知識の通常の展示の中に遅延や距離を導入するという、目の醒めるような効果をもつということになる。この顕微鏡というイメージを使う限りにおいて、われわれは実験室の内部に留まる。そして〔そこにおいてみられるような〕歴史は単に科学的成果の呈示の中に持続を注入するだけのものだという発想に、われわれは実証主義的な前提を見出すことができる」（『科学史・科学哲学研究』七頁）。

8——Jakob Johann von Uexküll (1864-1944). ドイツの動物学者、比較生理学者。ハンブルク大学環世界研究所の名誉教授を務め、その独自の「理論的生物学」は一九二〇年代を通じて哲学的影響力を持った。*Streifzüge durch die Umwelten von Tieren und Menchen*（『動物と人間の環世界の概観』、一九三四年）において、各々の動物の生理学に基づいて、生物種や個体ごとに「環世界」が主観的に生成すると論じた（ユクスキュル／クリサート『生物から見た世界』日高敏隆・羽田節子訳、岩波書店、二〇〇五年を参照）。

9——Canguilhem, « Le vivant et son milieu », *La connaissance de la vie*, Paris, Vrin, 1965, p. 188.〔『生命の認識』一七〇頁〕

10——Kurt Goldstein (1878-1965). ドイツの医学者。第一次大戦中に大量に生じた脳損傷の症例を詳細に研究。ゲシュタルト理論に基づき、失語や失行といった症状を脳の局所的な損傷に帰すのではなく、全体論的立場から病理学を論じた。ユダヤ系のため一九三三年にナチスに逮捕され国外追放となり、最終的にアメリカに渡った。

11——Charles Scott Sherrington (1857-1952). イギリスの生理学者で、一九三二年度のノーベル生理学賞受賞者。筋運動において、筋の収縮とこれに対する拮抗筋の弛緩に関し神経の統御が働いていること（「シェリントンの法則」）を明らかにした。

12——Karl Theodor Jaspers (1883-1969). ドイツの哲学者。精神医学を修め、医療に従事していたが、精神医療の現状に疑問を呈し、医学批判から人間存在の基底としての実存を探究する哲学研究へと進んだ。

13——Rudolf Ludwig Karl Virchow (1821-1902). ドイツの医学者。細胞における変質がすべての病変の基本的内容であるとする包括的な細胞病理学をうち立てた。ベルリン大学病理学教授として一九世紀後半のドイツ医学界に絶大な影響力を及ぼすとともに、政治家として都市公衆衛生政策に力を奮った。

14——Gustav Wilhelm August Josef Ricker (1870-1947). ドイツの医学者。病変の基本は神経系統における変調であるとする「関係の病理学」を主張し、細胞病理学と対立した。

15——Gotthold Herxheimer (1872-1936). ドイツの医学者。ヴィースバーデンの市立病院で解剖病理学研究所所長を務めたが、ユダヤ系であったためナチスの台頭とともに職を追われた。カンギレムは『正常と病理』第二章の末尾「生理学と病理学」で、ヘルクスハイマーの著書『現代の病理学』（一九二七年）を参照しながら、リッケルによる価値判断を排した純粋自然科学としての因果関係を論じる病理学と、これに対するヘルクスハイマーの批判を詳細に検討している。

16——Henry Ernest Sigerist (1891-1957). スイスの医学史家。ライプチヒ大学、次いでジョンズ・ホプキンス大学の医学史研究所所長を務め、二〇世紀医学史研究の重要人物の一人となった。病気に対する社会的条件の影響を論じる社会医学を提唱した。

17——Viktor Freiherr von Weizsäcker (1886-1957). ドイツの医学者。ハイデルベルク大学、次いでブレスラウ大学で神経科学を研究するとともに、医学的人間学を構想する。ユクスキュルの環世界論を継承しながら、*Der Gestaltkreis*（一九四〇年。『ゲシュタルトクライス——知覚と運動の綜合』木村敏・濱中淑彦訳、みすず書房、一九七五年）において、生体が外的世界と関係しつつ、自らの環境としての世界を形成する主体となる「ゲシュタルトクライス（形態の円環）」の理論を提唱した。なお『ゲシュタルトクライス』の仏訳版（一九五八年）の訳者のひとりはフーコーである。

18――Wilhelm Windelband (1848-1915). ドイツの哲学者、哲学史家。カント哲学を基盤として、種々の基本的価値（美・真・善等）を批判的に探究することが哲学の任務であると論じた。このヴィンデルバントの哲学の定義を核として、ハイデルベルクを中心地とする西南派が形成された。また、自然科学研究が事物に普遍的に適用される法則を発見することを目指す「法則定立的」な活動であるのに対し、一回的な個性を記述することに本質を持つ「個性記述的」活動としての文化科学を対置した。

19――Hugo Münsterberg (1863-1916). ドイツ出身、後年にはアメリカに拠点を置き活躍した心理学者。ライプチヒでヴントに心理学を学び、ハイデルベルクで医学を修めた。ウィリアム・ジェームズに招かれ、ハーバード大学で心理学を教えた。

20――Heinrich John Rickert (1863-1936). ドイツの哲学者。シュトラスブルク大学時代のヴィンデルバントに教えを受け、後に師を継いでハイデルベルク大学で教鞭を執った。対象の認識には価値の判断がまず介在しているとする、「価値判断」の認識論を論じる「価値哲学」を展開した。また、この対象の認識においてなされる価値判断こそが、文化科学の形成に中心的な役割を果たしていると論じ、歴史哲学の基盤としての「価値」の役割を提起した。この「価値」の歴史哲学とカンギレムの科学史論（科学イデオロギー論）との間にある近接性は、確かに注目しておくべきものだろう。

第一部　判断することと行動すること（一九二六―一九三四年）

――カンギレムと反省的「思考様式」

第一章　アラン

「剝き出しの事実」という概念の批判

ジャン＝フランソワ・ブラウンシュタインとドミニク・ルクールによる研究は、若きカンギレムの受けた教育において、アラン（エミール・シャルティエ）が占めた位置を再評価することに大きく寄与した。ドミニク・ルクールは以下のように述べている。

というわけで、アンリ四世高校在学以来、カンギレムはアランを崇拝する生徒だったのであり、アランにとってもお気に入りの弟子であった。一九二四年、高等師範学校に入学すると、同級生たちからアラン思想の継承者というレッテルを貼られ、何はともあれ、反乱グループ「シャルティエ派」の中心人物となった。[*1]

その生涯にわたって、この二人の人物は極めて近しい関係であり続けた。一九三〇年代末、カンギレムにはもはや支持できないものと思われた包括的平和主義（「ヒトラーと交渉することはできない」[*2]と後に彼は述べている）という主題をめぐって生じた距離も、彼にとっては、一九五一年のアランの死去の際にその死を看取ること、そしてその翌年、自らは哲学公教育視学総監の職に就いており、一方で何人かの忠実な弟子によるヴィシー政権への協力のためにアランのイメージが深刻に損なわれている状況の中にあっても、亡くなった恩師への非常に美しいオマージュを発表することを、妨げるものではなかったのである。[*3]

ジャン＝フランソワ・ブラウンシュタインによれば、「カンギレム以前のカンギレム」がアランの教えから得たものとは、まずは大きな意味での政治に関わるところにあった。すなわち、社会的現実とは決して「剝き出しの事実〔fait brut〕」、つまり人間が受動的に受けいれるよう定められている、自然や運命の産物などというものではないのだということである。「非常に大まかな言い方をするなら、カンギレムはアランの教えを、彼が『事実の崇拝』と呼ぶものの拒絶として解釈している」[*4]とブラウンシュタインは書いている。カンギレムは、彼の青年期の著作に遍在しているこの語句〔「事実の崇拝」〕を、『マ

＊1　D. Lecourt, Georges Canguilhem, Paris, P.U.F., 2008, p. 11.〔『カンギレム』沢崎壮宏・竹中利彦・三宅岳史訳、文庫クセジュ、二〇一一年、一三頁〕また、同著者による次の文献を参照。« Georges Canguilhem, le philosophe », dans J.-F. Braunstein (dir.), *Canguilhem. Histoire des sciences et politique du vivant*, *op. cit.*, p. 27-43.

＊2　J.-F. Sirinelli, *Génération intellectuelle. Khâgneux et Normaliens de l'entre-deux-guerres*, Paris, P.U.F., 1994, p. 597-598.

＊3　G. Canguilhem, « Réflexions sur la création artistique selon Alain », *Revue de Métaphysique et de Morale*, vol. 57, avril-juin 1952, p. 171-186.

＊4　J.-F. Braunstein, « Canguilhem avant Canguilhem », *op. cit.*, p. 12.

ルス——裁かれた戦争』[*5]のアランに負うている。この『マルス』という作品は、戦争とは避けることのできない事実なのだとする思想を非難するものであった。「臆病な思想家たち」と題された第五七章で、アランは「事実の崇拝者たち」のことを「判断なき思想家」と呼んでおり、彼によれば心理学者とはそのようなものなのだとしている。鮮やかな筆致で書かれたこの箇所を、カンギレムはやがて一九五六年、その有名な講演「心理学とは何か」を行なう際に思い起こすことができただろう。

　アランの弟子において、この「剝き出しの事実」という概念に向けられる敵意は少しも驚くべきものではない。たとえば、もう一人の重要なアラン主義者の主著、ジョルジュ・ベネゼによる『超越論的なるものの様相』を参照するなら、この書物が「経験論の不可能」[*6]に関わる「所与の問題」の分析で始まり、それによって「所与のものとは、超越論的な意識、すなわち〈全体〉〔le Tout〕である」[*7]ことを明らかにしようとしていることを確認できる。反対に、カンギレムがアランの弟子の大部分と際立った対照をなすのは、彼がこの「剝き出しの事実」という概念への批判をその最後の淵にまでおし進め、そして既存の秩序への抵抗が言葉の段階に留まれないような歴史の一時点においてもなおこの批判を保ち続けた、数少ないアラン主義者の一人だったということにある。それゆえジャン＝フランソワ・ブラウンシュタインは、この「剝き出しの事実」という概念への敵意は若きカンギレムにおいて「反抗の哲学」[*8]というものに、つまりジョルジュ・ベネゼやルネ・シャトーのような人物においてはおよそ見出せない哲学に帰着するのだと指摘することとなる。すなわち彼らの方はと言えば、一九四〇年六月に達成された事実に、[訳注1]見事に適応したのである（フランス解放に際して、この両者は市民権を剝奪された）。

　その分析に続けて、ジャン＝フランソワ・ブラウンシュタインは、カンギレムがこの事実の崇拝に対して『価値』による諸々の要求〔les exigences de la "valeur"〕[*9]を置いたのだと指摘している。これは完全に決定的な点である。というのも、やがて成熟したカンギレムが、医学の中に自らの青年期の哲学的立場の支柱となりうるものを見つけた時、彼はこの「事実／価値」という二元論を思い起こすことができただろうと考えられるからである。事実、その医学博士論文は、健康と病気が客観的な事実ではなく——そこに「ブルセの原理」への批判の基盤がある——、しかし個人の主観的経験にとりこまれた価値なのだということを明らかにしようとしたものであった。さらに、『正常と病理』の第二部を構成する五つの章について、そのうちの三つの章は明らかに価値についての考察で閉じられていることも思い出せるだろう。とりわけ重要なものである、『正常と病理』の結論の一文については言うまでもない。そこでカンギレムは「客観的病理学」という仮説に反論して、「病理学者は客観的に、つまり公平に、研究を遂行することができる。但し、その研究の対象は、正か負の性質を与えられることと無関係に構成されることがありえないのであり、すなわちその研究の対象とは、事実であるよりむしろ価値なのである」[*10]と述べている。

---

*5 Alain, *Mars ou la guerre jugée* (1921), repris dans *Les Passions et la Sagesse*, Paris, Gallimard, 1960, p. 547-704.〔『裁かれた戦争』白井成雄訳、小沢書店、一九八六年〕

*6 G. Bénézé, *Allure du Transcendental*, Paris, Vrin, 1936, Introduction, p. III-XIV. 特に第七章の p. 79-109、および著者ベネゼによれば「本書の弁証法的要約となっている」第一二章を参照。

*7 *Ibid.*, Conclusion, p. 269.

*8 J.-F. Baunstein, « Canguilhem avant Canguilhem », *op. cit.*, p. 9.

*9 *Ibid.*, p. 13.

*10 G. Canguilhem, *Essai*, *op. cit.*, Conclusion, p. 157.〔『正常と病理』二一二頁〕

『リーブル・プロポ』誌のために書かれたごく初期のテクストを調べてみると、若きカンギレムが以下のような考えについて、熱を込めて主張している箇所は珍しくない。

事実はそれ自体では何も価値を持たない。しかも、それが事実として存在した瞬間から、それは自らの成立条件というものを持っているのだ。これらの条件を知るものは、その条件に変化を加える。それゆえ事実とは、人がなしたことをではなく、人がなしていないことの方を、表現しているのである。*11

この文言の持つ研ぎ澄まされた意味に加えて、ここでは、あらゆる社会的事実とは、それが人間的なものとなった瞬間から、最終的には設定された諸価値の総体の上に成り立っているのだとする考えを、カンギレムがアランと共有していたということに注目できるだろう。実在〔le réel〕――「事実の崇拝者たち」が人間的行動から独立したものと想像して嬉々としているもの――は従って「所与」ではなく、一つの結果なのであり、すなわち、それは人類がその歴史の中でなさねばならなかった無数の選択の堆積である。これはつまり、我々が知るような社会的現実は、自らがそこから結実したものである選択の前に存在していた諸価値がもし異なっていれば、全く別のものでありえただろうということを意味する。もし現実が諸価値の総体を具現化したのであるならば、従ってそれは別の選択の可能性も含むこととなるのであり、そして現実化された価値に対して力学的に対立している価値を選ぶことは、常に可能だということになる。これこそが『正常と病理』によって――そして特にその一九六六年の「新考」の「社会的なものから生命的なものへ」という論考において見事に論じ直されることとなった――、カンギレムの哲学の中心命題である。

カンギレムにとっては、人間と動物の間には、はかりしれない閾が確かに存在している。すなわち人間特有の世界においては、諸価値とは、既にその本来の自然を失った生の規範による選択に関わるものである。この点のために、それが生命の視点に置かれるか、社会の視点に置かれるかに従って、正常と病理の意味は変わることとなるのである。人間の生物学的組成のいかなるものも、集団的生活の何らかの形式を正当化することはできない。社会的生活においては複数の規範が存在するということが、その証左である。言葉を換えるなら、生命的なものと社会的なものとの間には、一つの切断が存在するのである。とりわけフーコーが、この示唆の意味をよく理解することとなるだろう。つまりここでは、『狂気の歴史』[＊12]が明らかにする「理性／非理性」の分割の問題を考えることができる。フーコーの分析に従えば、この分割とは、社会的実践の中に結晶した諸価値に支えられた選択の産物なのであり、自然とは全く関係を持たないものである。

カンギレムはその青年期のテクストにおいて、現実が価値論的に中立のものであり、我々はそれに必然的に従わねばならないのだとする虚構を非難するために、しばしば〔ポール・〕ヴァレリーを参照している。たとえば我々は「事実への崇拝者たち」への彼の攻撃が、「人間とは絶えず、そして必然的に、

＊11　G. Canguilhem, Texte sans titre qui fait suite à l'article sur « La Mobilisation des intellectuels — Protestation d'étudiants », *Libres Propos* (20 avril 1927) ; repris dans *Œuvres Complètes*, tome 1, *op. cit.*, p. 167.

＊12　M. Foucault, *Histoire de la folie à l'âge classique* (1961), Paris, Gallimard, 2e éd., 1972.〔『狂気の歴史——古典主義時代における』田村俶訳、新潮社、一九七五年〕

いまそうでないものへ向かう関心によって、いまそうであるところのものと対立する」[*13]といったヴァレリーの格言で散りばめられているのを見ることができるのであり、これをカンギレムは、「現実以外に価値を認めない者は、無造作にあらゆる可能性を犠牲とする」[*14]と言い換えている。数年後、この既存の秩序に対する忍従というものが持つ倫理的な意味について、カンギレムは『論理・道徳概論』で「純粋に所与の事物の状態を守ろうとする行動は、道徳的には無である」[*15]と述べることとなる。とはいえ、若きカンギレムにおける「事実の崇拝者たち」への対抗の努力の源泉が、アランの側にこそ一層強く求められるものであることには、全く疑いは生じない。ジャン゠フランソワ・ブラウンシュタインは、「剝き出しの事実」という概念が、まず第一にアランによって、その平和主義に関する著作の中で提起されたものであることを明らかにした。そしてそこで著者アランは、戦争を不可避の事実として呈示する運命論的見方への闘いを挑んだのである。『マルス』において、彼は次のように書いている。

賢者が私をさえぎり、こう言う。「事実を否認することは正しい精神のすべきことではない。そうではなく、事実を確認し、それに順応することだ。戦争は一つの事実である。それが善か悪かと問うても無駄である。」／確かにそうだ、賢者よ。君は人類が科学に酔い痴れたここ二、三世紀の申し子なのだ。確かに外的必然を知らねばならない。まず外的必然に従わなければこれを巧みに利用することはできない。だが私の見るところでは、この純粋に技術生産的なものの見方が精神を麻痺させてしまったのだ。なぜなら、精神に対しすべて事実として捉えるように命じ、判断者ではなく記録係であるように命じたからである。［…］受身になることなく、判断する、それが主権者の契機だ。[*16]

カント認識論の人間学的地滑り

このように、若きカンギレムは、戦争が「不可避の事実」だという思想を告発するアランの意図を大いに受け継いでいた。但し、この教え子が既成の事実に対する師の敵意から得たものは、ただ平和主義への参加だけに留まるものでは決してなかったことを指摘しておきたい。多くのカンギレムの青年期のテクストにおいて、彼がこの「剝き出しの事実」という概念への批判を、より哲学的に限定した領域に移して論じているのを、確かに見ることができるからだ。たとえば、イポリット・テーヌ（一八二八—一八九三年）に倣い、思考というものを「人種、環境、時代」[*17]の交差する点にある単なる一つの事実と見なそうとする人々に反論するために、彼はしばしば「事実／価値」の区別を用いている。一九三〇年、まさにテーヌがその出身であるシャルルヴィルのリセでの優秀賞授与演説の中で、二六才のカンギレムは生徒たちへ向けて、この同郷の事実の崇拝者——「あなたがたのテーヌ」と彼は呼んでいる——に対

＊13　G. Canguilhem, « La Fin de l'éternel, par Julien Banda, NRF, 1929 », *Libres Propos (Journal d'Alain)* (20 janvier 1930) ; repris dans , *Œuvres Complètes*, tome 1, *op. cit.*, p. 272-273, p. 273. で引用されたヴァレリーの言葉。

＊14　G. Canguilhem, « Activité technique et création », dans *Communications et discussions*, Toulouse, Société toulousaine de philosophie, 1938, 2e série ; repris dans *Œuvres Complètes*, tome 1, *op. cit.*, p. 499-509, p. 502.

＊15　G. Canguilhem, C. Planet, *Traité de logique et de morale*, Marseille, Imprimerie Robert et Fils, 1939 ; repris dans *Œuvres Complètes*, tome 1, *op. cit.*, p. 633-924, p. 906.

＊16　Alain, *Mars ou la guerre jugée*, « Du souverain », *op. cit.*, p. 675.〔『裁かれた戦争』「主権者」一三一—一三三頁〕

＊17　H. Taine, *Histoire de la littérature anglaise*, 2e éd. tome 1, Paris, Hachette, 1866. 特に Introduction, p. XXIII-XXXII を参照。そこでテーヌは「この基本的精神状態の産生に寄与している三つの異なる源泉、すなわち人種、環境、時代」を呈示している。

する警告を与えたのだった。彼はそれを、次のように説明している。

それというのも、みなさん、魂というものには、二つの捉え方があるからです。魂というものは、作家によって、遺産であったり、獲得物であったりします。魂とはつまり［…］生まれた土地、故国の伝統、家族の血統によって説明される事実なのです。その根で故郷の土壌から豊かな養液を吸い込んだアルデンヌの樫やプロバンスの松の樹齢百年の大木に、何らかの人物の精神や天才をなぞらえるような、あらゆるもったいぶったお世辞の文句に共通の描写を、みなさんも知っているでしょう。このお世辞の規則と、そして恐らくその見本とでも言うべきものを与えたのは、あなたがたのテーヌその人です。ところでこれとは別に、魂とはすなわち、ときに悲劇的なまでに、常に課せられた努力なのであって、この努力によって人間は生まれ持った本能的なもの、絶対的なもの、腐敗しやすく制限されたものから離脱する、つまりそこから自らの力において、理性的なもの、意識的なもの、不滅のもの、そして普遍的なものをうち立てようとするものなのです。ですから、そこにおいては世界が人間を所有しているものとして理解される魂と、それから、そこにおいては人間が世界を所有しているものとして理解される魂と、そのどちらかだというわけです。[*18]

J－F・ブラウンシュタインが述べるように、ここで若い哲学教師が行っている表明には「もちろんドレフュス事件がその背景にある」[*19]。だからこそ、テーヌ以上に「シャルルヴィルでの演説」で標的とされるのは、モーリス・バレス（一八六二―一九二三年）なのである。事実カンギレムは「法の味方に転じた法の旧敵[*20]」バレスが、「同時によからぬことでも高貴なことでも高名なある事件に際してなされた正義への要求を、形而上学者たちの乱痴気騒ぎと見なした」ことに注意を促している。従って、ここでカンギレムが国粋主義者バレスに対置して、高等師範学校の司書であり、最初期からのドレフュス支持者にして公然たるバレスの論敵だった社会学者リュシアン・エール（一八六四―一九二六年）を称賛することを驚く者はいないだろう。エールの普遍主義に影響されながら、カンギレムはバレスの人種主義と反ユダヤ主義に対して、重要であるのは「人間がその血のうちに何を持っているかではなく、彼がその精神において何を持ち、そして何をしようと欲しているかである」[*21]と反論している。様々な国粋主義的雑誌で数多くの反ユダヤ主義的記事を書いていたバレスが、ドレフュス裁判の第二審の折に、実際に次のように表明していたことを思い起こせる。すなわち、「なぜドレフュスが裏切ったのかを説明してもらう必要はない。ドレフュスは裏切ることができたのだと、私は彼の人種からそう結論する」[*22]。

カンギレムの規範性の概念の哲学的源泉を辿ろうとする者にとって、若きカンギレムが熱意をもって戦った論敵たちに留意しておくことは無駄ではない。なぜならこのバレスの思想に対する青年期の対立には、カンギレムの哲学の軌道のある重要な部分が関わっているからだ。もしアラン、そしてその師で

---

*18 G. Canguilhem, « Discours prononcé par G. Canguilhem, agrégé de l'Université, professeur de philosophie, à la distribution des prix du lycée de Charleville, le 12 juillet 1930 » ; repris dans *Œuvres Complètes*, tome 1, *op. cit.*, p. 306-312, p. 307.

*19 J.-F. Braunstein, « Canguilhem avant Canguilhem », *op. cit.*, p. 14.

*20 G. Canguilhem, « Discours... », *op. cit.*, p. 309. 一八八九年に二七才でブーランジェ派〔普仏戦争後の対独報復支持者〕として議員に選出されたバレスは、社会主義者を志してもおり、一時は議場の極左側に座席を占めた。

*21 G. Canguilhem, « Discours... », *op. cit.*, p. 310.

*22 Z. Sternhell による *Maurice Barrès et le nationalisme français*, Bruxelles, Complexe, 1985, p. 264. での引用。

あるジュール・ラニョー（一八五一―一八九四年）がカンギレムにとって間違いなくその哲学的考察の手本であったとすれば、その哲学の背景からバレスが――そして彼を通してテーヌが――真の意味でその姿を消すことが決してなかったこともまた事実だからである。事実この両者は、この若き高等師範学校生のごく初期の作品においても――特に、テーヌが揶揄される一九二七年の風刺歌「戦時における知識人の利用」[*23]のことを思い出せる――、ソルボンヌの名誉教授による最晩年のテクストにおいても――バレスが標的とされる一九九一年の「今日フランスにおいて哲学者とは何か」[訳注2]――、同じように言及されている。それゆえ、ジャン＝フランソワ・ブラウンシュタインの見方とは異なり、このテーヌとバレスとの関係には「青年期の義憤」[*24]以上の何かがあるものと考えられる。すなわち壮年期のカンギレムのテクストの多くが――「生体とその環境」を筆頭に、さらに一九八〇年の「脳と思考」[訳注3]も――バレスの主張への厳しい反論として読むことができるからだ。全く当然のことながら、カンギレムによってまず何よりも攻撃されたのは、バレスの議論が帰着した人種主義的・反ユダヤ主義的結論であった。それは言うまでもないことである。しかしながらこの批判はまた別の水準を含んでもおり、そしてそれはより専門的な哲学の次元に関わるものであった分だけ、気づかれにくくなっていたのではないかと思われる。すなわちバレスとカンギレムの間における論争とは本質的に、［イマニュエル・］カントによるコペルニクス的転回に対して、この両者が付与する政治的な意味をめぐるものだと位置づけられるのである。

今日においてもなお、カンギレムがドイツ哲学に対してどれだけを負うているかについては、十分に評価されていない。しかし彼がカントに対して抱いていたと思われる崇敬と、その哲学体系について持っていた知識は、彼に近く接していた人々にはよく知られていた。一九三七年一二月二一日付でアランによって書かれた未刊行の日記には、次のように書かれている。

いたるところにある情熱において、到来した時代とは素晴らしいものだ。その事例。ライバルたちを打ち負かすには、彼の知っているカントを開陳すればよいだけの駿馬カンギレム。ラニョーがその最も偉大なものであった、この孤立した情熱家たちの働きを、人はまだ目にしていない。[*25]

より最近では、カンギレムがカントの著作全体について、その最も専門的な細部に至るまで知悉していたということを、カミーユ・リモージュが明らかにしてくれた。[*26] その挿話としてリモージュは、一九六四年、科学史・技術史研究所（ＩＨＳＴ〔Institut d'Histoire des Scineces et des Techniques〕）で週一回行われていたカンギレムのゼミに出席した際に目撃した、ある出来事について語った。カントがその事件の中心だったのだ。ゼミのある回の折、あいにくにも女子学生の一人が、当時非常に流行していた〔ジョルジュ・〕バタイユの本を持参するという不運に見舞われたのである。それは極めてまずいことだった。カンギレムはそれに気づくと直ちに話を止め、次のように激しく怒った。「三『批判書』もよく知らないで、この手の物書きに使う時間があるか！」。このような挿話は、とりわけカントを批判したとしてカンギレムが繰り返し罵った〔シャルル・〕ペギーについて、いくらでも重ねることができるだろう。そ

＊23　*Œuvres Complètes*, tome 1, *op. cit.*, p. 181-182. におけるＪ－Ｆ・ブラウンシュタインの注を参照。
＊24　J.-F. Braunstein, « Canguilhem avant Canguilhem », *op. cit.*, p. 14.
＊25　Alain, *Journal.* 未刊行であるこのアランの私的な日記の抜粋は、A. Sernin による *Alain, Un sage dans la cité*, Paris, Robert Laffont, 1985, p. 374. より引用。
＊26　二〇〇八年にモントリオールで交わされた対話。書誌情報はカミーユ・リモージュから提供された。

れは同様の理由で怒りを買った〔アルフレッド・〕フイエについても言えることである。[*27]

バレスはカント哲学について完全に専門的に理解しているとは言い難かったが、それでもその精神と実際的な含意についてはよく捉えていた。それは『根こぎにされた人々』[*28]が十分に証言するところである。バレスは一八九七年に刊行されたこの論争的な小説で、第三共和政下の教育の支柱であったカント的な〈理性〉〔la Raison〕による普遍主義について、彼によればそれが帰着することとなるはずの、破滅的な末路の数々を描き出した。カンギレムが「今日フランスにおいて哲学者とは何か」を論じた講演で思い起こさせたように、一八七〇年以来のフランスの大学教育にとって知的なモデルとなったのは、実際のところドイツ哲学であった。「カントを好まなかった二人の作家バレスとペギーは、しかしそれでも、バルニとティソとピカヴェの訳したカントこそが、哲学教師たちに何らかの形で影響を与えていたことは知っていたのだ」[*29]。バレスがナンシーのリセで授業を受けたオーギュスト・ブルドゥ（一八五一―一八九四年）から多大に着想を得られた、哲学教師にして政治的人物であるブテイエのキャラクターを通して、この作家は、パリでのチャンスを求めてナンシーの地を離れる七人のロレーヌの若者を襲う悲劇的な運命の責任を、間接的にカントに帰すのである。『根こぎにされた人々』はその全員が首都において痛ましい挫折を経験するのであり、そのうちの最も慎ましい者は卑小な罪のためにギロチンの下に命を落とす。つまりバレスにとっては、この小説の最後から二番目の章のタイトル〔「根こぎにされた者、首を切られた者」〕が示す通りに、「根こぎ」と「首なし」の間にはほんのわずかの距離しかないということである。この作家に従えば、もしこれらの若いロレーヌ人たちが彼らの家系的・社会的出自が前以て彼らに割り当てていた地元の穏当な職業に就いていたなら、そのようなことは決して起こらなかっただろう。しかし、「立脚点をカントの上に置き、従って啓示された真理に対する信者と同様、もはやそれを検証しようとしない」[*30]ブテイエが、「自分の生徒達を人類の市民、解放された者、純粋理性の秘伝を授かった者と」[*31]仕立てて、彼らをロレーヌの根から切り離してしまったのだ。「この少年達を根こぎにすること、彼等を土壌から、彼等が、色々なものによって結ばれている社会から引き離し、その偏見から引き出して抽象的な理性の中に置くこと」[訳注4]、バレスによればそれが彼らの哲学教師が目標としていたことである——そしてブテイエ自身も根なし草である。この半フィクション的なキャラクターを通じて、バレスがカントの定言命法を非難していることをよく見ておかねばならない。カントの定言命法を、彼は「定言諮問〔consultatif catégorique〕」[*32]と言い換える。良心の呵責もなく密告できるほどの厳格主義者であるブテイエは、この小説において定言命法と一体化しているのであり、その擬人化である。それは以下のようなものとなる。

＊27　*Cf.* G. Canguilhem, « La Logique des jugements de valeur », dans *Libres Propos* (20 août 1927) ; repris dans *Œuvres Complètes*, tome 1, *op. cit.*, p. 177-180, p. 178.

＊28　M. Barrès, *Les Déracinés* (1897), *Le roman de l'énergie nationale*, tome 1, Paris, Plon, 1922.〔『根こぎにされた人々』吉江喬松訳、新潮社、一九三二年〕

＊29　G. Canguilhem, « Qu'est-ce qu'un philosophe en France aujourd'hui ? », dans *Commentaire*, vol. 14, no. 53 (printemps 1991), p. 107-112, p. 108.

＊30　M. Barrès, *Les Déracinés*, *op. cit.*, p. 23.〔『根こぎにされた人々』一六頁〕

＊31　*Ibid.*, p. 37-38.〔同二七頁〕

＊32　*Ibid.*, p. 217.〔同一五四頁〕

平然として、彼は自分の一切の行為を、その教育と同様に、彼自身の言葉によれば「予は常に予の行動が普遍的規則として役立つ事を欲し得るように行動せねばならぬ」という、カントの原理に立脚させていたのだった。[*33]

テーヌの弟子としてバレスは、彼の目から見れば、個々人の特殊性、そして彼らが自ら属するものとして発見する社会的・人種的集団、要するに自らが与えられている環境というものを見出すべき歴史的な状況が持つ特殊性を軽視する思想に対しては、いくら厳しい言葉を投げても足りない。カント主義における空虚で抽象的な普遍主義に対して、バレスはこの小説の第七章にちらりとだけ登場するテーヌを通じて、次のような相対主義的標語を称賛するのである。

各人が、各々その階級に応じて適宜な行動をする。然し、他人に対しては、その人間としての尊さを尊敬し、またその尊さの大部分が、環境、職業、事情によって変化するものであることを理解しなければなりません。これこそ、[…]自然にたいする観察が吾人に教えてくれるところのものなのです。[*34]

ここでは、論争的な形で、先にアランに関連して述べた〈事実〉と〈価値〉との間の対立を再度見ることができる。『根こぎにされた人々』でカントに対する対抗モデルの役割を演じているテーヌを通して、バレスは実証主義的、すなわち科学主義的精神というものを擁護している。つまり彼によれば、我々の行動の規則をうち立てるためには、「自然の観察」、言葉を換えれば事実についての分析に訴えなくてはならない。ここからはある種の相対主義が生じる。なぜなら、異なる様々な道徳的規則が、環境、時代および社会集団に対応すべきものとなるからである。従って、カントの見方においてはその立法者としての性格からして人間の人格というものがそうでなくてはならないような、いつどこにおいても有効である絶対的価値などというものは存在しない。このことは、なぜカンギレムがバレスとテーヌを「事実の崇拝者」と見なしたのかを明らかにする。つまり彼らにとって「人間の尊さ〔…〕の大部分が、環境、職業、事情によって変化する」以上、あるべきものとは、そうであるものによって決定される。よって、そこにはただ一つの価値しか存在しないのであり、その価値とはつまり実在であり、換言すれば事実である。それゆえにこそ、バレスはテーヌに、道徳においてはただ一人の教師しか、すなわちアンヴァリッド広場のプラタナスの木しか知らないと言わせるのである。

> この木こそは、一つの立派な生活の、その具体的な姿ですな。この木は、不動停滞ということを知らない。その若々しい創造力は、最初からちゃんとこの木の運命を決定して、この木の中で絶えず活動しているのです。〔…〕特に私は倫理学に於て、この木をわが師と仰いでいます。よく御覧なさい。この木にもまた、いろいろな邪魔があるのです。建物の影によって、どんなに弱らされたことでしょう。すなわち木は右の方に逃げ、自由な方に向って伸び、並木道の上、扇なりにその枝を繁らせました。つまりこのどっしり繁った緑の葉は、見えざる理法、すなわち人生に於ける必然の

＊33　*Ibid.*, p. 25.〔同一八頁〕
＊34　*Ibid.*, p. 219.〔同一五六頁〕

承認という、この上なく森厳な一つの哲学に従っているものと言えましょう。自らを否定することなく、自暴自棄に陥ることなく、彼は現実によって与えられた各種条件の中から、最も有益な、最大の利益を抽き出しました。[*35]

ここには、カント的道徳の対極がある。バレスによれば、我々が全面的に従わなければならない普遍的な規則などというものは存在しない。絶対などというものは、個別のものの開花に対して有害な神話である。もしプラタナスが生育のただ一つの規則に従っていたなら、それは現在の高さまで届くことはなかっただろう。しかし日和見主義的に、「生命の必然性〔nécessités de la vie〕」を受け入れることで、この木はちょうどよい時に右へ逸れて、建物の影をすり抜けた光を追うことができたのである。この点において、この木は一つのモデルとなる。つまり、カント主義者のように、行動のただ一つの格率に執着する代わりに、プラタナスは自らの生育に有利に働く「現実によって与えられる条件からその最良の部分、最も有用な部分を引き出した」のである。より根本的には、このメタファーを通じてバレスは、「そうであるもの」を「あるべきもの」の名において改変しようと主張する、あらゆる道徳を糾弾しているのだと言うことができる。なぜなら、彼によればただ一つの価値しか存在しないのであり、それは現実というものだからだ。よって、真の道徳とは、事物の本性に従う道徳である。それゆえに、プラタナスはここで一つのモデルと見なされるのであり、この木にとって為すべきこととは、つまるところ「生命の必然性」に従うことに尽きるのである。

当然のことながら、バレスという人物像に言及する際にカンギレムが批判を向けるのは、この種の自然化された道徳である。彼にとって、そしてカントが主張したように、「あるべきもの」――価値――

とは、本質的に、「そうであるもの」つまり事実と常に対立する。そうであるがゆえに、シャルルヴィルにおいてこの若い哲学教師は、バレスの事実という正義に抗して、そこには「特権的な人種も忌まわしい人種も存在せず、有利な環境も敵対する環境もなく、時機に適う時代も不適当な時代も存在しない」[*36]ような、普遍的な正義というものの価値をうち出すのである。そしてその六〇年後、講演「今日フランスにおいて哲学者とは何か」においてバレスに対して投げられるのも、これと同じ批判である。そこでは、この作家が定言命法について皮肉を述べている『彼らの姿』〔一九〇二年。『根こぎにされた人々』の続編〕の一節が引かれている。

一八九七年の、ナンシーのリセでの、あのすごく熱のこもった哲学の授業を覚えているかい？ ブテイエは僕たちを、それぞれがすべて魅力的な体系に次から次へと連れ回したけれど、それらの体系がどんな条件で正当であり真実であるのかは一度も明らかにしてくれなかった。僕たちはぐらついていた。それから彼は、半分パリ風、半分ドイツ風の、国策に役立つように公教育省で作られた教説を、確かな地盤として僕たちに示したんだ。つまり、予は常に予の行動が普遍的規則として役立つ事を欲し得るように行動せねばならぬ、と。[*37]

＊35　*Ibid.* p. 222-223.〔同一五九頁〕
＊36　G. Canguilhem, « Discours... », *op. cit.*, p. 310.
＊37　G. Canguilhem, « Qu'est-ce qu'un philosophe en France aujourd'hui ? », *op. cit.*, p. 110. におけるバレスの引用。

但し、既に述べたように、バレスとの論争には、カントの道徳論だけではなく、その認識の理論にも関わる、カント哲学についての極めて専門的な側面を見ることができる。バレスによれば、カントの道徳論と認識論とは実際のところ同じ一つのものの二つの面なのであり、いわば互いが互いを支えているものである。それゆえ、第一批判書すなわち『純粋理性批判』において超越論的観念論の諸原理を呈示する際、バレスによればカントは、既に道徳的な次元に身を置いている。すなわちこの作家は、認識の領域でカントによってなされたコペルニクス的転回に、社会学的・人間学的な射程というものを与えるのである。以下に、この点をもう少し詳述しよう。バレスは保守主義者であり、彼の理念はカントや啓蒙主義者のそれとは対立するものである。彼によれば、自ら自身だけで思考するというのは、不可能なことである。「思考する自由というものはない。私は私の親しい死者たちに従って生きることしかできない。彼らと私の土地が、私にある活動を命じるのだ」[*38]。従って、カンギレムの著作の総体にとって、かくも中心的な主題である個性〔l'individualité〕というもの[*39]は、当然ながらバレスにとっては純粋なるフィクションでしかない。

> 個人〔L'individu〕！　その知性と、宇宙の法則を知る能力！　そんな幻想は捨てるべきだ。我々は自分の中に生じる思考を支配していない。それは我々の知性から生じるのではない。それは反応の様々の方法なのであり、そこでは非常に古くからの心理学的素質が表現されているのだ。自らがとり囲まれている環境に従って、我々は判断と論理を作りあげる。人間の理性とはつながれていて、我々は皆、先人の歩んだ歩みを再び辿るものなのだ。個人的な観念などというものは存在しない〔…〕[*40]。

バレスにとって、人間を作るのは外的な条件、つまり「人種、環境、時代」である。ゆえにバレスは、彼から見れば次のようなものとなる哲学の主張に対して、極めて悪意ある目を向けることになるのである。

世界は単に蠟のようなものに過ぎないので、我々の精神は封印のように、その上に跡をつけて行くのだ……我々の精神は、空間と、時間と因果性との範疇に応じて世界を認識する……我々の精神は「空間と時間と原因とが存在する」と言う。だがそれは印判自身の姿に他ならないのだ。[*41]

その戯画的な外観の背後で、この『根こぎにされた人々』の一節においては、我々にとってカンギレム

＊38　M. Barrès, *Scènes et doctrines du nationalisme*, tome 1, Paris, Plon-Nourrit, 1925, p. 12.

＊39　この点については先に引用したJ. Gayon の論文 ,« Le concept d'individualité dans la philosophie biologique de Georges Canguilhem » 参照。さらにドミニク・ルクールの以下の文献にも注目されたい。« La question de l'individu d'après G. Canguilhem », dans *Georges Canguilhem, Philosophie, historien des sciences*, *op. cit.*, p. 262-270. およびより近年の論文である « Georges Canguilhem, le philosophe », dans *Georges Canguilhem. Histoire des sciences et politiques du vivant*, *op. cit.*, p. 27-43. 若きカンギレムが哲学の任務とは「個別を理解し解放すること」にあると断じている一節を論じて、ドミニク・ルクールは以下のように述べている。「これが、我々が彼の作品と呼び続けることのできるものの核心にある構想の源泉である。［…］生きているものについての彼の研究はこの源泉によってこそ生まれたのだというべきであり、そこにおいて彼は生物学それ自体に関心を寄せていたのでは決してない」(p. 39)。

＊40　M. Barrès, *Mes Cahiers*, tome II, Paris, Plon, 1929, p. 109.

＊41　M. Barrès, *Les Déracinés*, *op. cit.*, p. 16.〔『根こぎにされた人々』一一頁〕

を深く特徴づけるものと考えられる、エピステモロジーから人間学への地滑りが起こっている。そして、この地滑りが特徴づけるのは「カンギレム以前のカンギレム」だけではない。というのも、彼の壮年期のエピステモロジーに関わる著作のすべては、認識の生産の条件についての考察が、言葉の全き意味での哲学から切り離せないものであることを示すからである。

カントにとっては、認識の次元において、自らに固有の諸規範――悟性と感性のア・プリオリな諸形式――に従って世界を秩序づけるのは人間であり、そしてその逆ではない。ここにこそ、彼のコペルニクス的転回の意義はある。但し、バレスが理解していたように、この認識の次元でのカントのコペルニクス的転回は、すぐさま人間学的次元において影響を及ぼすものである。そして実際のところバレスは、認識する主体なるものが多様な印象を総合して現象の世界を秩序づけるとする超越論的観念論のうちに、自らが拠りどころとしていた当時の決定論に対するアンチ・テーゼを見ている。バレスが、純粋に認識論に関わる観点を人間学的観点へとずらしているように我々に思われるのは、まさにこの面においてである。つまりバレスはカントの哲学を、そこにおいては人間が世界を甘受することを止めて、世界に対してデミウルゴスとしてふるまう存在となる学説であると解釈する。これは、それと反対に人間を作るのは世界（環境、人種、時代）であるとするこのテーヌの弟子にとっては、文字通り受けいれがたい見方である。従って、バレスは『純粋理性批判』において主張された認識論の諸原理を、かくも激しく拒絶することになる。すなわちバレスによれば、カントが生まれつきの土地や人種を犠牲にして普遍的な〈理性〉へ与えた至高性を考えるなら、それらの原理は個人を根なし草にしてしまうことにしか帰着しえないのである。

バレスがカントのコペルニクス的転回に付与した社会学的・人間学的射程は、既に述べた通り、カンギレムの哲学を深く特徴づけるものである。事実として、カンギレムをカントに向かわせた理由とは、そのまま厳密に、そのためにこそバレスがカント哲学を拒絶した理屈そのものであっただろうと確信できる。この両者の間に生じる対立に懸かっていた争点とは、明らかに哲学的人間学の領域に関わるものである。すなわち、人間をいかなるものと見なすべきであるのか。環境の産物、つまり様々な影響の交流する点と見なすべきなのか。あるいは逆に、外的諸条件を組織化する中心と見なすべきなのか。ここから、認識論から人間学への地滑りが開始されるのである。

カントは、認識なるものを理解する方法を全く一変させた。リュック・フェリーの分析を引用するなら、カントにおいて認識とは、

一つの労働であり、一つの活動なのであって、もはや単に精神による「像〔vision〕」(観念)や観想(theoria)なのではなく、これ以降は思考それ自体が、それらを自らに向けて定義することになる。それゆえこれによって、言うまでもなく哲学的秩序において、カントは我々を旧い世界に対する正真正銘の革命へと誘うのである。この革命を理論化し、これを確かに位置づけるべく、『純粋理性批判』の「図式論」の名高い章は書かれている。[*42]

『純粋理性批判』では、思想史における根源的なパースペクティブの転倒が起きる。すなわち我々は、

＊42 L. Ferry, *Kant. Une lecture des trois « Critiques »* (2006), Paris, Librairie générale française, 2008, p. 60.

観想と見なされてきた認識なるものから、（総合〔synthèse〕の）活動と見なされる認識なるものへ移行するのであり、そして、そのギリシア語の語源〔つまり idea〕が「像、光景」を指していた〈観念〉〔l'idée〕から、「集めること」や「つなげること」を意味する「概念」（Begriff）へと移行するのである。カントの言葉を引こう。

> 私が、とはいえ、総合によってもっとも一般的な意義で解しているのは、さまざまな表象をたがいにくわえてゆき、その多様性を一箇の認識として把握するはたらき〔Handlung〕のことである。[*43]

この総合の一般的な定義に先立つ一文では、カントは思考の操作者としての側面を強調している。

> 私たちの思考の自発性は、この〔純粋直観における〕多様なものがまずなんらかのしかたで通覧され、受容され、結合されて、そこから一箇の認識がつくり出されることを要求する。こうしたはたらきを、総合と名づけることにする。[*44]

カントに従えば、これ以降、認識の理論のパラダイムを提供するのは視覚の領野ではなく、行為の領野である。この診断はとりわけイアン・ハッキングによって共有されるものである。彼にとっては「カントは構成という考え方の偉大なパイオニアである」、そしてその結果として、「彼は当時にあって極めてラディカルな思想家であった[*45]」。

そもそもの原型を造ったのはカントだったとしても、構成主義が本格的に登場しはじめたのは二〇世紀になってからである。その構成主義の態度は、これまで触れてきたように、基本的には懐疑的なものだった。一方、構成主義は、ヒューマニズム、すなわち人間中心主義的でもある。たとえば、道徳的義務は、理想化された、人間ならざる者としての「大文字の父」や、これまた理想化された、人類の後から来るべき者としての「大文字の息子」から下された命令ではない。義務とは、人間という自由な行為者が自らの合理性に対して課した制約に由来する。これが構成主義の立場なのである。また、構成主義者はつぎのようにも言う。数学的対象は、プラトンのイデア界のような、人間の手の届かない雲の上の世界にゴロンと転がっているものではなく、われわれによって生み出されるものなのである、と。〔…〕さらに、実験心理学においてわれわれは何をしているのか。構成主義者の見立てでは、実験心理学で登場する存在者や量的指標は、実在において見出された客観的なカテゴリーなのではなく、あくまで、我々の約束事によって妥当だと見なされている〈構成物〉に過ぎないのである。[*46]

＊43　E. Kant, *Critique de la Raison pure*, A 77 /B 103, traduction française d'A. Renaut, Paris, Flammarion, 2001, p. 161.〔『純粋理性批判』熊野純彦訳、作品社、二〇一二年、一二一頁〕

＊44　*Ibid.*, 強調は引用者による。〔同箇所。注記は原著者ロートによるもの〕

＊45　I. Hacking, *Entre Science et réalité : la construction sociale de quoi ?*, trad. fr. de B. Jurdant, Paris, La Découverte, 2001, p. 65.〔『何が社会的に構成されるのか』出口康夫・久米暁訳、岩波書店、二〇〇六年、九九頁〕

＊46　*Ibid.*, p. 72.〔同一一二―一一三頁〕

カントにおいて、我々はギリシア人たちによって人間と世界の間にうち立てられた従属の関係が覆されるのを目撃する。それはこのケーニヒスベルクの哲学者が、〔アイザック・〕ニュートンの物理学から引き出した重大な哲学的教示であった。〔ニコラウス・〕コペルニクスと〔ガリレオ・〕ガリレイが古代的世界を殺したのだとすれば、ニュートンはその墓堀人となった。それ以来、宇宙はそれ自体が善であり閉じられている調和のとれた秩序（ストア派の〈コスモス〉）としてではなく、無限であり価値論的に中立である、逆巻く力の場として考えられるべきものとなったのである。そこから、上でハッキングが論じていた、カント哲学による根本的に人間主義的なアンガージュマン、つまり参加の使命というものが生じる。秩序がもはや世界に内在していないならば、それは人間から生じるしかない——そして周知の通り、カントによって神は単なる〈観念〉に格下げされる。外界の喧騒に秩序と価値を導入するという使命——アランとラニョーに従って、カンギレムは〈義務〉と呼ぶだろう——は今後は人間に、そして人間のみに、帰されることとなる。バシュラールの言葉を敷衍するならば、ニュートンとカント以降、世界はもはや所与のものではなく、作るべきものなのだと言うことができるだろう。それなら、カントがなぜ『純粋理性批判』を、次の、一見すると晦渋な問いによって始めたのか、理解することができる。すなわち、「ア・プリオリな総合的判断はどのようにして可能か？」[*47]という問いから。「思考することとは、判断することである」とカントは述べる。そして判断することとは、カオス状の印象の数々を、一つの表意単位（総合）へと同化させ結束させることである。もし思考することが判断することであり、判断することが秩序づけることであるならば、秩序とは諸価値の複合体に支えられてしか存在しないのである以上、思考することとは価値づけを行なうということである。カントの人間主義とは究極のところ、人間を世界における諸価値を設定する存在として見なすことにその本義がある。

哲学史に生じたこのパースペクティブの転倒について、とりわけカンギレムは、その意味を敏感に捉えていたものと考えられる。彼にとって、一方の、認識を組織化と総合の労働として理解する認識論と、他方の、「魂とは、人間が宇宙を支配する方法を意味する」[*48]とする人間学的観点との間には、極めて強いつながりが存在している。カントの哲学とは反‐運命論であり、そこにおいて人間は、世界を甘受することを止め、世界をある部分で構築するもの、すなわち、それを価値によって分極化するものとなるのである。バレスによってなされた認識論から人間学への地滑りを、但しそれとは全く正反対の方向に向けて探究しながら、実のところ若きカンギレムは彼の師であるアランの哲学を忠実に引き継いでいる。これから見ていくように、アランこそが、カントの精神の哲学から、既存の事実に対する不服従という道徳を引き出したのである。

「真の哲学者」

今日において、カンギレムのような大学制度内で重要な地位を占めた人物に対し、アランがいかなる哲学的な影響を及ぼしえたのかを見定めようとする際には、ある大きな問題に突き当たることになる。すなわち、大戦後における包括的平和主義への痛烈な否認が、いく人かの「シャルティエ派」によるヴィシー政権の「道徳的秩序」への共感とともに、アランの哲学に重く影を落としているということであ

＊47　E. Kant, *Critique de la Raison pure, op. cit.*, Introduction, B19, p. 106.〔『純粋理性批判』五五頁〕
＊48　G. Canguilhem, « Discours... », *op. cit.*, p. 308.

る。『プロポ』の数々も相まって、しばしば彼は、概念の厳密さへの性向を欠いた単なるモラリストとして片づけられている。大戦後に優勢となった哲学が、彼らの前に先行していた哲学潮流をどのように評価していたかを窺い知るために、たとえばサルトルが彼の「教師たち」に対して持っていた記憶を参照することもできるだろう。

無意味に大真面目であった我々の教師たちは、歴史を無視していた。彼らはそれらの問いは生じないと言い、その問いは間違った問われ方をしていると言い、あるいは——これはその時代のいわば筆の口癖だったのだが——「答えは問いの中にある」と言った。思考することは測定することである〔Penser c'est mesurer〕、そのように、そのいずれもしなかった彼らのうちの一人は言った。[*49]

ジェラール・グラネルが皮肉を込めて指摘するように、「この何も測らなかった測定者、そして何も思考しなかった思考者のうちに、人はアランの姿を認めたことだろう」[*50]。但し、自分たちを育ててくれた教師たちに対するこの同級生の見解を、カンギレムが決して共有していなかっただろうことを、確認しておこう。たとえば、恩師の著作『プラトンについての一一章』に関する、一九二九年の彼の初めての書評を見れば、アランがプラトンから借りたものである「尺度としての思考〔pensée comme mesure〕」という主題を、カンギレムが彼自身いかに引き受けていたかがわかる。

「その対立物によって、すなわち尺度〔mesure〕こそによって定められる、変化という観念それ自体」は、我々を一つの頂点へと運んでくれる。プラトンにおいて、思考はその本質を露わにした。プラトンにおける思考とは、何よりも尺度である。そうして、理性という語は、その全き意味を持つ。科学〔science〕とは尺度である。そして正義について言えば、あらゆる共和国は、それは尺度であると言うだろう。[*52]

彼らの教師が遺した遺産に対するこの評価の違いは、サルトルとカンギレムの間の静かな衝突[*53]が、戦後になってから、占領期における将来の哲学者たちの抵抗活動をめぐる論争によって開始されたものではない、ということを示している。一九六九年、ジャン・カヴァイエスに捧げられたフランス放送協会（ORTF）のラジオ放送において、確かにカンギレムが聴衆に次のようにうちあけたことを思い出しておきたい。すなわち、今日カヴァイエスについて語ることには、

＊49　J.-P. Sartre, « Merleau-Ponty vivant », *Les Temps modernes*, 17e année, no 184-185, octobre 1961, p. 304-376, p. 305-306.

＊50　G. Granel, « Michel Alexandre et l'école française de la perception », *Critique* no 183-184, août-septembre 1962, p. 758-788, p. 759.

＊51　Alain, *Onze Chapitres sur Platon*, Paris, Hartmann, 1928.

＊52　G. Canguilhem, « Le Sourire de Platon », *Europe* vol. 20, no. 77 (août 1929) ; repris dans *Œuvres Complètes*, tome 1, op. cit., p. 228-38, 引用についてはp. 231-232. この論稿のタイトルはアランから借用されたものであり、アランもまた彼の恩師であるジュール・ラニョーからその言葉を借りた。*Souvenirs concernant Jules Lagneau* (1925), repris dans Les Passion et la Sagesse, *op. cit.*, p. 709-786.（この言葉についてはp. 765）を参照。〔『ラニョーの思い出』中村弘訳、白井成雄解説、筑摩書房、一九八〇年。「プラトンの微笑」については一〇四―一〇五頁を参照〕

＊53　一九四七年のG・フリードマン「産業機械化に関わる人間的諸問題」への書評で、カンギレムは次のように書いている。「この書物の結論部は、人間主義の『手続き』と『希望』とを異なるものとして区別し、人間の置かれた条件を実効的に変えるよう

恥を感じずにはいられません。なぜなら彼の後に生き残ったということは、つまりは、彼ほどにはできなかったということを意味するからです。ですが、もし彼について語らなかったら、この留保なしのアンガージュマンというもの、この背後での手心というもののない行動と、その抵抗があまりにもささやかだったために、自分しか自らの抵抗については語れないので、だからこそあれほど自分自身について語っている、あの抵抗知識人たちによる抵抗との違いを、誰が見分けることができるでしょうか。[*54]

さらに二〇年後、抵抗行為のために銃殺された同僚の記憶を語るために再度〔ラジオ・フランスによる文化専門チャンネル〕フランス－キュルチュールへ呼ばれた際には、カンギレムは自らが以前、正統なる「哲学者にしてレジスタンスの闘士」というカヴァイエスの姿に対置した者たちが誰であるのか、ためらいなく明らかにすることとなる。人身攻撃に向かうことは避けながらも、カンギレムによる皮肉に満ちた宣告は、それが誰に宛てられているかについて全く疑いの余地を残さない。

解放の後、偉大な精神たちがアンガージュマンなるものを創出し、それを説きました。たとえばカヴァイエスや彼に似た人々のように、名前のないままそれを既に知っていた者たちにとっては、この創出をいくぶんか無関係なものと考えることは不当なことではありませんでした。[*55]

実存主義者たちとの論争に関する余談はここで止めて、再びアランへ戻ることとしたい。若きカンギレムが師の思想を広めるのに努力を惜しまなかったこと、そしてそれは政治的な次元においても哲学的な次元においても同様であったことを、思い出しておこう。最初期のテクストにアランへの参照が散りばめられていることに加えて、一九二九年から一九三五年の間に、彼は『プラトンに関する一一章』と『教育についてのプロポ』および『神々』について、これらを強く称賛し、また深く掘り下げるものであった三本の書評を執筆した。編集の仕事をミシェル・アレクサンドルから交代で引き受けた一九三一年を頂点とする、『リーブル・プロポ』誌（『アランの日誌』）への精力的な参加については言うに及ばない。アランの側近としてのこれらの尽力は、実を結んだのだろうか。今日において、哲学者ではなくモラリストとしてのアランというイメージは浸透している。環境の概念に対するカンギレムの関心の起源を探る研究において、ジャン＝フランソワ・ブラウンシュタインは次のように書いている。

　カンギレムの作品が、もし純粋に倫理的な理由のために環境への服従を糾弾するに留まるならば、それは彼の師アランのような、いかなるモラリストの作品とも区別されるものではないだろう。[*56]

とする意志を強調している。このことだけでも、フリードマンの総合的人間学と実存主義者たちが掲げているその同じ目的を、区別することができる」。*Cf.* « Milieu et normes de l'homme au travail », *Cahiers Internationaux de Sociologie*, vol. 3, 1947, p. 120-136. p. 122.

*54　G. Canguilhem, « Commémoration à l'ORTF, France-Culture, 28 octobre 1969 », texte de l'intervention repris dans J. Cavaillès, *Œuvres complètes de philosophie des sciences*, Paris, Hermann, 1994, p. 678.

*55　G. Canguilhem, « Une vie, une œuvre 1903-1944, Jean Cavaillès, philosophe et résistant », France-Culture 27 avril 1989, repris dans J. Cavaillès, *Œuvres complètes de philosophie des sciences*, *op. cit.*, p. 684.

*56　J.-F. Braunstein, « Psychologie et Milieu », dans Canguilhem, *Histoire des sciences et politique du vivant*, *op. cit.*, p. 63-89 ; p. 80.

今日では、『プロポ』の作者を、その思考が〔フリードリヒ・〕ニーチェや〔バートランド・〕ラッセルのような人物のそれとも比較しうるような哲学者として呈示することは難しい。そもそもその証左として、大学制度――アランはこれを好まなかった――はアグレガシオンの題目となる作家に彼を含めたことは一度もない。しかしながら、当時自らは哲学の公教育視学総監であり、また（ヴィシー政権からまだ一〇年経っていないという）決して好ましいとは言えない状況にありながら、一九五二年、カンギレムは恩師への感動的なオマージュを発表し、そこにおいて以下のように主張したのだった。

アランはモラリストだということが、あまりにもしばしば繰り返されてきた。ある種の人々にとって、それは隠された悪意を示すための形式だった。哲学者としての偉大さを彼に認めないために、人は彼をラ・ロシュフーコーになぞらえた。〔…〕我々は、アランは真の哲学者であると考える。[*57]

「アランは真の哲学者である」。壮年期のカンギレムによるこの主張を、重く捉えてみよう。それは何らかの誤りを正して、カンギレム自身の表現を借りるならば「煉獄」にある人物の名声を回復しようということのためではない。というのは、一九六五年の秋、アランに関する会話の中で、彼はカミーユ・リモージュに次のようにうちあけたというからだ。

アラン？　彼はいま煉獄にいるし、恐らくはここしばらくの間そうだろう。それは何よりも、大戦の直前の彼の頑迷さの結果だ。人は彼を忘れたがっているのであって、それはよく理解できる。だが人は彼のもとに立ち戻るだろう。[*58]

あらゆる論争を超えて、エッセイストではない「哲学者アラン」なる存在を真に考慮することは、今日カンギレムの哲学の形成をどう捉えるべきかに対して影響を及ぼさずにいないものと我々には思われる。クルト・ゴルトシュタインとニーチェのはるか以前、カンギレムがそこから次第に、かつ当時の彼にとっての恩師たちとの断絶をも伴いながら、彼自らの思考を構築していくこととなった、その最初の哲学的素材を受け取ったのは、実際にはアランから――そして彼を通じてジュール・ラニョーから――だったのである。それゆえ、我々は大戦後の哲学に関する見方の大部分に反して、若きカンギレムにとって本質的なものであった「剝き出しの事実」という概念に対する批判は、アランにおいて、何かほどほどに論証された立場の表明、つまり単なる意見に立脚したものなどではなかったと考える。すなわちこの批判は、あらゆる直観的把握の可能性の条件として、それによって精神が多種多様な印象に価値と形式を与えるものである〈活動〉〔*l'activité*〕の存在を明らかにする、知覚についての〈反省的分析〉〔*analyse réflexive*〕なるものに基礎づけられている。この活動、それこそが判断である。

＊57　G. Canguilhem, « Réflexion sur la création artistique selon Alain », *op. cit.*, p. 186.
＊58　二〇〇八年五月モントリオールでなされた〔カミーユ・リモージュとの〕対話による。

訳注

1——一九四〇年六月、フランスは侵攻してきたドイツ軍に敗退し、これを機に対独抗戦派から和平派へ政権が交替することとなった。新首相となったフィリップ・ペタン元帥は独伊に休戦を申し入れ、六月二二日には対独休戦協定が結ばれた。七月一日にフランス政府はヴィシーへ移され、これによりフランス第三共和政は終焉を迎えた。それ以降、政府主席兼首相となったペタンと副首相となったピエール・ラヴァルの手によって、親ナチス・ドイツ的な全体主義国家建設を唱える政策がおし進められることとなる。

2——Canguilhem, « Qu'est-ce qu'un philosophe en France aujourd'hui ? », *Commentaire*, vol. 14, no. 53 (printemps 1991), p. 107-112.

3——Canguilhem, « Le cerveau et la pensée », dans *Georges Canguilhem, Philosophe, historien des sciences*, Paris, Albin-Muchel, 1993, p. 11-33.

4——バレス『根こぎにされた人々』吉江喬松訳、新潮社、一九三二年、一五頁。

第二章　反省的分析――ある哲学的「思考様式」

この章では、ジェラール・グラネルが「フランス知覚学派」[*1]と呼ぶ系譜によって展開された、一つの「思考様式」に関して、そこから若きカンギレムが受け継いだものを明らかにすることを目指したい。グラネルは一九六二年のテクストで、〔エトムント・〕フッサールと〔マルティン・〕ハイデッガーの仕事をめぐる、一九三〇年代のフランス哲学のドイツとの邂逅についての、サルトルの説明の仕方を激しく非難している。グラネルによれば、サルトルの世代にとって、現象学的方法とは決して、真に急激な新発見などというものではなかった。それは確かに彼の前の世代によって、準備されていたはずなのである。そのとき、それはミシェル・アレクサンドル、アラン、そしてジュール・ラニョーという、三人の「反省的分析」の推進者たちによって準備されていたのであり、そしてグラネルに従うなら、この「反省的分析」とは、フッサールによって開始された現象学的分析と多くの点を共有するものであった。

＊1　G. Granel, « Michel Alexandre et l'école française de la perception », *op. cit.*

我々の目的とは、この「フランス知覚学派」を、現象学というパースペクティブのうちに置き直すことでは決してない。また、カンギレムの哲学を、この「学派」と想定されるものの総体の一部を構成するものと見なすことでもない。ここで目指されているのは、先にも述べた通り、A・クロムビーやI・ハッキングのような現代の科学史家たちが「思考の様式〔styles de pensée〕」[*2]あるいは「推論の様式〔styles de raisonnement〕」[*3]について論じるような意味での、ある何らかの哲学的な思考様式というものを、カンギレムがアランから受け継いだことを明らかにすることである。「思考様式」(Denkstil)について最初に論じたルドヴィク・フレックは、これに次のような構成原理を与えている。

思考様式とは、ある思考のグループが関心を抱く問いにおける共通点というもの、またこのグループが自明のものと見なす判断、そしてこのグループが認識をうち立てる際に適用する方法論によって、特徴づけられる。それは最終的には、関連する知の体系の技術的および論述的な様式というものを伴う。一つのコミュニティに属するものである以上、集団的思考様式というものは、あらゆる社会的構造の特徴である社会的強化作用を受けるものであり、また世代を超えて独立的に展開するものである。それは個人にとって一つの強制となり、「これ以外には考えられないもの」を決定する。[*4]

これらのいくつかの指標を、「フランス知覚学派」を特徴づけていると考えられる「思考様式」に結びつけてみるなら、以下の七つの点を言うことができる。

――「思考のグループ」について。まず初めに、この「学派」について言えば、それが互いを教育し合ったリセの哲学教師たちの系譜に関わるものであることに気づくだろう。すなわちラニョーはアランの教師であり、アランはミシェル・アレクサンドルとカンギレムの教師であった。ここで、「思考のグループ」について語ることが議論の基盤となると考えるのは、アランとミシェル・アレクサンドルとカンギレムが、一方ではアランが書くプロポの数々を確実に広めるため、他方では時局に関する批評を公表するために、アレクサンドルが創った雑誌『リーブル・プロポ』の編集の場で、揃って緊密に協働していたからである。カンギレムは一時期、この雑誌の編集長の責にあった。

――「思考のグループが関心を抱く問いにおける共通点」について。知覚の研究を通して、彼らの関心の中心にあったのは、思考の本性の問題である。

――この「思考のグループ」にとって「自明のもの」と見なされる判断について。知覚とは決して受動的能力なのではなく、反対にそれによって精神が多種多様かつ意味を持たない印象に対して秩序を与える〈活動〉を明示するものである。精神とは、判断を通じて、価値を設定するものである。

――「方法論」について。ここでは第一に「反省的分析」が問題となる。反省的方法とは、〈私は考え

＊2　A. Crombie, *Styles of scientific thinking in the European tradition*, London, Gerald Duckworth & Company, 1994.

＊3　I. Hacking, « Styles for historians and philosophers » (1992), repris dans *Historical Ontology*, Cambridge-London, Harvard UP, 2002, p. 178-199.〔『知の歴史学』出口康夫・大西琢朗・渡辺一弘訳、岩波書店、二〇一二年、三五一―三九四頁〕

＊4　L. Fleck, *Genèse et développement d'un fait scientifique* (1934), trad. fr. de N Jas, Paris, Les Belles Lettres, 2005, p. 173.

る〉〔*Je pense*〕という問いにおいてデカルトとカントを総合するものであり、また経験を基盤として、精神が自らの思う通りに世界を秩序づけている〈活動〉の存在を明らかにしようとする、判断と価値の哲学である。ここでは、エピステモロジーと道徳は緊密に結合している。

――「技術的および論述的様式」について。ここで問題となるのが教師たちの系譜であることから、まず何よりも講義について論じられることになる。しかしながら、「プロポ＝随想」、すなわちアランがその基本形を与えたものであり、そしてミシェル・アレクサンドルと若きカンギレムが『リーブル・プロポ』誌に参加している期間に大量に書いた、短く論争的なテクストも無視されることはない。

――「思考様式」の「世代を超えた独立的な発展」について。これこそは、壮年期のカンギレムの哲学が見事に例証するところであり、我々はこのことを示すことを目指すものである。

――「これ以外には考えられないもの」について。ここで問題となるのは、悟性に対する判断の優位、あるいはより正確に言えば、価値による存在の多元的決定である。フレックが「個人は、自らの思考に殆ど常に絶対的な強制力を及ぼしている集団的思考様式について、決して、あるいは殆ど、意識することがない」[*5]と見なしていたことを考えれば、ここでは我々が「様式」というカテゴリーの使用において、ある本質的な修正を行っていることを確認しておかねばならない。フレックとは逆に、反省的な「思考様式」の推進者たちにとって、悟性に対する判断の優位は「抵抗することが全く不可能な強制」[*6]ではなく、むしろエピステモロジーの領域につながる闘争である。それゆえ反省的「様式」とは、意識的であり、引き受けられたものであり、かつ闘争的な、一つの選択なのである。

我々の考えでは、カンギレムは、G・グラネルが「フランス知覚学派」として識別したこの「思考様式」と、完全に関係を断ち切ることは一度もなかった。ここで考えたいのは、同じ一つの哲学的な議論の中に、エピステモロジー的考察と道徳的な考察とを合流させる、あの極めて独特な手つきのことである。確かに、カンギレムは彼の教師たちから受け継いだこの「思考様式」を、驚くべき形で自らのものとしていたと言える。この思考様式の獲得は、彼がこの精神と判断の哲学の原理を生命の次元へと移し替える場面において、特に鮮明なものとなる。精神を価値づけと秩序化の活動と見なす哲学と、明確に生命を「物質に意味を与え、それを同化する活動」[*7]と定義する生物医学の哲学との間には、確かに否定しがたい「似姿」が存在する。ここから見ていくように、若きカンギレムが受け継いだ反省的「様式」とは、一九世紀後半のフランスで、「統覚による根源的−総合的統一〔unité originairement synthétique de l'aperception〕」という概念、とりわけ「総合〔synthèse〕」という概念をめぐって展開された、カントの受容から生まれたものなのである。

＊5　*Ibid.*, p. 76.
＊6　*Ibid.*
＊7　G. Canguilhem, *Essai*, *op. cit.*, p. 80.〔『正常と病理』一〇八頁〕

知覚することとは判断することである

『形而上学・道徳雑誌』に発表されたエミール・シャルティエのごく初期のテクストを参照すると、そこではまだ「アラン」ではなく「クリトン」であったこの人物が、経験論を厳しく批判することに力を注いでいるのを見ることができる。[訳注1] というのも、『エウドクソスとアリステスによる六つの哲学的対話』(一八九三―一九〇三年)の中の代弁者の口を借りて、クリトンは、世界とは所与のものであり、そして単純な観察によって認識しうるものなのだとする考えを攻撃しているからである。たとえば、一八九三年の『形而上学・道徳雑誌』創刊号に発表されたこの『対話』の第一話は、延長の知覚とは、多〔une multitude〕から統一的単位〔l'unité〕への更新という「運動」、すなわち純粋なる受容性〔recéptivité〕である感覚〔sensibilité〕からは絶対に生じることのない「運動」によってのみしか、可能にならないのだということを示そうとするものである。ところで、エウドクソス(この『対話』におけるソクラテス)が注意を促す通りに、

この多にして有限なるものから無限であるものを創り出す力能、それが、人が思考と呼ぶものではないかね?〔…〕ならば我々は、多にして有限なるものから無限であるものを創り出しながら、無限の数の中間物を有限の数のそれへと変換することができるもの、それが思考であると言うべきではないだろうか?〔…〕ならば、運動を可能にするのは思考なのではないだろうか?〔…〕従って、すべての知覚を〔可能にするのは思考なのではないだろうか〕?[*8]

彼の対話相手であるアリステスは、同意することしかできない。なるほど、感覚されるカオスに秩序をもたらすのは精神であって、その逆ではない、と。この対話においては、「総合」の概念もカントの名前もはっきりと言及されることがないとしても、しかしそれらは若きシャルティエの議論全体の基底をなしている。この後に続く他の『対話』篇、特に第四巻がそのことを確証する。そこにおいてクリトンは、カントが「純粋悟性概念の演繹について」(『純粋理性批判』第二版)の第二節で経験論に抗して展開した議論を、忠実になぞっているのである。そうしてクリトンによって繰り返されるのが、「結合一般の可能性について」[*9]と題された「§一五」においてカントが展開した、ほかならぬ所与の批判であるということは、偶然ではない。

彼らは事物の隣接関係の秩序は所与のものだと言うのではないか? […] そして、単純な結合の思考とは、与えられた通りの、この秩序を複製するものであると。では、有限を無限に当てはめ、事物と事物の区別にある限定をもたらしながら、そこに実際は全く存在しない一つの秩序というものと、決定された継起というものを据えるのは、思考ではないのだろうか。従って、思考はただ事物を隣接させるだけではなく、我々が知覚している通りの事物それ自体をも、構成しているのではないのだろうか。[*10]

＊8　Criton (E. Chartier), « Dialogue philosophique entre Eudoxe et Ariste », *Revue de Métaphysique et de Morale*, tome 1, 1893, p. 521-533, p. 530.
＊9　E. Kant, *Critique de la Raison pure*, *op. cit.*, B 129, p. 197.〔『純粋理性批判』一四〇頁〕
＊10　Criton (E. Chartier), « Dialogue philosophique entre Eudoxe et Ariste », *Revue de Métaphysique et de Morale*, tome IV, 1896, p. 615-628, p. 623.

ここには、厳格なカント主義への信奉がある。カントによれば、経験論者の「所与」とはそれ自体としては思考されることができないものである。経験が精神に与えることができるものとは、直観のための質料、すなわち多種多様な感覚である。ところでこの所与とは、空間と時間という直観の形式がそれ自体継続的な形で与えられている限りにおいて、空間的−時間的なものである。しかしそれは実際には、空間と時間という直観の形式がそれ自体継続的な形で与えられている限りにおいて、精神に対して継続的なものとして現れるのである。そこから次の問題が生じる。もし精神に対して現れるものがすべて連続であり、そして感覚は連続的な形であるものから他のものへと移っていくのだとして、これらの感覚それ自体について思考することは不可能である。同様に、この多様なものが一つの思考の対象を構成するためには、そこには、いかなる形においても空間的−時間的な経験に由来することのありえない、ある〈結合〉の原理が介入しなければならない。従って、もし感覚がカントによれば受容性として定義されるのであるなら、帰結としてそのような原理とは、精神の自発性というもの、言葉を換えれば悟性の働きというものを、明らかにするものでなければならない[*11]。この働きとは以下のようなものであるとカントは述べる。

私たちはそれを一般に名ざして総合と呼ぶことにしよう。そのように呼ぶのは、つぎのしだいをあわせて注意したいからである。すなわち、私たちがあらかじめじぶんで結合したのでなければ、なにものも客観において結合されたものとして表象することができず、また結合とは悟性の自己活動のはたらきなのだから、あらゆる表象のなかで結合とは客観によって与えられることができず、主観自身によってだけ遂行されうる唯一の表象である、ということである[*12]。

ここでは総合の活動としての精神についてのカントによる概念化（『純粋理性批判』第二版における「統覚の根源的‐総合的統一[訳注2]」）までは議論を広げずに、簡潔にではあるが「超越論的分析論」を辿ることが、知覚に関する若きシャルティエの立場を十分に明らかにしてくれるものと考えたい。

事物とはそれ自体は知覚されるものではない。なぜなら事物はある一点ではすべて混じり合い、そして同時に互いに不確定な距離へと離れながら、事物はもはやそれ特有の固定した場所を持たないのであり、そしてそれらの事物の部分もまたそれ自体が、それゆえ同時に絶対的に混じり合うものであり絶対的に分離されたものなのであって、従ってどこにもいかなる部分というものは存在しないのであり、アナクサゴラスの言ったように、「すべてはひとかたまりである[*13]」。

この四年後（一九〇〇年）、シャルティエは『形而上学・道徳学雑誌』のために知覚の問題を整理し直し、そこで再度、感覚が原初的に所与である質料を構成するものであるのか否かを理解するという困難な問いに答えを出すべく、カントの議論を参照する。『純粋理性批判』第二版の「序論」の書き出し

＊11　「私たちのこころがなんらかの様式で触発されるかぎりで表象をうけとるこころの受容性を、感性と呼ぶことにしよう。これに対して、表象そのものを産出する能力、すなわち認識の自発性が悟性である。」*Cf.* E. Kant, *Critique de la Raison pure, op. cit.*, A 51/B 57, p. 144.〔『純粋理性批判』一〇一―一〇二頁〕

＊12　E. Kant, *Critique de la Raison pure, op. cit.*, B 130, p. 197.〔同一四二頁〕

＊13　Criton (E. Chartier), « Dialogue philosophique entre Eudoxe et Ariste », *op. cit.*, p. 623.

の文章（「私たちの認識がすべて経験とともに開始されるからといって、認識はそれゆえにことごとく経験から生じるというわけではない」[*14]）と響き合う形で、彼は次のように書いている。

恐らく、確かになにものかは与えられるのであり、それに続いて認識が生じるのでなくてはならないのだろう。しかし、この原初的な所与は、我々が感覚と呼ぶものによって構成されるわけでは決してないのだということも認めなくてはならない。それというのも、これらの感覚と見なされているものは、現実には知覚なのであって、精神の痕跡を留めるものなのだから。[*15]

そして『哲学的対話』とは異なり、このときのシャルティエ――そこでは彼は実名で語っている――は、ためらうことなくはっきりとカントの名前を挙げ、以下のように主張する。

空間も〔…〕形も〔…〕直線も〔…〕並行も、経験において与えられている客体ではなく、その逆に、本質において、そして知覚においても、精神によって構成されるものなのである。それゆえに、外界というものは我々によって、我々自身によって定められた距離の体系を通して眺められる……。偉大なるカントが、極めて簡潔に空間とは感覚的認識に必要な形式なのであると述べたとき、彼が考えていたのは、確かにこのことであったのだ。[*16]

シャルティエがここで、すべては経験から生じるとする経験論と、〔ジョージ・〕バークリの思想の一元論による観念論とをともに否定するものとして、「偉大なるカント」を持ち出すのは当然のことと言える。経験論と観念論を調停すること、それが超越論的観念論の目指したところであり、そして若きシャルティエはここでそれを全面的に共有していたのである。しかしながら、このシャルティエの解釈を単なる復唱とだけ見るとすれば、それは大きな誤りだろう。カントがその力のすべてを「私たちの外部にある事物の現存在を、たんに信仰にもとづいて想定しなければならないという、哲学と一般的な人間理性にとっての醜聞」[*17]を終わらせることに集中させていたとしても、それはシャルティエがカントの思考過程を解釈する際に、まず第一に目指していた方向ではないと考えられるからだ。彼が力を注いでいたのは別の闘いであり、そしてそれはより直接的に、道徳に関わっている。精神を「統覚による根源的‐総合的統一」とするカントの定義を参照しながら、これを、精神がそれに対して形式を与える義務を負うものである質料との、絶え間ない対立の活動として再定式化することによって、シャルティエは「超越論的分析論」に、そのまま道徳に関わるものとなる一つの変更を加えるのである。カントにおいて純粋にア・プリオリな諸形式による論理的・総合的統一でしかなかった超越論的主体は、アランにおいては道徳的主体となるのであり、その主体の尊厳とは、カオスと無意味のうちにある質料に秩序を与える——換言するなら、価値を与える——という力能において、存立するのである。

＊14 E. Kant, *Critique de la Raison pure*, *op. cit.*, B I, p. 93.〔『純粋理性批判』三四頁。但し、ここではロートの引用に合わせ、邦訳における傍点を省略した。以下においても、強調表記や語に関して異同のある際は、ロートによる仏語版からの引用に合わせることとする。〕
＊15 E. Chartier, « Le problème de la perception », *Revue de Métaphysique et de Morale*, Paris, tome VIII, p. 745-754, p. 752.
＊16 *Ibid.*, p. 750, note.
＊17 E. Kant, *Critique de la Raison pure*, *op. cit.*, B XXXIX, p. 89, note.〔『純粋理性批判』二四頁〕

アランとベルクソン――ある「流派の対立」

アランがカントの認識論に与えた道徳的射程については、反省的様式における価値の位置づけを問題とする際に、あらためて立ち戻ることとしたい。ひとまずここではアランの立場を、前世紀初頭におけるフランス哲学の重要人物との関係性において、際立たせることを試みたい。すなわち、〔アンリ・〕ベルクソンとの関係性においてである。確かに、我々が辿ろうとしている哲学の伝統に対して、ベルクソン哲学が完全に同化するものだということはできない。反省的方法が率直に悟性の哲学へと向かうものとすれば、ベルクソン哲学は直観の哲学をおし進めるものである。しかし一方で、その我々の辿る哲学に対して、ベルクソンが全く無縁なものであるということもできない。三〇年近くの間、実質的にアランにとってベルクソンは哲学における恐るべき「こけおどし」として機能していたのであって、彼はその「こけおどし」を何度も繰り返し教室でふりかざしては、若きカンギレムを筆頭とする彼の生徒たちを震え上がらせていたのである。それはつまり、アランがはっきりと認めているように、「ベルクソン主義者と私たちとの間には、流派の対立があるのだ[*18]」ということだ。このアラン主義者たちとベルクソン主義者たちとの間の対立には、哲学的立場に留まらないものが存在していたことを、まず確認しておくべきだろう。ベルクソンがラニョーに成り代わって高等師範学校の准教授職に任命されたことを、アランは決して許さなかったのだ。弟子アランの目には、この人事が、師ラニョーの病をより悪化させたものと見えたのである。一九三八年一月一五日の日付で、アランは日記に次のことを書き記している。

高等師範学校の教師に採用されたとき、ベルクソンは自分がラニョー(この職は彼を救えたかもしれない)と競合関係にあることを知り、そして自分が気に入られるように立ち回ったのだ。アランが永久に怒りを覚えるのはこの事実である。[*19]

加えて、志願兵アランは常に、塹壕においてではなく演壇から戦争を戦った者たちに対しては、極めて容赦ない態度を示した。ここで、ベルクソンが道徳・政治科学アカデミーにおいて、第一次世界大戦中に行なった演説を参照しておきたい。自らの哲学的パースペクティブの中にこの大戦という衝突を位置づけ直すことによって、ベルクソンは一九一四年から一九一八年の戦争を、それに先立つ衝突からの「必然的な帰結[*20]」と見なし、つまりそこにおいては、一八七〇年以来「力動的な」フランスが推進してきた「精神化という偉業〔grand travail de spiritualisation〕」は、ビスマルク以来「物質と力への信仰」に身を捧げた「停滞状態の」ドイツと、必然的にぶつかり合うしかなかったのだとしたのである。一九一四年一二月一二日のアカデミーでの演説において、ベルクソンは次のように断言した。

一方にあるのは表面に広がる力であり、他方にあるのは深部へ向けて広がる力である。一方には機

＊18　Alain, *Souvenir de guerre*, Paris, Hartmann, 1937, repris dans *Les Passions et la Sagesse*, *op. cit.*, p. 429-546, p. 455.
＊19　Alain, *Journal*. T. Letterre, *Alain, Le premier intellectuel*, Paris, Stock, 2006, p. 549 での引用による。
＊20　この段落のすべてのベルクソンの引用については、一九一四年から一九一八年の異なる演説から、ポリツェルによるベルクソンを風刺する書物の中で引用されたもの。次の注を参照のこと。

械論があり、すべてがなされるがまま自らでは回復できない事物があり、そして他方には生命、すなわち瞬間ごとに生まれ再生する創造の力がある。一方にはすり減るものがあり、他方にはすり減ることのないものがある。[*21]

注釈を加える代わりに、我々としては、そのアカデミー演説でベルクソンが展開した国家主義的な議論について、一九二九年にポリツェルが描いてみせた不朽のカリカチュアを引用せずにはいられない。

一方には停滞状態のものがあり、他方には力動的なものがあった。一方には機械があり、他方には生命があった。一方には物質があり、他方には精神があった。そして力動的なもの・生命・精神は停滞状態のもの・機械・物質に対して優れたものであり、またフランスとはドイツに対して優れたものであるのだから、フランスは力動的であり、生命であり、精神であると見なされねばならず、またドイツは停滞状態であり、機械であり、物質であると見えねばならなかった。

もとよりフランスはあらゆる美点を備えており、もとよりドイツはあらゆる欠点を備えていたのだが、新たな美徳をフランスに、そしてこれまでにない欠点をドイツに、与えなければならなかった。それゆえベルクソン氏の使命とは、それによればフランスにおいては一八七〇年以来戦争への準備がなされていたということになるような歴史の概念を、具体と生命という説明によって語ることであったのだ。[*22]

その論争的で極端に戯画的である外観以上に、この辛辣な要約は我々にとって、ベルクソン哲学において何がアランを苛立たせたのかを理解する助けとなる。その生涯を通じて、アランは絶えることなく、結論として何らかの形の運命論に通じるような諸々の哲学と戦い続けた。なるほど、ベルクソン哲学は彼の目から見れば間違いなくその種の哲学の一つであったのだ。ベルクソンにとって第一次世界大戦とその恐怖が避けようのないものであったとすれば、それは「一つの抗しがたい法則が、精神が物質の抵抗と対峙すること、生命とは生きているものを打ち砕くことなくして決して前には進めないこと、そして偉大なる道徳的成果とは多くの血と多くの涙の代償の上で獲得されるものであることを要求するからである」[*23]。これをよく見るなら、そこで行なわれていることとは、『創造的進化』によって導かれる形而上学的結論の、政治的次元への移し替えである。すなわち、「物質」（ドイツ）の下降する運動はその墜落の中で必然的に逆の運動、つまりそれを妨げ、抵抗する生命（フランス）と出会うことになる。そこからは、アランにとって受けいれがたいものである、この衝突が本質的に事物の本性のうちに組み込まれたものであったのだとする考えが導かれる。

より哲学的な視点から言えば、アランは主に二つの点について、ベルクソン哲学を非難している。第一の点はその経験主義的性格に起因しており、それはアランにとって越えることのできない地平である、カント主義と相容れないものである。第二の点はベルクソンによる心理学への関心、つまり、悟性——判断の源泉——を様々の事物に含まれるに過ぎない一つの物と見なし、よって因果決定論に従わせよう

＊21　H. Bergson, « Discours à l'Académie des Sciences morales et politique », 12 décembre 1914. G. Polizer, *La fin d'une parade philosophique, le bergsonisme*, Paris, J.-J. Pauvert, 1967, p. 174-175. に引用。

＊22　*Ibid.*, p. 169.

＊23　H. Bergson, « Discours à l'Académie du 25 janvier 1918 », *op. cit.*, p. 175-176.

とする、この厳密さを欠いた学問へのその関心に関わっている。より正確に言えば、この不和において決定的であるのは、ベルクソンによって「直接的なもの」に対して与えられた地位であり、そしてそれに到達するために我々が採るべきとされる方法だと考えられる。彼によれば、現実（持続、生の跳躍、絶対）とは、確かにまず第一に我々に対して与えられるのだが、しかし実際的な様々の欲求のために、知性によって曇らされてしまうものである。それゆえ、「直接的なものとは、容易に知覚しうるなどとは程遠いものなのです」[*24]。従って、ベルクソンにとって哲学に懸かるすべての使命とは、「経験の源泉へと経験を探しに行くこと、というよりもむしろ、経験がわれわれの実利の方向に屈折しながら、まさしく人間的経験になるこの決定的な曲がり角の向こうへと経験を探しに行くこと」[*25]にある。ここにおいて、我々はアラン、そして彼に付き従う若きカンギレムとの論争の核心に立ち会うことになる。ベルクソンにとっては、経験の源泉――言葉を換えれば「絶対」――は、まず第一に我々に与えられており、そしてそれでいながら、我々はそれに気づかないのである。この経験に対する失明の原因とは、我々の日常の経験において、生の実際と欲求こそが意識の領野の総体を支配しているということによる。そうであるのだから、我々が事物をそれ自体として見ることができないのは、カントの言うように我々の精神のア・プリオリ構造のためなのではなく、精神がひたすら功利的な目的に応じて得てしまった諸々の習慣のためなのだ。これを別の言い方で言えば、ベルクソンによれば、我々の認識の相対性などというものは何ら決定的な意味を持たない。それは単に、我々が日常生活において、そして持続というものと引き換えにしながら、行動に優位を与えていることに起因しているのである。しかるに、彼によれば、ある種の思考の習慣を放棄することによって、我々は日常の経験の実際的な欲求が覆い隠してしまっている「完全さ」を取り戻すことができるだろう。ベルクソンは次のように書いている。「これらの欲求が作ったものを壊すことで、われわれは、直観にその最初の純粋さを取り戻させるだろう。そして、われわれは現実《レエル》との接触を回復するだろう」[*26]。

このような考え方に対するアランの敵意を根拠づけていたものを理解するためには、これ以上ベルクソンの哲学の細部に立ち入る必要はない。〈直接的なもの〉が〈実利〉に変じてしまう「この経験の曲がり角の向こう」に我々が身を置くようベルクソンが求めるとき、彼は活動の領域に属するあらゆるものを資格停止させようとしているのである。そしてこの「活動〔activité〕」という語によって、それは極めて一般的ななにものか、つまりその範囲が実践的活動から悟性による総合の作用にまで及ぶようなものを指していると理解しよう。ベルクソンにとって、精神が本質的に持続である現実との接触点を取り戻せるとすれば、それはただ活動というものに背を向け、これを受容性によって取って代わらせるときにしかありえない。だが、これこそはアランが受けいれることのできない立場である。活動に関わるものすべてを資格停止させることによって、このような立場は、危険なまでに運命論へと傾くものではないのか。「深層の自我」の持続による定性的運動に注がれる注意は、その代償として、日常的経験における行動の主体であるところの「表層の自我」を、無意味化するものではないのか。そのことをアランは強く危惧する。彼はアンリ四世校の生徒たちにこう語りかけた。ベルクソン氏のすべての思想は次の一言に集約される。つまり、「考えること、すなわちあなたは誤って考える、考えないこと、すなわち

＊24　H. Bergson, « Lettre à Harald Höffding (1915) », dans *Mélanges*, Paris, P.U.F., 1972, p. 1148.
＊25　H. Bergson, *Matière et Mémoire*, Paris, P.U.F., 1939, p. 205.〔『物質と記憶』合田正人・松本力訳、ちくま学芸文庫、二〇〇七年、二六三頁〕
＊26　*Ibid.*〔同二六四頁〕

あなたは正しく考える」[*27]。アランの解釈した通り、ベルクソンの方法とは事実、悟性とそれが生む概念とに背を向け、それによって我々が直観を通じて到達できるはずのものである定性的な現実、すなわち持続なるものの流れに身を任せることである。だとすればこのアンリ四世校の教師にとって、ベルクソンの思想の中にあからさまな既成の事実への崇拝――つまりアランの目から見て、第一次世界大戦の間ベルクソンによって促されることとなった戦争への道筋の基盤であったもの――を認めるのに、これ以上必要なものは何もなかったのだ。

他方で、現代哲学の語法を用いるなら、我々はアランとは構造主義者であり、彼にとっては現実において所与のものなど何一つ存在しないのだということができるだろう。その反対に彼は一つの永劫宇宙開闢説を採るのであって、そこにおいては精神が瞬間ごとに、その判断によって、感覚されるカオスに秩序を与えるのである。精神の活動――悟性による総合の活動――とは、事物の認識の障害などというものでは全くなく、むしろ認識を可能にする条件である。アランがその著作の中で明示的にベルクソンに言及することは、極めてまれである。しかしアランの作品の中では『ジュール・ラニョーに関する思い出』において、ラニョーがかつて教え子たちに小論文の題目として提案した「モリヌークス問題」に関わって、ベルクソンについて短い言及がなされている。一六八八年にウィリアム・モリノー（一六五六―一六九八年）によって、フランス語で『人間悟性論』からの抜粋を発表したばかりだったジョン・ロックへの手紙の中で示された「モリヌークス問題」は、一七世紀から一八世紀にかけて広く議論された思考実験であり、特にディドロによってその『盲人に関する手紙』（一七四八年）の末尾で論じられている。これについてラニョーが与えた定式化を、アランは次のような表現で伝えている。『先生』は、『生まれながらの盲人が数日をおいて二度の手術を受けて、順次に両眼が見えるようになった時に、彼はどのような印象を受けるであろうか』と尋ねたのである」[*28]。知覚の活動という観点から、実際のところは盲人と通常の視覚の持主との間に大差はないだろうということ——両者ともが知覚において瞬間ごとになされる総合に委ねられているのだから[*29]——を答えた上で、アランは以下のような困難について記した。

自分が何を見ているかがまだ分らない人が、何を見ているのか、少くともそれを間近に描写するのは難しかったことを覚えている。というのは、先ず最初は場所も形もない、感覚〔sensation〕というよりは感情〔sentiment〕と呼ぶに相応しい、何かの情動〔affection〕があるに違いないからである。更によく気をつけた上で言ったことは、この最初の情動は、それを思い出して回顧すること、要するに初めて試みた表象と比較することでしか、決して感じられぬということである。これは「ベルクソン的」な仕事である。同時に私はここで、注意深い読者はお気づきになったことと思うが、「ベルクソン的な契機」がいずれにせよ如何に必然的に凌駕されるものであるかを示しているのだ[*30]。

「自分が何を見ているかがまだ分らない人」とは、これこそがベルクソンが願い追い求めた人間、つま

＊27　T. Letterre, *Alain, Le premier intellectuel*, *op. cit.*, p. 286-287. に引用。
＊28　Alain, *Souvenirs concernant Jules Lagneau*, *op. cit.*, p. 727.〔『ラニョーの思い出』三七頁〕
＊29　「一体、盲人の言うことを聴く必要がどこにあろうか。我々は絶えず見ることを学んでいるのではないのか。より適切に言えば、〔…〕見るということは、盲人がするように絶えず探ることではないのか」（*Ibid.*, p. 728.〔同三八—三九頁〕）
＊30　*Ibid.*〔同三九頁〕

り知性をひと捻じりすることでその実際的習慣を断ち切り、これによって持続というものの質的な多様性を取り戻すことに到達できるような人間である。カントの教えを糧とした者として、アランはこのような立場を受けいれることはできなかった。彼にとって感覚とは常に一つの結果、すなわち悟性による総合の活動の産物である。後に見ていくように、ラニョーとともになされる「純粋感覚〔sensation pure〕」という概念への批判からすれば、もとより〈表象〉〔*représentation*〕でない〈呈示〉〔*présentation*〕などというものは存在しえないのである。〈表象〉ではない〈呈示〉とは、世界が直接我々に、しかも我々抜きに、何らかの作用をなすことができるということを示唆するものである。これはアランにとって受けいれ難い仮説であり、しかもそれは道徳的にも認識論的にも受けいれられない。意識に対して呈示されるものはすべて既に一つの結果なのであり、悟性によってなされた形式と質料の総合である。先に言及したフレックの言葉を借りるならば、それこそが反省的様式にとって、「これ以外には考えられないもの」である。それゆえに、モリヌークス問題に関して言えば、主体が自らの見ようとしているものを未だ知らないなどという場面は、アランによれば存在しえない。むしろそこにあるのは純粋に精神による視覚なのであり、それは遡及的な方法によってしか考察することができないのだ。知覚の可能性の条件としては、確かに我々は、未だ概念化されていない最初の印象というものを認めざるを得ない――そうでなければ我々はバークリの主観的観念論に陥ってしまうだろう。しかしその一方でこのような純粋な印象というものは、精神が知覚の総合をすっかり完遂した後に、遡及的な方法で考察されるしかありえない。他のあらゆる認知的行為に対して、悟性の優位というものがあるのである。それゆえにアランは、概念的内容なき直観という「ベルクソン的な契機」は、「あらゆる点で必然的に凌駕されるべきものである」と見なす。ベルクソンの哲学とはつまり、事後に関する哲学なのである。

アランとベルクソンについてここで暫定的に結論しておくとすれば、ここにおいても再び、カントの受容に関わる何かが問題となっていることが気づかれるだろう。〔『純粋理性批判』第二部〕「超越論的論理学」の「序論」において、カントは精神が認識を生むために用いらねばならない二つの「能力あるいは権能」[*31]を強調している。すなわち、感性（直観）の受容性と、悟性（概念）の自発性である。そしてこれに、彼はすぐさま次のように続ける。

このふたつの性質のいずれにしても他方よりすぐれていることなどありえない。感性がなければ私たちにはどのような対象も与えられないであろうし、悟性を欠くならいかなる対象も思考されはしないことだろう。〔…〕両者がひとつになることからのみ認識は生じうるのである。[*32]

そしてアランとベルクソンはともに、但し正反対の方向へ向かって、このカントの教えを拒否する。つまりベルクソンの側は我々の受容する能力を引き立てたのであり、アランの方は何よりも我々の総合の権能を強調するのである。

ベルクソンに関して言えば、彼の哲学の企てのすべては、半世紀近くにわたってクーザン的スピリチュアリスムによって虐げられてきた能力としての、受容性の復権であると理解することができる。それゆえにベルクソンは、カントが我々の感性に関するア・プリオリな諸形式の「演繹」ではなく「表

＊31　E. Kant, *Critique de la Raison pure, op. cit.*, A 51/B 75, p. 144.〔『純粋理性批判』一〇二頁〕
＊32　*Ibid.*〔同箇所〕

現」の問題に没頭した〔『純粋理性批判』超越論的原理論第一部の〕「超越論的感性論」にとりわけ注目する姿勢を示すこととなる。「超越論的感性論」が、実際にカントにとって感性のア・プリオリな形式の「表現」にこそ存するものであったとすれば、それは「空間」と「時間」が——他方の、「演繹」に属するものである諸々の「概念」とは反対に——悟性によって構成されるものでは全くないということに起因している。たとえ我々が事後的にそれについての概念を作りあげることができるとしても、空間と時間とは、誰かが規則に従って構成する諸々の表象ではない。空間と時間は、悟性が関連づけの作業を行なうより前に、我々に対していわばまず第一に「与えられる」。カントが時間と空間を同じ次元に置いたことに対するあらゆる留保を別として、ベルクソンはこのケーニヒスベルクの哲学者との間に、確かな共通点があることを認めていた。一九一二年三月二六日付の〔リオネル・〕ドリアック宛の手紙で、『哲学年鑑』での彼のベルクソン哲学に関する分析に感謝を述べながら、ベルクソンは以下のように打ち明けている。

> カントとの親近性に関して言えば、これは『〔意識に〕直接与えられたものについて〔の試論〕』の第二章と「超越論的感性論」との間の類縁関係について、私自身が常にぼんやりと感じていたことと一致します。[*33]

簡略化するなら、ベルクソン哲学の目指すところとは、持続についての直観を感得できるように、可能な限り最良の状態を取り戻すことにある。ゆえに、カント的なパースペクティブに置かれた場合この方法論は、修正を施された「超越論的美学」——時間の感性のア・プリオリな形式が、空間のそれに対して持つ優位——のために、「超越論的分析論」を消去しようとする。ベルクソンにとっては、受容性こそが反省性の優位に立つべきものである。ところが、ベルクソンによれば、悟性が行う総合の作業とは、意識の領野のすべてをひたすら実際的な関心で埋め尽してしまうことで、「無媒介的・直接的意識のこうした破砕」[*34]を引き起こす。従って、我々の欲求によって曇らされてしまった直接性を回復するためには、我々は直観から概念に属するあらゆるものを一掃しなければならないのである。

このような姿勢は、アランには受けいれられない。反省性を受容性に変えてしまうこと、彼によればそれは悟性の存在を省略することに帰着し、結果として、我々がそれ自体では秩序も尺度もない宇宙のカオスと格闘するために持つ唯一の武器を奪い取ることになる。アランによれば、このような思考方法は、既に完遂された事実の前での諦観へと一歩一歩向かっていくことになるものと考えられる。繰り返しとなるが、ベルクソンの哲学についてアランが非難するのは、ただひたすら受容性へ向かう哲学というものが持つ倫理的および政治的な意味なのであり、我々に直接に「与えられる」ものであるとされる絶対なるものの賛美に、彼は運命論の形而上学的な起源を見出すのである。

以上で述べてきたことは、アランが自らの思考を根拠づけていた哲学的な基盤を明らかにする。確かに、有名な言葉である「考えるとは否と言うことだ〔penser, c'est dire non〕」[訳注3]は、政治的および道徳的な考察に基づいている。しかし我々はここまでのところで、この言葉はある知覚の哲学を源泉として持って

＊33　H. Bergson, « Lettre à Dauriac », dans *Mélanges*, *op. cit.*, p. 968.

＊34　H. Bergson, *Essai sur les données immédiates de la conscience* (1889), Paris, P.U.F., 1948, p. 98.〔『意識に直接与えられたものについての試論——時間と自由』合田正人・平井靖史訳、ちくま学芸文庫、二〇〇二年、一四八頁〕

おり、そこでは知覚とは、本質的に受容的な機能、すなわち受動的な機能としてではなく、まず何よりも総合の活動として反省的分析によって示されるのだということを見てきた。従って、アランが『権力に対する市民』[*35]という急進主義的政治マニフェストを書いた際、その根底には、世界とは所与のものであり単に観察によって知ることができるのだとする考えを即座に拒否する、自然というものについての一個の認識論的な主張が横たわっていたのだということを理解しなくてはならない。そうではないのだ、とアランは我々に語る。「目を開いて見るがいい。入ってくるのは誤りだらけの世界である」[*36]。だからこそ、彼によればこのカオスから秩序と価値とを引き出す悟性の側での大仕事が必要なのであり、ただ悟性のみが秩序と価値をもたらすのである。アランは次の引用を好んだ。「アナクサゴラスの『有名な言葉』[…]。『すべてはひとかたまりであった。だが、悟性というものがやってきて、すべてに秩序を与えた』[*37]」。彼はこの活動の中に、彼が「精神」と呼ぶものの覚醒、すなわち事実の「所与」に対する絶え間のない抵抗と不服従の活動を、見出していたのである。一九〇四年のリセ・コンドルセでの優秀賞授与演説「眠り悪徳商人〔*Les marchands de sommeil*〕」において彼が生徒たちに教えた通り、もし「眠ること、それは受けいれること」であるのだとすれば、覚醒することとはその反対に、受動的に受けいれることを拒否することである。

目を覚ますこととは、理解しないままに信じこむことを拒否することです。それは検討することであって、目に見えているものとは別のものを探すことです。それは目の前のことを疑ってみることです[…]。それは世界の探究を始めるということです。[*38]

言葉を換えれば、目を覚ますこととは、これもまた再び、目の前にあるままの事実を否定して、それに対してあるべきことをうち立てることである。ところで、このような操作には因果関係の中に完全にすべてがとりこまれているわけではない現実というものが必要であり、それがなければ価値――そうであるべきこと――といったものはその姿を現すことができないだろう。因果決定論の法を逃れる、このもう一つの現実こそが、アランが〈思考〉〔*la pensée*〕と呼ぶものである。この二六年後、カンギレムが自らも教師として、彼が皮肉たっぷりに「生徒の親たちによる、アテネのような冷たい集会」と呼んだものの前に立つこととなったとき、彼は殆ど一言一句同じ形で、かつて恩師が読みあげた演説での議論を繰り返すこととなる。シャルルヴィルの地でテーヌやバレスのような「事実の崇拝者たち」に抗議しながら、この若い教師は彼らによる偽りの正義に対して、歴史的状況から独立した「未だ決してなされず、しかし常にこれからなされるべきものとしてある正義」[*39] の普遍的価値をうち立てることになるのである。

＊35　Alain, *Le citoyen contre les pouvoir*, Paris, Édition du Sagittaire, 1926.

＊36　Alain, *Eléments de philosophie* (1916), édition électronique disponible sur le site de l'Université du Québec à Chicoutimi (http://classiques.eqac.ca) ; Livre IV, chap. 1, « Du jugement », p. 200.〔『アラン著作集 1　思索と行動のために』中村雄二郎訳、白水社、《新装復刊》、一九九七年、二五一―二五二頁〕

＊37　*Ibid*., p. 26.〔同三四頁〕

＊38　Alain, *Les marchands de sommeil*, Discours de distribution des prix du lycée Condorcet en 1904, édition disponible sur le site de l'Université du Québec à Chicoutimi (http://classiques.eqac.ca) ; p. 4.

＊39　G. Canguilhem, « Discours... », *op. cit*., p. 310.

要言しよう。知覚について、これを精神の総合という活動の産物として示す哲学的な分析から出発して、我々は次第に、一方では価値の本質についての形而上学的な、もう一方では「事実の崇拝者たち」による保守主義に対する批判を伴う政治的な意味を持った考察へと辿りついた。この形而上学と政治の交錯の中心には、あるものが存在している。すなわち、ある哲学的な「思考様式」つまり反省的様式がそこに存在するのであり、それは思考を因果決定論から自由な、そしてそれゆえにあらゆる価値の源となる、事実に属さない一つの現実であると見なす。フーコーの表現を借りるならば「経験的－超越論的二重体[訳注4]」としての人間というこの構想は、アランによる精神の本質的に総合するものとしての側面の強調と相俟って、この上もなくはっきりとしている。そしてアランの哲学を特徴づけている反省的様式の源泉となっているのは、カントにほかならない。但し、以下に見ていくように、ここにあるのは間接的な源泉である。というのは、知覚を活動として理解する哲学の構築に不可欠な道具の数々を、アランが『純粋理性批判』の中に見つけるためには、まず「[彼が]出会ったただ一人の〈偉人〉[*40]」、すなわち彼の師であるジュール・ラニョーの教えを経験しなくてはならなかったからである。

ラニョーと「カントの教え」

第三共和政下で「国家給費生」から教師への道を進んだ典型的な人物像といえるジュール・ラニョー[*41]は、著書なき哲学者である。道徳的行動のために書かれた短い憲章[*42]と二本の書評[*43]以外には、彼は生前何も出版しなかった。従って、この師の思想を忘却から救ったのは、アランとその『ラニョーの思い出』[*44]を筆頭に、ラニョーの古い教え子たちによる献身だったのである。そのようなわけで、一九五〇年に

M・アレクサンドルによってまとめられた四つの授業と何百という断片[*45]をもとに、あるいはもっと最近のものではE・ブロンデルによって編纂された五巻本の『講義集一八八六―八七年』[*46]を通じて、ラニョーの思想は再構築されることができる。哲学的観点から見れば、ラニョーはしばしばスピノザの著作と関連づけられる。アンドレ・カニベによって、一八七七年から一八八四年の間、ラニョーが「ラシュリエに薦められたスピノザ論」を準備していたことが「それに関しては全く疑いがない」[*47]と判明している。

＊40　Alain, *Souvenirs concernant Jules Lagneau*, *op. cit.*, p. 709.〔『ラニョーの思い出』五頁〕

＊41　Thibaudet, *La République des professeurs*, dans *Albert Thibaudet. Réflexions sur la politique*, édition établie par A. Compagnon, Paris, Robert Laffont, 2007, p. 81-156 ; chap. X, « Héritiers et Boursiers ». を参照。

＊42　J. Lagneau, « Simple notes pour une programme d'union et d'action », *Revue Bleue*, 13.08.1892, repris dans dans Célèbres leçons et fragments, 2e édition, Paris, P.U.F., 1964, p. 29-35.

＊43　J. Lagneau, « Sur le court Traité de Spinoza », compte rendu de *Spinoza : Dieu, l'homme et la béatitude*, traduit pour la première fois on français par Paul Janet, *Revue de Métaphysique et de Morale*, janvier 1879, repris dans *Célèbres leçons et fragments*, *op. cit.*, p. 36-49 ; « De la Métaphysique », compte rendu d'un livre de Barthélemy Saint-Hilaire : *De la Métaphysique, sa nature et ses droits dans ses rapports avec la religion et avec la science, pour servir d'introduction à la Métaphysique d'Aristote*, *Revue Philosophique*, février 1880. このラニョーの書評の後半部は *Célèbres leçons et fragments*, *op. cit.*, p. 87-103. に収録されている。

＊44　Alain, *Souvenirs concernant Jules Lagneau*, *op. cit.*〔前掲『ラニョーの思い出』〕

＊45　J. Lagneau, *Célèbres leçons et fragments*, *op. cit.*

＊46　J. Lagneau, *Cours intégral 1886-87* (note de cours de M. Lejoindre), édition d'E. Blondel, Dijon, 5 volumes, CRDP de Bourgogne, 1996.

＊47　A. Canivez, *Jules Lagneau, professeur de philosophie. Essai sur la condition de professeur de philosophie à la fin du XIXe siècle*, 2 tomes, Paris, Les Belles Lettres, 1965, tome 2, p. 325. R. Bourgne,« Présentation », dans Alain, *Spinoza* suivi de *Souvenirs concernant Jules Lagneau*, Paris, Tel-Gallimard, 1996, p. 9-15. も参照。

他方では、このオランダの哲学者に関してラニョーが記した論文や大量のメモに加えて、彼が授業で繰り返しその思想について論じていたこと、また彼が『エチカ』の解釈の中に、誰も気づかないような、恐らくは二、三の誤りすら生じないようにと[*48]ヘブライ語を習得するまでに至っていたということもわかっている。

このようなことが、通常手短にラニョーの人柄として語られる。しかしながら、やがて若きカンギレムによって受け継がれることとなる「思考様式」の源泉を探すべきは、この「スピノザの読者としてのラニョー」という側面においてではないと考えられる。その理由は単純である。すなわち、スピノザの汎神論は、精神の活動を異質な二つの要素の間に生じる「諸規範の討議〔débat de normes〕」[*49]と捉える論争的哲学――アランがカントから学んだ「精神／世界」の二元論のことを思い起こしておこう――とは、うまくそぐわないからだ。単一の実体という説を主張するスピノザには、彼が統一しようとしている存在の内奥に存在論的な切れ目を再び入れない限りは、活動それ自体の意味を主題化することはできなかった。それゆえに、たとえそれがいかに活動の概念に近いものであるとしても、〈コナトゥス〉の概念が、我々がここで辿ろうとしている反省的様式の漸進的な構築に何らかの大きな役割を果したとは考えられない。この思考様式の担い手たちが浴したのは、もう一つ別の源泉である。だからこそ、一九九二年一二月、かつてラニョーが教鞭をとったリセ・ヴァンブでのシンポジウム「アランとラニョー」の開会講演に招かれた際に、カンギレムがまず第一に強調したのは、ラニョーのスピノザ主義ではなく、そのカント主義であったのだ。そのようにして、通常人々がこの恩師について抱くイメージの意表をつきながら、カンギレムは以下のような表現で、これから開催されようとしているシンポジウムの枠組みを定めてみせた。

ラニョーについて言えば、彼は根源的に逆戻りのできない一つの出来事として、フランス哲学をカントの著作へ開く役割を果たしました。一八八〇年に『哲学評論』に寄せたバルテルミ・サン＝ティレールの作品についての書評の中で、彼は、この遅れてきたアリストテレス主義者に次のように聞かせたら、さぞ驚くことだろう、と書きました。引用します。「ここ一〇年来ほどに、カントの思想が人々の精神に支配的な影響力を及ぼしたことは、彼の生前においてさえも、これまで一度もない［…］そうしてフランスにおいては、大学における哲学の遺産はカントの教えによって育てられた若い世代の手に握られているのであり、彼らは決してその教えを手放さないと思い定めている[*50]」。

この講演でカンギレムは、ラニョーによって一八八〇年になされたといういくつかの発言を伝えている。一八八〇年とはすなわち、ジュール・ラシュリエ（一八三二―一九一八年）の「帰納の基礎」に関する博士論文の発表（一八七一年[*51]）から九年後にあたる。従って、ラニョーが「ここ一〇年来」カントの影

＊48　J. Pacaut, « J. Lagneau », Annuaire des Anciens Elèves de l'École Normale Supérieur, 1895. 引用が J. Lagneau, *Célèbres leçons et fragments, op. cit.*, p. 3. に収録。

＊49　この表現はイヴ・シュヴァルツからの借用である。*Cf.* « Raison Pratique et débats de normes », dans M. Bienenstock, & A. Tosel (dir.), *La Raison pratique au XXe siècle*, Paris, L'Harmattan, p. 261-294.

＊50　G. Canguilhem, « Un inédit de Georges Canguilhem : Ouverture du colloque Alain-Lagneau », *Revue de l'enseignement philosophique*, vol. 46, no. 1 (septembre-octobre 1995), p. 69-70. ラニョーの言葉の引用に関しては、次を参照。J. Lagneau, « De la Métaphysique », dans *Célèbres leçons et fragments, op. cit.*, p. 94-95.

＊51　J. Lachelier, *Du Fondement de l'unduction* (1871), présentation et notes de T. Leterre, Paris, Pocket, 1993.

響が増大し続けているると述べた際、ここでラニョーによって暗に強調されているのは、彼がフランスにおけるカント主義の起爆的存在であったと見なしている恩師〔ラシュリエ〕の博士論文が、フランス哲学に与えた衝撃であると考えてよいだろう。そうだとすれば、ラニョーがここで言及している「カントの教えによって育てられた若い世代」とは、一八七〇年代に高等師範学校でラシュリエの授業に出席していた[*52]、彼自身の世代のことにほかならない。そして後に見るように、一八八〇年に「フランスにおいては、大学における哲学の遺産はカントの教えによって育てられた若い世代の手に握られているのであり、彼らは決してその教えを手放さないと思い定めている」と述べたとき、彼は全く間違っていなかったのである。その証拠として、一二〇年後、元哲学公教育視学総監であるカンギレムは、次のような言葉でカントとの出会いを語っている。

ラニョーに負けず劣らず、アランもまたそれ〔カントの教え〕を手放しませんでした。そして、そのようなわけで、一九二一年に受験準備学級に進んだとき、すべての同級生たちと同様に、私はバルニによって翻訳され、アルシャンボーによって改訂された『純粋理性批判』を手に入れるようにと促されたのです。[*53]

このカンギレムの証言は、我々の最初の仮説のいくつかを、いわば「内側から」認めてくれる貴重な意味を持っている。というのも、そこには（少なくともその若年期において）反省的様式を受け継いだ者がいるのであり、そしてラニョーとアランへの崇敬を捧げる機会において、その恩師たちがカント哲学と結んだ緊密な関係について語ることを、彼は自らの責務と心得たのである。ラニョー、アラン、そしてカンギレムと、彼らの哲学的な共通基盤としての何らかのカント受容。これこそは明らかに、我々が辿ろうとしているところである。ここまでにおいて我々は、アランが『純粋理性批判』から受け継いだことを素描するとともに、但し彼がカントに見出したものは、ラニョーの教育を通過しなければ、決して読み取られえなかっただろうことも強調してきた。このラニョーの教育とはいかなるものであり、そしていかにして彼はカントの企図を、自ら自身のものとしたのであろうか。この難解な思想の輪郭が描かれるいくつかの講義を足場としつつ、その思想の再構築を試みることで、ここからはそれらの問いを検討していきたい。

一九世紀末フランスのカント受容

一九世紀末の二五年間におけるフランスでのカントの受容についての文献は、相対的に見て豊かなものではない。[*54] 最も多くの場合、研究は次のような事柄に向けられる。第一に、カント哲学の構築におけるフランスの役割について。[*55] 第二に、カントによる同時代のフランス思想への影響について。[*56] 第三に、

＊52　一八七五年にパリのアカデミーの視学官、次いで七九年三月に公教育全国視学官に任命されることとなる以前、一八六四年から一八七五年にかけてラシュリエは高等師範学校で教鞭を執っていた。

＊53　G. Canguilhem, « Un inédit de Georges Canguilhem : Ouverture du colloque Alain-Lagneau », *op. cit.*

＊54　ラヴェッソン以後の世代における重要な展開を論じた次の文献にも注目されたい。Michel Espagne, *En deçà du Rhin : l'Allemagne des philosophes français au XIXe siècle*, Paris, Édition du Cerf, 2004.

＊55　特に Jean Ferrari による以下のような文献を参照。*Les source françaises de la philosophie de Kant*, Paris, Klincksieck, 1979 ; および、より

ヴィクトール・クーザン（一七九二―一八六二年）による、すなわち一九世紀前半における、カント受容について。[*57] しかしながら、一九世紀末において、フランスの哲学者たちがカントの遺産にどのように手を加えたのかについては、検討した研究者は殆どいない。このことに関しては、端的にその時期にはカントが読まれていなかったのだと結論するべきなのだろうか。一八七〇年九月のスダンでの屈辱的敗北、および翌年のアルザス＝ロレーヌ割譲が、フランス人哲学者たちにドイツの高名なる同業者へと向かう意欲を失わせたのであろうか。もちろんそんなことはない。〔フェリックス・〕ラヴェッソン、ラシュリエ、あるいは〔エミール・〕ブートルーへのカントの影響はよく知られているし、明白なものである。[*58]
哲学史家マルシャル・ゲルーによれば、一九世紀の終わりに近づくとともにフランスでカント哲学の影響が強まったことには、二つの段階があった。まずそれはクーザンのもたらした結果であり、彼の忠実さという点では濃淡のある読解が、次第に、より厳格なカント主義へと道を開いたのである。ゲルーは次のように述べている。

一九世紀初頭より、一連の研究がカントとその後継者たちを少しずつフランスの読者に紹介していった。〔…〕しかし決定的な刺激は、ここにおいても再びV・クーザンによって与えられた。クーザンはボルンの翻訳によって『純粋理性批判』を精読し、カント観念論についてのテネンマン、ゲーテ、シェリング、ヘーゲルによる見解をドイツで収集して、教育においては彼の理解したカントの学理に関するいく度もの発表を行なった。彼の提案によって、道徳・政治科学アカデミーは一八三九年にドイツ哲学の批判的検討を懸賞論文の課題とし、とりわけカント哲学に打ちこむようにと勧奨したのだった。[*59]

フランスのアカデミー内でクーザンが占めた戦略的な地位は、その意味で、フランス本土におけるカント哲学の運命にとって決定的なものであった。懸賞論文への出題はひと世代全体に対してカントへの関心を呼び起こすものとなり、彼らはカントの教えに関わる研究を加速度的に積みあげていった。ここに、様々な形でクーザンの指導を受けた教師たちのグループによってなされた翻訳を加えることができる。たとえばまず第一に、一八三五年に『純粋理性批判』の最初のフランス語訳を完成させたクロード＝ジョゼフ・ティソー、さらに誰にもまして、後の〔レオン・〕ガンベッタ[訳注5]の顧問にして一八四六年の第三批判書〔『判断力批判』〕の初訳の訳者、そして一八六九年に『純粋理性批判』の全く新しい訳を提供することになったジュール・バルニ（一八一八―一八七八年）といった人々のことである。そこから、ゲルーは次のように結論する。

これらのドイツ哲学史の研究の成果は、フランスにカント由来の哲学の流れを生み出したことであ

近年のものとして、A. Stanguennec, *La pensée de Kant et la France*, Nantes, Ed. Cécile Défaut, 2005.

*56 F. Azouvi, D. Bourel, *De Königsberg à Paris. La réception de Kant en France (1788-1804)*, Paris, Vrin, 1991. 同様に、先にも引いた次の論集も参照のこと。J. Ferrari (éd.), Kant et la France = Kant und Frankreich, Hildesheim : G. Olms, 2005.

*57 M. Vallois, *La formation de l'influence kantienne en France*, Paris, Alcan. 1924. クーザンは一八一九年から一八二〇年に高等師範学校で行なった講義（Leçons sur la philosophie de Kant）を出版した。同書は彼の存命中に四版を重ねた。

*58 D. Janicaud, *Ravaisson et la métaphysique : une généalogie du spiritualisme français* (1969), 2e éd. Pairs, Vrin, 1997 を参照。

*59 M. Gueroult, *Histoire de l'histoire de la philosophie*, tome 3, Paris, Aubier, 1988, p. 745.

り、その流れはクーザンの折衷主義とスピリチュアリスムから、これを刷新しようとしたにせよ、乗り越えようとしたにせよ、完全に離れることとなった。この流れは二つの方向へと展開した。一つはラシュリエによる、相対的に正統といえるカント主義、もう一つはルヌーヴィエの、意図的に革新的なカント主義である。[60]

ここで我々が検討したいのは「相対的に正統といえるカント主義」の流れであり、その先頭に立っていたのがラシュリエである。但し、反省的哲学による「相対的に正統といえる」〔傍点は訳者による〕カント主義という側面については、意識して強調しておくようにしよう。というのも、ゲルーの断言するところとは反対に、ラシュリエによる、スピリチュアリスムを採る先達たちからの離脱が「完全」であったかどうかは、確証的ではないからだ。すなわち、メーヌ・ド・ビランの「内感〔sens intime〕」の哲学と、そしてとりわけクーザンの「心理学的方法」とを介して、一九世紀のフランス哲学においては、「統覚による根源的‐総合的統一」はデカルトの〈コギト〉と同一視されていたのである。[61] 従ってそれは認識論的ではなく、内省に基盤をおいた心理学的なカント受容というものであり、ラシュリエの反省的哲学は、これから完全に離れているわけではない。カントについての講義の中で、クーザンは以下のように尋ねている。

> 実のところ、カント形而上学の方法論とは何であるのか。この問いに答えるには、我々が精読してきた書物の題名、『純粋理性批判』を思い出すだけでよい。理性の批判を行なうこと、それは我々の認識する能力を検討することであり、その能力の本性、射程、限界を探ることである。しかるに、

我々の知性の検分から開始するよう要求する、この方法論とは何であるのか。ここで、人間の魂に対してなされた省察の方法論、あるいは心理学的な方法論を思い起こさないでいられようか。古代においてソクラテスによって初めて主張されたこの方法、そして近代哲学においてはデカルトによって再度尊重されることとなったこの方法論を、カントはロックが『人間知性論』においてそうしたように採用するのである。そして、彼が陥った誤り［＝クーザンによれば懐疑論］について再度述べることは一切しないが、彼はこの方法論を、時には前例のない深さにまで用いるのである。[*62]

生前から、カントは自らの主著についてのこの手の心理学的な解釈に対して、反論しなくてはならなかった。一七八二年一月に書かれた『純粋理性批判』の最初期の書評の一つでは、クリスチャン・ガルヴェ（一七四二―一七九八年）とヨハン・フェーダー（一七四〇―一八二一年）が、「超越論的演繹」の節が精神において対象が構成される諸条件の検討から始まっており、続いて悟性による諸カテゴリーの客観的価値を示したということを指して、カントは認識の問題を心理学化したと非難した。[*63] カントは、

＊60　*Ibid.*, p. 746.

＊61　*Cf.* W. Schmaus, « Kant's Reception in France : Theories of the Categories in Academic Philosophy, Psychology and Social Science », dans *Perspectives on Science*, vol. 3, nº 1, 2003, p. 3-34. 書誌情報は Vincent Guillin の提供による。

＊62　V. Cousin, *Cours de l'Histoire de la Philosophie Moderne. Histoire de la Philosophie au XVIIIe siècle. École de Kant*, (cours de 1819-1820), nouvelle édition revue et augmentée, Première série, tome V, Paris, Ladrange et Librairie de Didier, 1846, p. 313-314.

＊63　*Cf.* J. Ferrari, « La recension Garve-Feder de la *Critique de la Raison pure* », dans C. Pichet (dir.), *Années 1781-1801, Kant, Critique de la Raison pure : vingt ans de réception*, Paris, Vrin, 2002, p. 57-65.

彼から見れば超越論哲学を経験主義の一形式に帰してしまうものであるこのような解釈を防ぐべく腐心し、一七八七年版の「超越論的演繹」の節では一七八一年版の順序を逆にして、それによって〈客観的演繹〉（§一五—二三）を〈主観的演繹〉（§二四—二五）より前に呈示するようにしたのである。しかしながらこの手直しは、『純粋理性批判』を認識の心理学化の試みとして読む可能性を完全に取り除くことにはならなかった。事実、一七八七年版の有名な「§一六」において、カントはまず第一原理たる〈私は考える〉から出発し、そこから続いて、経験の可能性を演繹しているように読める。これは初期のカント後の哲学者たち、特にシェリングが共有することとなる解釈である。だがテクストを緻密に読むなら、むしろ反対にカントは超越論的主体であるべきものを「可能な経験」の概念の側からこそ引き出しているのであって、その逆ではないということがわかる。またさらに、「超越論的弁証法」の誤謬推理に関する章（A三四一／B三三九）が、まさしく〈私は考える〉は、それ自体としては捉えられないのだということを証明しようとするものであったことも思い起こしておきたい。

ここでは、カントを心理学的に解釈することによる問題の数々の詳細までを確かめることが重要なのではない。重要なのは、クーザンの影響として、ラニョーとアランが「統覚による根源的‐総合的統一」を、デカルト的〈コギト〉と同様に扱っていたことを明らかにすることである——もっと後の箇所では、彼らがいかにして〈超越論的我〉〔*Je transcendantal*〕を意志によって支えられた悟性として理解したかについて検討することにしたい。[*64] この論点は我々にとって根本的なものである。それというのは、この論点こそがカント的パースペクティブの、ある全く独創的な様式化というものを証言するのであり、そしてそれはカンギレムに深く影響を与えることとなるからである。ラニョーとアランにおいて、先の二つの批判書〔『純粋理性批判』と『実践理性批判』〕は、互いに混ざり合うことになる。彼らにとって、〈私は考える〉はただ認識論的な役割を持つだけではなかった。それは同様に倫理的な射程を持つものでもあり、あるいはより正しく言うなら、それは認識論的－倫理的次元〔une dimension épistémologico-éthique〕を持つものであったのだ。なぜなら、イヴ・シュヴァルツが正しく理解したように、「考えずにいられないということ、それは既に、我々がそれとの関係において考えるようにされている価値というものの中に位置づけられていることを避けられない、ということであろう」[*65]。反省的「思考様式」において、認識の理論と道徳とは不可分なのである。

＊64　*Cf. infra*, p. 172-174.〔本書二七二―二七六頁を参照〕

＊65　Y. Schwartz, « Jeunesse d'un philosophe », *op. cit.*, p. 81.

訳注

1――『形而上学・道徳雑誌』は一八九三年、グザヴィエ・レオン、レオン・ブランシュヴィック、ルイ・クーチュラらによって創刊された。エミール・シャルティエはこの雑誌の初期の主要な書き手の一人であったが、特に対話編については「クリトン」の名で署名していた。

2――『純粋理性批判』熊野純彦訳、作品社、二〇一二年、一四四頁。

3――一九二四年一月一九日付のプロポ。『アラン著作集九　宗教論』渡辺秀訳、白水社、《新装復刊》、一九九七年、二〇六頁。

4――Foucault, *Les mots et les chose*, Paris, Gallimard, 1966, p. 330.『言葉と物』渡辺一民・佐々木明訳、新潮社、一九七四年、三三八頁。

5――Léon Gambetta (1838-1882). フランスの政治家。第二帝政期より反ナポレオン三世勢力の指導的存在であり、一九七一年の普仏戦争でのフランス敗戦後、フランス第三共和政の成立に尽力し八一年から翌年にかけてのごく短期間首相を務めたが、事故もしくは自殺による死去のため職務は完遂できなかった。

第三章　〈私は考える〉

先に見てきた通り、若きカンギレムが身を浸していた反省的方法の伝統は、大きくは一九世紀後半におけるフランスの哲学者たちのカント受容の結果として生まれたものである。ところで、クーザンとその弟子たちがそこに紡ぎ出していたフランスにおけるカント主義の歴史を、ある出来事が一変させることとなった。すなわちそれは、反省的方法の伝統の主導者たるラシュリエによる、『純粋理性批判』原典の読解である。ジャン・ボーフレは『一九世紀フランスにおける哲学に関する覚書』で、次のように書いている。

ラヴェッソンの存在は、ラシュリエ、ブートルー、ベルクソンを通して生き続けた。しかし、やがて一つの事件が起こり、そしてこれに対してブートルーとベルクソンはさほど反応を示さなかったが、ラシュリエの場合には、それはかり知れない影響をもたらすこととなった。その事件とは、カントを読むことである。[*1]

レオン・ブランシュヴィックもまた、このラシュリエとカント哲学の出会いが持つ特別な性格について強く主張している。

一九世紀半ばのかなり特異な状況の中、ラシュリエの思想はクーザンの影響から離れたところで発展した。彼の最初の恩師は観念論派の代表であるヴァレットだった。次いで彼はラヴェッソンの指導の下でプラトンとメーヌ・ド・ビランを学び、やがてある日、直接カントの思想を読みこむに至ったのだった。[*2]

若きカンギレムがそのラテン語の博士論文[*3]を翻訳した人物である、ラシュリエの弟子エミール・ブートルーが、一八六四年のこの有名な「ある日」のことを再現している。[*4] 彼によればラシュリエが直接『純粋理性批判』に没頭したのは、必然性を精神が獲得した習慣に過ぎないと見なすJ・S・ミルの心理主義と、そして認識とは最終的には知的直観に依拠するものであり、それによって精神が物自体に行き着くのだとしたクーザンの折衷主義とを、同時に打破することができるものをそこに見出したからだと考

＊1　J. Beaufret, *Note sur la philosophie en France au XIX*e *siècle*, Paris, Vrin, 1984, p. 29.

＊2　L. Brunschvicg, *Le progrès de la conscience dans la philosophie occidentale*, tome 2, Paris, P.U.F., 2e èd., 1953, p. 594.

＊3　E. Boutroux, *Des Verités éternelles chez Descartes*, Thèse latine traduite par M. Georges Canguilhem, élève de l'École normale supérieure. Préface de M. Léon Brunschvicg, de l'Institut. Paris, Librairie Félix Alcan, 1927 ; repris dans G. Canguilhem, *Œuvres Complètes*, tome 1, *op. cit.*, p. 935-978.

＊4　E. Boutroux, *Nouvelles études d'histoire de la philosophie*, Paris, Alcan, 1927, p. 10.

えられる。ミルとクーザンに対するカント。それこそが、一八七一年に提出されたラシュリエの博士論文『帰納の基礎について』の描くところである。

ラシュリエ——帰納の基礎

その控えめなタイトルに関わらず、この博士論文の目的は壮大であった。すなわち、認識の総体が依拠している決定的原理を突き止めることである。これはつまり、恩師ラヴェッソンの方法に忠実に、ラシュリエは極めて厳密な問題との着実な接点を保った上でのみ、一般化の領域へと踏みこんだのだということを意味している。たとえば、J・ボーフレが正当に指摘する通りに、「フィヒテが『知識の学〔Doctrine de la science（= Wissenschaftslehre)〕』と述べたのと同じ意味で、ラシュリエはただ簡明に、『帰納の基礎』と言う。一見すると、控えめな問いである」[*5]。

さて、科学革命以来、あらゆる実験的科学 = 知識は、帰納という推論の型に基盤を置いている。博士論文の冒頭の一文において、ラシュリエはこれに次の定義を与えている。「帰納とは、我々が事実についての認識からそれらの事実を支配する法則の認識に至る操作のことである」[*6]。言葉を換えれば帰納とは、限られた数の事例の観察から、無限の類似する事例にとって有効な法則へと、精神が到達する活動である。しかしながら、ここですべての問題となるのは、この一般化、つまり特殊から普遍への移行、事実から法則へという移行の〈有効性 = 価値〉〔*valeur*〕は何によって保証されているのか、を明らかにするということである。帰納の〈基礎〉という問いは、そこから生じている。ここでは、その問題がどのようにして立てられているかという点を、強調して見ておきたい。なぜならその認識論的な射程以上に、ラシュリエの研究の核心にあるのは、帰納の〈価値〉の問いだからである。認識論的な問題を価値論的視点の中で捉えること、それこそが、反省的様式を決定づけている特徴にほかならない。

その博士論文において、ラシュリエはまず初めに二つの解答法を却下する。すなわち第二章においてミルの心理学的解答、そして第三章でクーザンの直観主義的解答を否定するのである。それというのも、この両者はともに最高度に複雑な懐疑論へと行き着くものであり、それゆえに科学的認識を確かに基礎づけることが不可能となってしまうからである。J・S・ミルは〔デイヴィッド・〕ヒュームの学説を精錬したのだとラシュリエは見なすのだが、ミルにとって問題を解く鍵は、習慣というもの、すなわち経験に応じて獲得される心理学的メカニズムに見出される。自然において、我々は現象の何らかの繰り返しを観察するものである。たとえば、私は生まれて以来、常に太陽が朝昇るのを観察することができた。そこで私はその経験から、未来は常に過去に似ているのだろうと推論し、そして太陽は常に朝昇るのだろうと推論する。しかるに、私がこの人生の中で何万回と朝に太陽が昇るのを見たとしても、ミルによれば、事実に属するこの経験から一般的法則を推論する権限が私に与えられるわけではない。それには二つの理由がある。もし私が帰納法の信頼性を、これまでに私が行うことのできたあらゆる帰納が常に有効に働いたということの確認に置いているのだとすれば、私の正当化は論点先取りの虚偽の上に成り立っているということになる。つまり、私は帰納法を基礎づけるために、まさに帰納的手続きを働かせているというわけだ。二つめの理由は、今日まで私が確認してきた規則性が明日になってうち破られる

＊5　J. Beaufret, *Note sur la philosophie en France au XIXe siècle*, *op. cit.*, p. 33.
＊6　J. Lachelier, *Du fondement de l'induction*, *op. cit.*, p. 61.

ことがないなどとは、目的因（神）を仮定しない限り、何ものも保証できないということにある。自然においては、未来が過去に似ているだろうと保証できるものなど何も存在しない。そこからミルは、ヒュームに倣って、帰納とは精神が経験との接触から得た習慣以上の何ものでもない、と結論することができるのである。心理学的メカニズムに依拠する以上、この解答では帰納によって導かれる諸法則の普遍性は保証することができない――そして同様にこの解答は、帰納法それ自体の普遍性を保証することもできない――その点において、ラシュリエにとって、この方法は受けいれ難いものとなる。結果として、ラシュリエにとってミルの方法は、懐疑論へと通じるものとなる。しかしながら、科学とは明証的法則を定めるものであり、そしてそれは説明されなければならないのである。

帰納法が、経験から得られる心理学的メカニズムに依拠することができないとして、それはクーザンが主張したような「物自体の直観」[*7]なるものの上にも、基礎づけられるものではない。すなわち、折衷学派は「帰納の原理とは根源的であり、還元不可能である」[*8]と見なし、精神がそれによって物自体へと到達できる、証明よりも優位に立つ「知的直観」[*9]であると見なす。しかし、ここにはラシュリエが受けいれられない姿勢がある。認識が拠って立つ原理を証明できないのであれば、それが単なる偏見、つまり形而上学者の〈あらまほしきもの〉〔desideratum〕、もしくは単純に信仰でないと、どうして確かめることができるというのか。ここにおいて我々は、再び懐疑論の一つの形式へと陥ることになる。

この問題を解決すべく、ラシュリエは博士論文の第四章で、彼によれば他の二つに決着をつけるものである「仮説」を提案する。

しかし、カントによって哲学に導入され、少なくとも検討するに値する、第三の仮説が存在する。

それは次のように主張する。諸現象が依拠する謎の基礎なるものが何であれ、それらの現象が引き続く際の順番・秩序〔l'ordre〕は、もっぱら我々の思考の要求によって決定されるのだ、と。この仮説においては、我々の認識の最高位にあるものとは、感覚でもなければ知的直観でもなく、反省なのであって、それによって思考は、自らの本質と自らが諸現象との間に持っている関係性とを直ちに把握するのである。そして我々はこの関係性からこそ、思考が諸現象に与えるものであり、またそれこそが原理であるところの、諸法則を演繹することができるのである。[*10]

短い数行のうちに、ここでラシュリエは、哲学における反省的様式の根幹となるところを呈示している。彼によれば、カントは一つの新しい哲学的方法を創始した。その方法とは、思考が対象（現象、物自体）に向かうのではなく、むしろ自ら自身に向かうことである。それは対象が無視されるということではない。しかし対象は、そこに思考の活動が反映されているという意味においてのみ、思考にとって関心あるものとなる。それこそが、感知される対象の内に思考の活動を見出す「反省的分析」の責務である。なぜそのような仕事が必要なのか？　それは、この活動からこそ、価値というものが生じるからである。

ラシュリエはこの点において、ミルとクーザンは共通の誤りを犯したと判断する。すなわち両者とも

＊7　*Ibid.*, p. 70.
＊8　*Ibid.*, p. 78.
＊9　*Ibid.*, p. 87.
＊10　*Ibid.*, p. 88.

認識を本質的に受動的なもの、すなわち〈印象〉〔*impression*〕として理解しているのだが、一方の場合ではそれは感覚という形で世界から精神に対して与えられるのであり、他方の場合ではそれは形而上学的世界観という形で、謎めいた物自体によってもたらされるのである。ところが『純粋理性批判』は、認識は自らの〈価値〉を、事物からではなく、精神の〈活動〉から引き出すのだということを示していたはずである。精神とは、この認識論的な価値、すなわち必然性の、ありうるただ一つの源泉である。それゆえに、ラシュリエが上に「諸現象が依拠する謎の基礎なるものが何であれ、それらの現象が引き続く際の順番・秩序は、もっぱら我々の思考の要求によって決定されるのだ」と記したとき、それはカントによって認識の地平にもたらされたコペルニクス的転回のことを指しているのである。事実、ラシュリエが『帰納の基礎』において提起する問いは、カントが『純粋理性批判』第二版の「序文」で示したものと何一つ異なっていない。

これまでひとは、私たちの認識がすべて対象にしたがわなければならないと仮定してきた。だが、私たちの認識が、それによって拡張されるような或るものを、概念をつうじてア・プリオリに対象について決定しようとするこころみは、この前提のものではすべて水泡に帰している。[*11]

右でカントが実りのない「こころみ」としているもののうちには、ミルやクーザンのそれと類似の企てを容易に見出すことができるだろう。いずれの事例においても、精神に対して働きかけるのは世界の側にほかならない。別の言い方をすれば、主体とは対象の鏡に過ぎないのである。そこから主観的表象と客観的世界との間の架橋というデカルト的問題が生じ、そしてその懐疑主義的解答（ヒューム）や神学的解答（デカルト）も生じる。この両者ともを否定しながら、カントは彼独自の突破口を提案する。彼によれば認識の地平においてもコペルニクスのそれに比類するような革命が必要なのであり、そこではもはや精神に形式をもたらし、それによって価値を与えているのは世界なのではなく、その反対に、精神こそが自ら固有の規範に応じて、世界を秩序立てているのである。

だからこんどは形而上学の課題について、対象が私たちの認識にしたがわなければならないと仮定するなら、もっとうまくゆくのではないかと、こころみてはどうか。〔…〕ことの事情はここで、コペルニクスの最初の考えとひとしい。コペルニクスは、すべての精神が観察者の周りを回っているると想定したのでは、天体の運動をうまく説明することができなかったので、観察者を回転させ、逆に星を静止させたらうまくゆくのではないかとこころみた。[*12]

ここには、表面的な類似以上のものが存在している。カントにとって、コペルニクス的転回とは、認識というものを抱く方法における根源的な変更に通じる。すなわち、観想に基づくモデルから、作用に基づくモデルへと我々は移行するのであり、そして、見られた世界から、構成すべき世界へと我々は移行するのである。この最後の定式が持つ、思考にとっての一つの責務として響くものである音調に注目しておこう。それというのは、ラニョー、アラン、そして若きカンギレムはこの点に対して殊更に反応す

＊11　E. Kant, *Critique de la Raison pure, op. cit.*, B XVI, p. 77.〔『純粋理性批判』一五頁〕
＊12　*Ibid.*, p. 77-78.〔同一五—一六頁〕

ることとなるからである。カントが自らの企てとコペルニクスのそれとの間にあるとした類似性について繰り返すならば、批判的方法とは、自らの周りを星が回っている観察者の立場から動作主の立場へと知る主体を移行させるのであり、そこにおいては、星の周りを回っているのは知る主体の方である。カントによると形而上学において「学の確実な途が見いだされることができなかった」[*13]のは、いまに至るまで哲学者たちが客観性の問いを主体による表象との関係において立て、そしてそれによって認識を世界についての観想と見なしてきたからである。そのような見方においては、表象は対象それ自体に従属するものであり、ラニョーとアランはこれを、世界の主体に対する優位と解釈することとなる。カントによるコペルニクス的転回は、この見方をすべての点で正反対に覆す。客観性とは、もはや表象と外的対象との一致としてではなく、むしろそれらの表象の只中において主体によってなされている全体的関連づけの作用として考えられるべきである。ラシュリエの解釈するところによれば、カントにとって認識の基礎にあるこの活動は、一つの名前を持っている。それがすなわち「統覚による根源的‐総合的統一」である。そしてこの原理の発見は、ラシュリエに対して強力な影響をもたらした。ブートルーはこれを次のように伝えている。

ラシュリエは長い時間をかけて、この出発点を読みこんでいた。長い間、彼の前、その仕事机の上に、『純粋理性批判』の、次のような文章が読めるページが開かれたまま置かれていた。「『私は考える』が、私の表象のすべてにともなうことが可能でなければならない〔…〕」[訳注1]。この「私は考える」は、それ自身が条件づけるものであるとして、一体どのような条件によって支えられているのか。そして我々の我々自身についての認識や、事物についての我々の認識とはどのような条件に支えられているのか。ラシュリエはこれらの問いに完全に没入していた。[*14]

ラシュリエが長い時間をかけて『純粋理性批判』を読みこんでいたとすれば、それは彼がカントの〈私は考える〉に、帰納の基礎に関する問題を解く鍵を見たからである。帰納の原理とは、習慣（ミル）でもなければ、観想（クーザン）でもない。そこにあるのは反省、すなわち思考による自らへの回帰なのであり、思考はここで、多様なものから一つの本質に向けてなされるア・プリオリな組織化の原理としての自らを発見する。反省的分析を通して、いわば〈私〉こそが世界における価値の源泉としての自らに気づくのである。これが『帰納の基礎』の議論の核心である。そうして、反省という行為の中心に反省それ自体を据えた上で、ラシュリエは博士論文の残りの三章を使い、とりわけ目的因の概念を導入しながら、反省的原理の価値を示すことに力を注いでいく。

帰納の問題に対するこのような解答が持つ価値について、我々はここで意見を述べることはできない。ひとまずは、次のような仮説を述べるに留めることとする。ラシュリエがカントの哲学から〈私は考える〉の概念を借用し、その総合的であり、かつ秩序と価値を生み出すものとしての活動を強調したとき、彼はそこで同時に、やがてアランとラニョーを介して若きカンギレムが受け継ぐこととなる「思考様式」の規範を築いたのではないだろうか。というのも、『純粋理性批判』の「§一六」〔「統覚の根源的－総合的統一について」〕[訳注2]においてカントが行ったこととは、あらゆる感知される直観とは精神の活動の結果

＊13　*Ibid.*, BXIV, p. 77.〔同一五頁〕
＊14　E. Boutroux, *Nouvelles études d'histoire de la philosophie*, *op. cit.*, p. 11.

なのであり、その活動によってこそ精神は多様なものに秩序と価値を与えるのだという考えを主張することでないとしたら、他に何であったと言えるだろうか。我々の表象の基礎に、ある根源的に総合的な活動が存在していなければ、我々が手にできるのはすなわち、互いに見分けのつかない、つまりはそれについて思考することが不可能な、諸々の印象のカオスでしかないだろう。だからこそカントは、あらゆる表象の基盤に、ほかならぬ〈私は考える〉という秩序の原理を据えるのである。

「私は考える」が、私の表象のすべてにともなうことが可能でなければならない。そうでなければ、まったく思考されることのできないものが私に表象されることになるからである。［…］すべての思考に先だって与えられうる表象は直観と呼ばれる。かくして直観におけるあらゆる多様なものは、「私は考える」への必然的な関係を、その多様なものが見いだされるのと同一の主観において有している。この表象はけれども自発性のはたらきであって、つまりそれは感性にぞくするものとみなされることができない。[*15]

それを受け止めることは不可能だが、それに秩序を与えることは可能である〈多様なもの〉に対する、調整的原理としての〈思考〉。これこそが、ラシュリエの弟子たちがカントから受け取ったものである。「ラシュリエの著作」に「現代の思想を方向づける主要な出来事[*16]」を見るレオン・ブランシュヴィックは、次のように断言している。

精神に対してしか、自然は存在しない。それは恐らく、光景は観察者に対してしか与えられない、という意味であろう。しかしそれはさらに別のことを、そして全く別のことをも、意味している。それは、精神の活動がより広く、そしてより調和的に顕現するに応じて、光景もまたよりいっそう広がり、そしてよりよく編成するだろうということを意味するのである。まなざしに対して、我々の現世の地平に含まれるあらゆる対象を出現させるためには、我々の感覚と運動との間での、ある序列化の作業が必要なのである。[*17]

ブランシュヴィックが知覚の問題をおろそかにしていなかったと言えるとして、しかしながらすべてのラシュリエの弟子たちのうちで、その問題に最も力を注いだのは、ジュール・ラニョーである。

ラニョー――知覚の基礎

先にも述べたように、ジュール・ラニョーは著作を残さなかった哲学者である。四三才での夭折、そしてその身体の虚弱さが、彼に自らの学説をそれ自体として呈示することを可能としなかったのだろう。それでも、アランによる覚え書のおかげで、我々はラニョーが殆どその一点に身を捧げたようにも見える根本的な問いについて、かなり精確に思い描くことができる。すなわち、知覚の問題である。『ラ

*15 E. Kant, *Critique de la Raison pure*, *op. cit.*, B 131-132, p. 198.〔『純粋理性批判』一四四頁〕
*16 L. Brunschvicg, *Écrits philosophiques*, *tome 2*, *L'orientation du rationalisme* (1954), édition électronique disponible sur le site de l'Université du Québec à Chicoutimi (http://classiques.uqac.ca), p. 72.
*17 *Ibid.*, p. 73.

ニョーの思い出』において、アランはまさしく「知覚の外に出たラニョーは見たことがなかった」[18]と書き、さらには彼を「知覚する反省的熟考」[19]のモデルと呼ぶまでに及んでいる。それこそは、アランが特に重視した主題の一つであったことに気づくことができる。先の箇所で、我々は若きシャルティエの初期の著述のすべては知覚の問題を論じるものであったことを見たが、そこでは順を追って、知覚の問題が同時に二つの重要性を持つものであるということも認められた。つまり、活動としての精神の本性に関する哲学的な意味での重要性と、「事実の崇拝者たち」の保守主義に対する批判を伴う政治的な意味での重要性とである。ところで、ラニョーがその講義の中で知覚の問題を論じた仕方を辿ってみると、アランが彼の恩師の議論を殆ど逐語的に受け継いでいるのだということがわかる。もとよりこの教え子は、全くそのことを隠そうとはしなかった。

私は精神を事実に対抗させ続ける。そしてそれはラニョーが何百回と繰り返した教えである。否、記憶や持続、空間とは事実ではない。そして何よりも、何よりも、魂とは事実ではない。[20]

全般的に見るならば、ラニョーの思想とは経験主義的見方への、とりわけ精神の役割と本性に関する部分における、根源的な批判であると見なすことができるだろう。経験主義者は純粋にア・プリオリな認識なるものが存在しうるという考えを否定し、そうして我々の認識とはすべて経験に由来するものなのであって、従って精神とはタブラ・ラサとして理解されるべきであり、精神の役割とは何よりも感知される印象を受け取ることにあると主張する。正しいデカルト主義者として——「正しいフランスの哲学者」とは言わないまでも——、ラニョーはこれほどまでに事実に価値を認め、かつ理性を軽視するような理解を是認することはできなかった。そして彼は、思考が自ら自身にその注意を向けることとなる知覚の「反省的分析」を拠りどころとしながら、経験主義者たちによるこれらの前提を無効化しようと試みるのである。

その「知覚についての講義」において、ラニョーは次の確認から始めている。外部の対象を知覚するとき、我々は大量の情報を受け取る感覚を抱くのであり、その大量の情報がなければ我々の側では何の活動も開始しない。知覚はいわば「我々のうちに、しかし我々なしで」できあがるのであって、そこにおいては世界が意識に作用し、事物の現状に応じて意識を形作っているかのように感じられる。しかし取り違えてはならない。「知覚は、一見すると媒介なしの直観であるかのようである。精神は、活動的であるにも関わらず、受動的であるかのように見える」[*21]。ラニョーによれば、それこそが知覚の「反省的分析」の明らかにするところであり、それはまさにカントが「超越論的分析」において見事に成し遂げたことである。そこで、ラニョーは〈私は考える〉についてのカントの議論を、直観的に獲得されるものにおける〈私は考える〉の役割を強調しながら、忠実に繰り返すのである。

あらゆる感覚は、それ自体が、感覚している主体の状態である。しかしながら、もしこの主体がそ

＊18　Alain, *Souvenirs concernant Jules Lagneau, op. cit.*, p. 743.〔『ラニョーの思い出』六五頁〕

＊19　*Ibid.*, p. 758.〔同九三頁〕

＊20　Alain, *Souvenirs concernant Jules Lagneau, post-scriptum*, Paris, Gallimard, 1996, p. 250.

＊21　J. Lagneau, « Cours sur la perception », dans *Célèbres leçons et fragments, op. cit.*,p. 198.〔当該箇所は邦訳には収められていない〕

れと同時に活動的でもあり、またその活動の統一性によって多様な感覚を相互に結合する力を備えていなければ、主体のうちに感覚は存在しないだろう。まさにそれ自体が知覚であるところのこの活動とは、延長において互いに関連付けられたものとして表象される存在の性質を決定することに存する。〔…〕知覚は思考を前提とするのである。[*22]

精神が知覚のプロセスに介入し、感覚がそれ自体では全く備えていない統一性というものを感覚に与えることがなければ、我々は感知されるカオスの中のなにものであれ、識別することはできないだろう。認識論的議論と道徳的立場とを解きほぐせない程に交錯させながら――それは使用される語彙からよく見てとれる――、続けてラニョーは以下のような主張を述べる。「知覚することとは、何らかの刻印のようにその身に被ったり、受け取ったりすることとは、常に異なるものである。それは、感知されたものについて、それが現実として判断されるなにものか〔quelque chose que l'on juge réel〕であると、肯定すること〔affirmer〕である」[*23]。ここにはラニョーにとっての「反省的分析」が目指していたところが、はっきりと示されている。それはすなわち、「所与」として感じられることができるものの条件としての、〈判断〉の遍在的活動というものを明らかにすることである。『思い出』の中でアランは、一見媒介なしのものと見える知覚が、実際には精神の総合的活動によって成り立っているということを、この恩師が生徒たちにどのようにして示したかについて語っている。

「家とは何か」と、ラニョーはよく言った。これが彼の中枢であった。彼はいつもそこへ立ちかえっていたのである。いかなる対象も、それは与えられるのではない。インク壺や、一片の白墨の例[訳注3]が問題となったのはここである。そして、知覚が知覚の真実性によってしか存在しないことは、紛れもない真実なのである。また、知覚の真実性は、知覚できないことも本当である。家のすべての部分が見える場所などは存在しないのだ。すべての部分がいかにして全体で家となるのか、また投影図がいかにして全体で家となるのか、触覚や視覚や聴覚がいかに家を探るのか、周囲及ぶ限りの「全世界」がいかにこの家を形作っているのか、それを見せてくれる場所も、それを寄せ集めた場所もないのである。従って、精神は知覚を越える物であり、その途中で知覚を存在させる〔…〕。[*24]

アランによるこの数行の描写は、精神の活動を第一に掲げる反省的様式によって、ラニョーがいかにして哲学的伝統を新たに読み直したのかを窺わせるものである。確かに、知覚される多様な外観を統一性へと帰着させる何らかの精神の活動をその表象の基底に措定しなければ、家についての表象を抱くことは不可能であるとラニョーが述べる際、既に見た通り、そこで参照されているのはカントであり〈私は考える〉である。しかし、〔「一片の白墨」から連想されるものとして〕「一片の蜜蠟」が問題となるとき、判断の遍在という反省の命題を強調するためにラニョーが持ち出しているのは、デカルトである。それがなぜか理解するのは実に容易である。あの有名な「一片の蜜蠟」についての議論は、知覚のあらゆる対象とは感覚されるのではなく、思考されるのだということを示していたからだ。ひとたび蠟がその感覚

＊22　*Ibid.*, p. 218.
＊23　*Ibid.*, p. 222.
＊24　Alain, *Souvenirs concernant Jules Lagneau*, *op. cit.*, p. 747-748.〔『ラニョーの思い出』七四頁〕

可能な性質を取り去られたならば、「すなわち残るのは、延長をもち、柔軟で、変化しやすいあるものだけである」[*25]とデカルトは結論している。ところで、デカルトによれば、延長とはある関係の総体へと帰着するものであり、それ自体は知覚される〔perçus〕ものではなく、むしろ理解される〔conçus〕ものである。延長の〈像〉が存在しえないのは、そのためである。我々はそれについての〈観念〉を持つことができるだけなのであり、そしてそれは悟性によってのみもたらされるのである。

デカルトのこの議論を読むことは、ラニョーの哲学の明らかに知性主義な側面を露わにしてくれる。彼によれば事物とは、我々が世界に当てはめる概念というプリズムを通してしか、その内容を持たないのである。それゆえにこそ、反省的分析の第一の目的とは、あらゆる直観的把握の場面に際して悟性が没頭している総合という活動の存在を明らかにすることにあるのである。ラニョーは尋ねる。

視覚的知覚とは、何から構成されるのであろうか。この知覚の条件とはすなわち、我々が対象を、現実の、そして一つの、なにものかとして理解することである。従ってここにおいてもまた、知覚の条件とは悟性の活動である。[*26]

反省的方法とは、一貫して悟性の哲学なのである。そのように前提すれば、何らかの「純粋感覚」といったようなものが存在しうるという考えに対して、ラニョーがとりわけ批判的な態度をとることは驚きではないだろう。それというのは、彼によれば、そのような考えは世界による我々への、そして我々抜きでの、媒介なしの作用というものを認めることにつながるものであり、そしてそこでは悟性による形成の作業は無化されるも同然となってしまうからだ。ラニョーはその反対に、我々の世界に対する関係は常に悟性によって媒介されているのだと主張する。

従って、厳密に言って、直観という性格をもって精神に自発的に与えられるものであり、精神の側からは何の活動も前提しないような、純粋に受動的な概念などというものは存在しない。究極的に言えば、知覚において、呈示〔présentation〕と表象〔représentation〕という二つの操作を区別することはできない。純粋なる呈示というものは存在しない。あらゆる呈示は表象なのである。精神は常に役割を果たしているのだ。[*27]

精神は常に多様な感覚に対して秩序と価値とを与えつつあるのだから、ラニョーによれば、世界の直接の呈示などというものはありえない。世界は、自らに意味と形式とを与える概念による活動のフィルターに、常に既にかけられているのである。それゆえに、知覚を可能にする条件として、精神がそれに意味と形を与えようとすることになる素材を形成する最初の印象を認めるという意味においてのみ、すなわち遡及的にしか、我々は「呈示」について語ることはできない。しかるに、この直接的な呈示――つまり「純粋感覚」――については、我々は知覚が完全に行なわれてからでなければ理解することができないのだ。反省的分析が論理的な可能性の条件として原初の「呈示」という仮説を抽出することができ

＊25　Descartes, *Méditations Métaphysiques* (1641), *Deuxième méditation*, Alquié II, p. 424, AT IX, 24.〔デカルト『省察』山田弘明訳、筑摩書房、二〇〇六年、五三頁〕

＊26　J. Lagneau, *Cours sur la perception, op. cit.*, p. 210.

＊27　*Ibid.*, p. 227.

るようになるのは、ただ「表象」という基盤があってのことなのである。しかし、そこにあるのは「精神による純粋概念」[*28]なのだとラニョーは述べる。なぜなら、

意識において、純粋感覚というものは存在しない。事実、意識にもたらされうるあらゆるものは、何らかの形において活動の産物なのである。[*29]

カントとデカルトに加えて、我々はここにおいても再び、いかにラニョーが反省というパースペクティブによって哲学史を読み直したかということの痕跡を見ることができる。厳密に言うなら、我々には「呈示」と「表象」を区別することはできないのだとラニョーが述べるとき、彼がそこで参照しているのは、明らかにプラトンである。「想起」の神話によって、プラトンは、あらゆる意識の内容とは常に既に一つの結果なのであり、精神が感知されるカオスに形式を与える活動によって生み出されるものなのだという事実を示そうとしていたと考えられる。すべては既に思考されたものなのであり、ラニョーに従えば、そこにおいて我々は、前世という仮説を理解する必要がある。それというのも、前世なるものは、意識の現在の内容を作り上げるために精神によってなされる総合の様々な活動を象徴するものだからである。アランは『ラニョーの思い出』において、知覚や確信というものはいずれも、ラニョーにとっては「我々のどんな些細な思考の中にも思考の総体を見出[*30]すための契機であったのだと何度も繰り返している。

上に述べてきたことから考えれば、この定式は確かにプラトンに起源を持つものであるが、同時にそこには、デカルトに由来する哲学的心理学へのある修正が示されているのだということに気づく。以下

にそれを詳述しよう。もしラニョーにとって反省的分析の第一の目的が「我々のどんな些細な思考の中にも思考の総体を見出す」ことにあるのだとすれば、それはつまり、彼によれば、純粋な〈思考〉は決して我々には直接与えられないのだということを示しているものと考えられる。そしてそれは、反対に、我々が思考なるもの〔*la pensée*〕の謎を解けるのは、ただ諸々の思考〔*les pensées*〕の屈折を通してのみなのだということを示しているように思われるのである。一九九二年のアラン－ラニョー・シンポジウム開会講演でカンギレムが言及していた、ラニョーによるカントへの傾倒というものが、その姿を露わに示すのはこの時点においてである。ここで〈思考なるもの〉という語で理解されるべきは、カント的な超越論的主体、すなわち〈私は考える〉であり、「統覚による根源的－総合的統一」以外のなにものでもない。しかるに、ここにおいて問題となっている統一性とは、私がそれによって常に私を私自身と同一であると知覚している、経験的意識の統一性と同じものであるとは思われない。ここで問題となっているのは、時間に中におけるその統一性の〈反省＝反響〉〔*réflexion*〕でしかありえないだろう。科学＝知識の主体たる、超越論的主体とは、個別的ではなく、普遍的なものである。それはカントにとって、精神が対象を構成する方法の統一性を意味していた。従ってそれは、デカルトの〈コギト〉がそうであったような実体ではなく、そこにおいて悟性と直観とが連携し合いながら認識を生み出す、一つの活動なのである。経験の可能性の条件である以上、従って超越論的主体というものは、決してそれ自体として経

＊28　*Ibid.*, p. 213.
＊29　*Ibid.*
＊30　Alain, *Souvenirs concernant Jules Lagneau*, *op. cit.*, p. 725.〔『ラニョーの思い出』三四頁〕

験に姿を現すことはない。この総合という活動は思考の直接の対象になりえないとラニョーが主張したのは、そのためである。それゆえに我々はただ「我々の最も些細な思考の中〔dans la moindre de nos pensées〕」での反省によってしか、それを「見出す」ことはできないのである。

思考なるものの本性についてのラニョーの見解が、ここではっきりと明らかにされている。「思考の総体」、すなわちその本質は、彼によれば総合という根源的な活動へと帰着するものである。しかしながら、ラニョーがただカントを復唱するだけで満足していたわけではないように見えることを、ここで付け加えておくこととしたい。それというのも、ラニョーの遺した断片の第三五番が示している精神の諸々の能力に関する図式を参照するなら、ラニョーは「根源的－総合的統一」を、完全なる能力としての地位に昇格させているように見えるからである。そのようにして、彼は自らが「活動」と呼ぶものを精神の能力のヒエラルキーの最高位に――感覚と知性の上位に――位置づける。[*31] しかもその上で、この同じ断片が示すところによれば、ラニョーに従えば反省の最も高度な段階――すなわち意志の自由――とは、ここにおいては完全に能力として理解されている〈活動〉に、直接属するものなのである。それはつまり、「知覚についての講義」が示すように「活動とは精神生活の絶対的な統一性である」[*32]、そしてそこにおいては、活動が知的・生命的機能のすべてを条件づけ、調整しているのだということである。ラシュリエにおいてと同様に、ラニョーにおいて〈私は考える〉は非常に大きな重要性を担うこととなる。

『リーブル・プロポ』誌に寄せた青年期のテクストの数々の中で、若きカンギレムは、アランによって橋渡しされたラニョーの反省という遺産を存分に展開することになるだろう。恩師たちの繰った軍馬を誰の目にも明らかに再び引き出しながら、一九三一年、カンギレムは反省的パースペクティブを用いて創造の問題に取り組むことを提案する。

創造とは、移転であるよりむしろ関係性なのではないだろうか。思考することが、すなわち無数の感覚のカオスをある意味を持った統一性へと関係づけることなのだとすれば、それは、思考の存在するところにこそ創造が存在するのだということを意味することになるのではないか。それは［…］創造と思考との間に等号を置くことになるのではないだろうか。そうだとすれば創造の問題は、今後はもはや経験の批判にではなく、反省の心理学の領域に属することになるだろう。[*33]

創造についてのこの若いカンギレムによる言葉は、哲学における反省的様式の形成に関わる基本的事項の総覧をさせてくれる。我々はここまで、この様式はある種のカント受容にその源泉を採るものであり、ラシュリエによって始められ、次いでラニョーによって知覚の領域において発展させられたということを見てきた。カントの「統覚による根源的‐総合的統一」としての〈私は考える〉の議論に依拠して、ラニョーは知覚を本質的に活動的である一つの機能として理解し、そこにおいては、精神は外的世界を「受け取る」のではないと考えた。その反対に、精神によって意味と形を与えられているのは世界の方

＊31　J. Lagneau, « Fragment 35 », dans *Célèbres leçons et fragments*, *op. cit.*, p. 119.
＊32　J. Lagneau, *Cours sur la perception*, *op. cit.*, p. 194.
＊33　G. Canguilhem, « Critique et philosophie, Sur le Problème de la création », dans *Libre Propos (Journal d'Alain)* (décembre 1931) ; repris dans *Œuvres Complètes*, tome 1, *op. cit.*, p. 389-395, p. 395.

なのであり、精神は多様な印象に対して、それらが全く持っていない、形式と統一性とを与えている。そうだとすれば、若きカンギレムが「思考の存在するところにこそ創造が存在する」という考えを主張するとしても何も驚かれることはないだろう。なぜなら、カントから受け継がれた反省的パースペクティブにおいては、我々が得る経験とは常に、ある部分では我々が作っている経験だからである――そしてここにおいてもまた、認識論的観点であるとともに道徳的観点であるとも理解できるこの定式の持つ両義性を、強調しておくこととしたい。それゆえにこそ、カンギレムは「創造と思考の間の等号」を置くのである。つまり彼によれば、創造者の行為――たとえば彫刻家の作業を思い起こしてみよう――と、感知される多様なものを総合する際の精神の活動との間には、根底的な類似がある。いずれの場合においても、我々の目の前にあるのは、形を与えるべき素材、すなわち変形すべき素材である。ところで、ここまで示してきたように、反省的様式の担い手たちは、経験の物質的側面には一切関心を払っていないように見える。彼らにとって重要なのは、経験の精神的な構成要素の方なのである。また、カントに対するラシュリエとラニョーの関係性について検討した際には、彼らが超越論的観念論からもっぱらその観念論的側面をとりあげており、カントがヒュームの経験論から受け継いだ点については、きちんと触れないままに終わっているようにも思われる。ならば、若きカンギレムが思考の「創造」について語るに至ったとすれば、我々はここで、ある明白に観念論的な思想家たちの系譜について論じているのだと結論するのにこれ以上のものは必要としない。

しかしながら、この結論は性急に過ぎるものであり、そして反省的という「様式」の持つ観念論的性格とは、反省的方法それ自体というより、むしろここで我々がとった論述の順序に起因しているものと考えられるのである。なぜなら、ここから見ていくように、ラニョーとアランは、精神とは、自らが常に既に対峙しているものである感知されるカオスを同時に想定することなしに、自ら自身を捉えることはできないのだと主張しているからである。

訳注

1――邦訳『純粋理性批判』一四四頁。

2――同一四四―一五〇頁。

3――原著における引用では、この「一片の白墨」の語の箇所は morceau de cire、すなわち「一片の蜜蠟」となっているが、アランによる原文では morceau de craie である。この点について原著者ロートと確認の上、本訳ではアランの原文に従って訳出した。ロートの議論では「一片の蜜蠟」から当然導かれる流れに沿う形で、『省察』第二省察でデカルトが展開する蜜蠟をめぐる知覚の考察を想起している。この点から、ここでの議論の接続については「白墨」と「蜜蠟」の屈折を加えて、その連関を留保的に検討しつつ読み進める必要が生じる。しかし『ラニョーの思い出』でのアランの「〔ラニョーの講義では〕『知覚』と『判断』以外は決して論ぜられなかった」（邦訳『ラニョーの思い出』五八頁）という証言を起点としつつ、そこでのラニョーの議論を追うならば、教室の黒板の前で「触覚や視覚や聴覚がいかに家を探るのか」を論じるラニョーの念頭に「私がまさに蜜蠟を見ることから、蜜蠟が存在すると判断するなら、私が蜜蠟を見ることから、私自身もまた存在することが、たしかに、はるかに明証的に帰結する」（邦訳『省察』五六頁）というデカルトの言葉が置かれていることを前提することは自然である。その上で、ロートが参照している箇所において、ラニョーは主観的外観から、「外」の「秩序だった」「世界」（『ラニョーの思い出』八八頁）への認識が展開されていくことの条件を検討している。ラニョーがカント的問題を思考する基盤にデカルト的論理が働いているとロートが論じるのはそのためである。また、アランによる「蜜蠟」をめぐる考察については次を参照。Alain, « Descartes », dans *Les passions et la Sagesse, op. cit.*, p. 926-995 (p. 941-946 « Le morceau de cire »). 邦訳は『アラン著作集六　イデー（哲学入門）』渡辺秀訳、白水社、《新装復刊》、一九九七年、一四八―一五四頁。

第四章　精神対世界

「根源的－論争的」統一

少しずつ、若きカンギレムが受け継ぐこととなる「思考様式」を構成する様々な要素が、それぞれの位置づけに従って明らかになってきている。前章において、我々はラニョーの反省的方法の最大の目的とは、知覚を可能にする条件として、それによって精神が世界に秩序を与えるものである、総合という活動の存在を呈示することにあったということを見てきた。そこからは、ここで論じられているものとはつまり、まさしく観念論そのものの態度だったのではないかという印象が生じる。だが、『知覚についての講義』の議論の続きとして、ラニョーは次のように指摘している。

快楽や苦痛を感じるということからは、精神の活動が何らかの形で周囲の状況によって好悪の作用を受けるということ、そして従って、その周囲の状況というものは、この活動とは独立して与えられるのだということが推察される。存在の多数性が統一へと至るためのこの純然たる活動とは、その活動それ自体から独立して与えられるものとしての多数性なくしては、理解され得ないものである。[*1]

ここまでのところで、ラニョーの哲学がバークリ的な観念論と見なされうるものであったとしたら、それは我々が、その立場が「物質」の次元においてはいかなる意味を持つものであるかについて、十分に強調してこなかったためである。精神を総合の活動として捉えるためには、必然的に、総合すべき素材＝質料の存在を認めなくてはならない。それこそが、ラニョーが「周囲の状況」および「与えられた多数性」の語で意味しているところである。換言するなら、「活動」なるものは、同時にある本質的な異種混交性を認めない限りは、理解されることができない。「質料」と「活動」、すなわち「世界」と「精神」とは、同じ一枚のコインの表と裏なのである。

そこから、ラニョーの「思考様式」がなぜ反省的であるのかを理解することができる。カントは精神について、それは根源的に総合的なものであると述べた。ラニョーはこれに、精神とは根源的に論争的なものであると付け加える。すなわち、精神とは実際にはただ事後的にしか自らに固有の活動を理解することができないのであって、それは精神が自らの前に立ちはだかるこの他性なるもののうちに、判断の痕跡を再確認することによって、なされるのである。それゆえに「純粋活動」、「純粋思考」といったものは、それ自体としては思考されることができない。そしてこれは、「純粋感覚」の不可能性と対になるものである。我々は先に、「純粋感覚」の観念を受けいれることは、世界によって精神に対して媒介抜きに与えられる印象というものの可能性につながるのであり、そこにおいては、悟性による形成と

＊1　J. Lagneau, *Cours sur la perception*, op. cit., p. 213-214.

いう作業が無意味化されるのだということを見てきた。しかるに、精神の「純粋活動」について語ることは、これと全く同じ結果へと通じるものである。なぜなら、形式を与えるべき質料を奪われたならば、悟性はいわば操業停止に陥ってしまうだろうからである。そこでもまた、精神の総合作業の無意味化が論じられることになるだろう。従って、反省的観点から見れば「純粋感覚」も「純粋活動」のいずれも、論理的不可能性に行き着くこととなるのである。

この考えには、「内容を欠いた思考は空虚であり、概念を欠いた直観は方向を見うしなっている[*2]」とするカントの定式の、一つの拡張を見ることができる。反省的な観点から見れば、「純粋活動」とは実際のところ、内容を欠いた空虚な思考以外のなにものでもない。そしてその逆に「純粋感覚」とは、反省性を奪われるがゆえに、方向を欠いた直観にほかならない。思考と直観がそうであるのと同じように、精神と質料とは互いに絶つことの不可能な補完的存在なのである。従って、もし反省的方法が何かしら観念論的な部分を持つとすれば、その源泉は主観的観念論よりも、カントによる超越論的観念論の側に求められる。ラニョーにとっては、均質的な環境の中で展開される精神の自動運動というものは存在しない。先にも述べた通りに、精神とは、常に何らかの他性との衝突に参加しているからである。そして、精神は自らの規定作用に服従しないものである他性との遭遇によってしか、自らをその本質において——言葉を換えれば、活動として——捉えることはできないのである。それゆえに、意識の側から見れば、次のようになるのだとラニョーは主張することとなる。

自らについて活動的だと感覚するとは、感覚する以上のことであり、すなわち認識することなのである。そしてこの認識は、精神がただ自らの活動の内的な諸効果と向き合うだけではなく、それらの諸効果を他の諸効果、つまり精神が自らのものと感じられず、また望んだわけでもない他の諸効果と対置するということを、前提としている。[*3]

世界と精神とは常に結ばれているが、但しそれは恒久的な対立の関係において、そうなのである。ここに至るまで、我々は経験の「活動的」な側面を強調し、そうしてカントに依拠しつつ、経験とは形式と質料の総合の産物であることを明らかにするべく努めてきた。しかしながら、ここでラニョーが強調しているように、経験の活動的側面とは、ある受動性による基盤を認めることなしには、理解されることができないものである。この受動性は単純に、我々に起こる事柄についてのコントロールには限界がある、という事実に由来する。すなわち、そこから何が経験されることとなるかについては、実際のところは、我々によって決定されるのではないということである。そこには観念に対する世界の抵抗というものが存在する。そしてラニョーによれば、思考が自ら自身に対して現すことのできる姿とは、悟性の自発性に対して世界が課すこれらの限界、つまり言い方を変えれば、精神の形式に対する質料の抵抗こそによって、もたらされるのである――我々はここで、この論理の様式と、カンギレムが『正常と病理に関するいくつかの問題についての試論』で用いた論理、特に主体性が病気という試練を通じて出現するのだということを示そうとした箇所において展開された論理との間に、近縁性を見出すことができるだろう。[*4]

＊2　E. Kant, *Critique de la Raison pure*, *op. cit.*, A 51/B 75, p. 144.〔『純粋理性批判』一〇二頁〕
＊3　J. Lagneau, *Cours sur la perception*, *op. cit.*, p. 193.
＊4　*Cf.* Le Blanc, *La Vie humaine*, *op. cit.*, chap. II, 3. « L'épreuve de la maladie ».

従って、ラニョーは以下のように続ける。「外部の世界から切り離された思考する存在は、自らを活動的であると認識することができない。自らが活動的であると認識することとは、外部にある世界における自らの活動の余波を受けとめることである」[*5]。精神の活動は、衝突という基盤の上に、あるいはイヴ・シヴァルツの表現を借りるなら「諸規範の討議」いう基盤の上に、その姿を現す。精神とは根本的に、論争的なのである。それはつまり、精神にとっては、「諸規範の討議」によって自らの姿が見えるようになる以外には、自らについて考えることが不可能であるということを意味する。すなわち、精神がその自らの活動を理解できるためには、争っている二つのもの——精神と世界——は、必然的に両方とも保持されなければならないのである。ラニョーによれば、これはメーヌ・ド・ビランの「努力」の分析によって証明されていることである。その知覚についての講義の中でラニョーは、メーヌ・ド・ビランが、自我というものは、自らに立ちはだかる外部性に対して自らが行使する活動においてのみ、自己を認識するのだと示したとして、次のように称賛を捧げている。

ここには、ある重大な真理が隠されている。その真理とは、個別の魂と宇宙とを分けて考えることはできないということであり、そしてまた、この二者の一体性とこの二者の対立性とを同時に認識させるのが、活動だということである。[*6]

これこそは、カンギレムがその規範と健康の哲学の基底に「慣性と無差別性に対立する活動と考えられる」[*7]生命なる概念を置いた際に、思い起こすことのできただろう教えである。ラニョーの反省的パースペクティブにおいては、精神の活動は、思考と世界の哲学的な対立のさなかにその姿を示すものである。

半世紀経って、カンギレムはこの対立を生物学の次元に移し替えるのであり、そこではこの対立はもはやただ精神と世界の間だけではなく、生きるものとその環境との間に置かれることとなる。彼はそのようにして、一方のカオスの状態にある素材に形式を与える精神というものと、そして他方の、周囲のものを組織化して、環境からある特定の傾向に従ってその環境を作り出す生物というものとの間に存在する類比を、徹底的にまで展開させるのである。

我々の目から見れば、この類比は、カンギレムがラニョーから受け継いだ極めて独自の「思考様式」を証言するものである。但しそうであるとしても、我々はこの松明の継承において、アランが果たした役割というものを無視してはならない。それというのも、恩師が知覚に関する反省的分析から引き出した道徳的および政治的な射程を一層強く主張することによって、アランはラニョーの思想にさらなる屈折を加えているからである。簡潔に述べるならば、アランのラディカリズムとは、精神を質料の慣性に抗う恒久的な対立の活動として理解する哲学的立場に根ざしている。そして、一九三三年に若きカンギレムが正しく指摘しているように、「この恒久的な対立への意志、それこそをアランはラディカリズムと呼ぶ」[*8]。

＊5　J. Lagneau, *Cours sur la perception*, *op. cit.*, p. 193.

＊6　*Ibid.*, p. 194. 但しラニョーはメーヌ・ド・ビランの見方に対し、一点の留保を述べている。すなわち、メーヌ・ト・ビランはその推論を徹底しておらず、彼において「努力の感覚」は受動性の次元に留まっている。しかるに、「反省的分析」はその反対に、この感覚が一個の判断の結果であることを明らかにする。「メーヌ・ド・ビランが気づかなかったこととは、この認識が感覚と呼ばれるべきものではないということである。我々は自らが活動的であると感知するのではない。我々はそのように判断するのだ」(p. 193)。

＊7　G. Canguilhem, « Vingt ans après... », *op. cit.*, p. 173.〔『正常と病理』二一八頁〕

＊8　G. Canguilhem, « Essais. Pacifisme et révolution », dans *Libres Propos* (mars 1933) ; repris dans *Œuvres Complètes*, tome 1, *op. cit.*, p. 450-453, p. 452.

形而上学と政治学は、緊密に結ばれているのである。アランにとってこの対立の活動はあまりにも根本的なものであり、彼はこの主題を論じるために一冊の書物のすべてを費やしている。『海辺の対話』というその難解な作品について、彼は後に振り返って、〈宇宙〉〔l'Universe〕について自らが知るあらゆることを、そこに収めたのだと述べた。[*9]

『海辺の対話』――悟性の哲学のためのマニフェスト

一九五二年、哲学公教育視学総監であったカンギレムが哲学界に対して「アランは真の哲学者である」と思い出させることを自らの責務としたとき、彼はその「確信」の基盤を「四つの作品、すなわち『諸芸術の体系』、『思想と年齢』、『海辺の対話』、『神々』[*10]」に置くと表明している。そして、上に述べた通り、その存在だけでカンギレムがためらいなく恩師の栄誉回復を主張できたという「四冊の名著」の一つである『海辺の対話』は、ほかでもなく精神の活動を論じるものである。事実、この書物は「悟性の探求」という副題を付されている。そして悟性とは、カントが総合の活動それ自体とみなした力能である。すなわち、

こうして統覚の総合的統一はすべての悟性使用が、〔…〕超越論的哲学がそこにむすびつけられなければならない最高点である。それどころか、この能力こそ悟性そのものなのである。[*11]

概観的に言えば、『海辺の対話』とは、悟性を精神の最高位の機能として復権させることに力を注ぐ

ものである。「復権させる」というのは、当時において無媒介性を論じる哲学者たち、とりわけベルクソン哲学によって概念という能力が貶められており、彼らによってそれは「痩せこけた悟性」[*12]にまで格下げられていたからである。しかるに、我々はアランがベルクソンによって知性へ向けて投げられた批判に対して、常にこれを否定していたことを見てきた。そしてこの点に関して言えば、恐らく彼の教育は、若かりしカンギレムによるベルクソン哲学への容赦ない敵意に大きな影響を及ぼしていた。[*13]認識の理論は決して道徳的次元と無関係なものではないということから、アランはベルクソンによって主張される無媒介性に、実践的にも政治的な意味においても、保守主義へとつながるものを見出す。それというのも、ひとたび悟性が無意味化されるならば、我々は既存の事実を受け入れることを余儀なくされて

*9　Alain, *Histoire de mes pensées*, Paris, Gallimard, 1936, p. 261.〔『アラン著作集一〇　わが思索のあと』田島節夫訳、白水社、《新装復刊》、一九九七年、二八〇頁〕

*10　G. Canguilhem, « Réflexions sur la création artistique selon Alain », *op. cit.*, p. 188.

*11　E. Kant, *Critique de la Raison pure, op. cit.*, B 134, p. 199, note.〔『純粋理性批判』一四八頁〕この注に続く「§ 17」は、ここからさらに、指導的理念へと展開を進めている。「§ 17　統覚の総合的統一の原則はいっさいの悟性使用の最上の原理である」(B 136, p. 201〔同一五〇頁〕)を参照。

*12　Alain, *Entretiens au bord de la mer. Recherche de l'entendement*, dans *Les Passions et la Sagesse, op. cit.*, p. 1263-1373, p. 1309.〔『海辺の対話——悟性の探求』原亨吉訳、角川書店、一九五三年、七三頁〕

*13　G. Canguilhem, « La Philosophie d'Hermann Keyserling », sous le pseudonyme de C. G. Bernard, *Libres Propos* (20 mars 1927) ; repris dans *Œuvres Complètes*, tome 1, *op. cit.*, p. 155-159. を参照のこと。また、とりわけ、G・ポリツェルの著書についての熱のこもった書評についても参照。« La Fin d'une parade philosophique. Le bergsonisme », Libres Propos (Journal d'Alain) (20 avril 1929) ; repris dans Œuvres Complètes, tome 1, *op. cit.*, p. 221-228.

しまうからだ。つまり悟性というものについて、アランはこれを精神の力能として理解するのであり、それによれば、我々の得る経験というものは常に、ある部分においては我々が作る経験なのである。ラニョーが明らかにした通り、知覚的経験の微細なレベルにおいてさえ、世界というもののうちに我々は既に参加している。我々はそこに、精神による秩序を導入しているのである。換言すれば、我々は我々を取り巻く周囲を受動的に受け止めているのではない。なぜなら我々は部分的に、それを構成することに関与しているからである。そしてアランにとっては認識の理論と道徳とが不可分である以上、世界と精神の二元論において、そこに常に未だなされるべきものとしてある生こそを見出すために、彼にとってこれ以上のものは何も必要ない。事物はいかなる点においても、我々の運命を決めるものではない。一個の精神としての重責が我々には帰されているのであり、精神はそれ自体として、自らが管理すべき不確かな未来というものに対する監督権を持っている。アランは次のように書いている。「道徳とは自らが精神であると知ることであり、その意味で、自らが絶対的な義務を負うと知ることである。なぜなら、高貴さは命ずるものだから」[*14]。従って、アランから若きカンギレムに贈られた――今日では Caphés〔Centre d'Archives de Philosophie, d'Histoire et d'Édition des Sciences〕[*15]に収められている――『海辺の対話』の一冊に、実にカント的な献辞が書かれていたとしても、それは全く驚くべきことではない。「GCへ *non datur fatum*〔…〕アラン　一九三一年一月二九日」――『純粋理性批判』において、カントは実際にこのように述べている。「自然のなかではどのような必然性も方向を持たない盲目的なものではなく、それは「我々にもたらされる」理解可能な結果によって条件づけられた必然性である（運命なるものはない *non datur fatum*）」[*16]。

まさしく「悟性の探求」として、『海辺の対話』は、精神とは事物ではなく、価値づけと形成の力能なのだということを示すことを第一の目的とする。ところで、その現実的な行使の姿、すなわち感知可能なものに対してなされる行使の姿において精神を示すのでなければ、いかにして右のような性質を明らかにすることができるだろうか。アランがこの詩的な対話の中心に、カンバスの前に立ち、日々世界を組み立て直している年老いた画家の登場人物を置いているのは、そのためである。そこでこの哲学者は、一方の画架の上に少しずつ実現されるデッサンと、そして他方の恩師ラニョーが「精神の暁[*17]」と呼んだもの、すなわちそれによって精神が毎朝目覚めるごとに、倦むことなく世界を作り、また作り直している活動との間にある類似性に、自らの議論の成否を賭けるのである。

そしてこの「恒久的宇宙開闢論」を直観にとってより感知可能なものとするために、アランはこの対話を海辺に置く。それというのは、我々の外部の世界についての知覚の対象の中で、恐らく、海は最もよく精神の形成の活動を明らかにしてくれるからだ。なぜなら、事物の形とは精神の側のいかなる活動も要さずに――たとえそれが人間の構成物であっても――それ自体によって存続するものだと我々に信じさせる「形而上学的[*18]」な陸地とは逆に、海は反対に精神を自らの本質へと、すなわちその形成という

＊14　Alain, *Lettres à Sergio Solmi sur la philosophie de Kant* (1946), édition électronique disponible sur le site de l'Université du Québec à Chicoutimi (http://classiques.uqac.ca) ; p.12.〔『アラン、カントについて書く』神谷幹夫編訳、知泉書店、二〇〇三年、一〇二頁〕

＊15　パリ高等師範学校（ウルム街）に置かれている科学哲学・科学史・科学出版物アーカイブズ・センター〔Caphès〕では、カンギレムの蔵書と個人文書を保管している。

＊16　E. Kant, *Critique de la Raison pure, op. cit., Analytique des principes, Postulats de la pensée empirique, Réfutation de l'idéalisme*, A 228/B 280, p. 286.〔『純粋理性批判』二八二頁。なお、ここにおける〔〕内は、ロートによる本文での説明的付記を挟み込んだものである〕

＊17　Alain, *Souvenirs concernant Jules Lagneau, op. cit.*, p. 744. ラニョーの知覚についての講義を思い起こしながら、アランは次のように書いている。「教室は、この建造物を想わせる顔と同じく、常に朝であった」〔『ラニョーの思い出』六八頁〕。

＊18　Alain, *Entretien au bord de la mer, op. cit.*, p. 1267.〔『海辺の対話』一〇頁〕

活動へと、連れ戻すものだからである。

むしろ、海に眼をやりながら、我々のイオニア的な場所にしっかり腰を落着けようではないか。なぜなら、ここではさまざまな形は、それが決して存在せぬことを我々に確言しているのだから。明らかに、一つの波の傍らに他の波があるのではない。それどころか、形が偽りであることを海全体は言い表してやめぬ。〔…〕この流動する自然が我々の一切の観念を拒むことは明々白々だ。というよりむしろ、幾何学者にとってさえ恐ろしいこの偽りの姿を我々に拒んでくれるのだ。河だと、我々の純粋な思考を我々に送り返してくれるには、まだ余りに自分自身であり過ぎ、外観においていつも同じであり過ぎる。私の何度も言ったとおり、大洋こそ悟性にとってこの上ない対象であり、潮流のない海より更によい。偶像破壊者さ。こうして我々の観念は物から離れ、道具として我々の手中に残る。[*19]

海の知覚についての反省的分析は、形式は事物に属し、思考には属さないのだと信じさせてしまう錯覚から、精神を守ってくれる。常に新しい配置に従い、水にその姿を分配し直すことによって、波の運動は、精神が海を一つの特殊な形式に結びつけることを阻む。精神が形成の作業を終えるやいなや、既に再び活動を始める必要があるのであり、波がたったいま解体してしまったばかりのイメージを組み立て直さなければならないのである。常に別のものである海は、容赦ない厳しさをもって、我々がそれに当てはめようとする観念を拒絶する。そして観念は「道具として我々の手中に残る」のである。それゆえに、アランは海の知覚という経験を、精神をその固有の本性、すなわち形成の活動へと立ち戻らせてくれる、特権的な機会とするのである。

『海辺の対話』についてフローレンス・コドスは、そこで問われていたのは「批判の詩学」[20]なのだと述べた。すなわち、この作品が目指したところのすべては、感知されるものにおいて、カントの論じた抽象的な諸形式が作動している姿を見出すことにあったのだというのである。我々は先に、若きシャルティエが超越論的観念論を知覚の領域において論じ直したこと、但しそこで問題となっていたのは、知覚的経験をはるかに超えたところにまで及ぶ反省のための論拠であったことを見てきた。その生涯にわたって、アランは批判哲学が人間的経験の様々な次元において持つ意味というものを探求し続けた。一九三六年、『わが思索のあと』において、彼は次のことを明らかにしている。「カントは巨匠であり、称えられてよい。カントの無人の荒野は称えられてよい。そこでは精神の誠実さがまなばれるのであり、またそれはくり返しくり返しまなばれるべきなのだ」[21]。しかしながら、アランが明白にカントを論じる研究――『カント哲学に関するセルジオ・ソルミへの手紙』[22]――の出版に同意するには、一九四六年、七八才になるのを待たねばならなかった。では、アランはカントから自らが受け継いだものを隠そうとしていたのだと考えるべきなのだろうか。もちろんそんなことはない。彼のカントに対する崇敬は、誰にとっても秘密ではなかった。そしてそれは誰よりも彼の生徒たちにとっては、少しも隠されていない

＊19　*Ibid.*, p. 1267-1268.〔同一〇―一一頁〕
＊20　F. Khodoss, « Le poème de la critique », commentaire des « Entretiens au bord de la mer », *Revue de Métaphysique et de Morale*, avril-juin 1952, p. 215-242.
＊21　Alain, *Histoire de mes pensées*, *op. cit.*, p. 247.〔『わが思索のあと』二六五頁〕
＊22　Alain, *Lettres à Sergio Solmi sur la philosophie de Kant*, *op. cit.*〔前掲〕

ことだった。若きカンギレムが一九二九年に『リーブル・プロポ』へ寄せたポリツィエの小冊子についての熱狂的な書評の中で、この弟子は彼の恩師たち（ラニョーとアラン）をカントとつないでいた「思考様式」を、次のように証言している。

古典的心理学は、心理学的事実の現実性から出発している。それはこれらの事実を事物と主張することによってしかなされない。［…］アルーエ［「ポリツィエの仮名」は、カントによってはぐくまれているが、恐らくはラニョーとアランは読んでいない。しかしそれは重要ではない。道筋は多様だ。[*23]

以下のことは言うまでもないだろう。つまり、思考の本性を正しく理解するに至るための「道筋は多様だ」。そして思考の本性とはすなわち、精神とは事物、つまり思考する実体というものなのではなく、秩序づけと価値づけの活動なのだということである。これこそは、既に見てきたように、カントの〈統覚による根源的‐総合的統一〉としての〈私は考える〉の分析が示したところである。概念〈ある規則による統一性〉を意識（規則に従う統一の活動）に結びつけることで、「超越論的分析」は哲学史を覆すものとなった。それまで精神とは独立した一つの現実とみなされてきた概念というものが、カントによって総合の活動そのもの、つまり主体による活動となったのだ。なぜなら、〈超越論的主体〉という語によってカントが意味するのは、ほかでもない、この総合の活動だからである。

現実存在の衝撃

但し、これは『海辺の対話』の重要な主張の一つに関わることなのであるが、精神とは、根源的に未知である他性との遭遇によってしか、自らを活動として捉えることができない。ここには再び、哲学における反省的様式の「トレードマーク」とでも呼ぶべきものを見出すことができるだろう。海を前にして、精神はいわば追い詰められる。揺れ動く海の混沌とした無限の広がりは、精神をその固有の本性へと立ち戻らせるのであり、その本性とは形成という活動にほかならない。形式の永遠性という幻想をもたらす地上の様々な対象——家、山——とは反対に、波の往復は絶えず水の姿を作り、また作り直す。そして精神は倦むことなく自らの形成という活動に再び着手し、それによって秩序も限度もないこの世界に、思考による規則性を設立しなければならないのである。ところで、アランがその議論に現実存在〔l'existence〕という主題を導入する際に強調するのは、精神が立ち向かうこの混沌とした無限の広がりは、精神によって生じたのではない、ということである。ある意味では、精神は常に既に、自らが望んだわけではない遭遇に参加している。しかしながら精神が自らにその姿を現し、自らを総合の活動として捉えるのは、この他性との遭遇においてなのである。現実存在とは啓示的試練〔épreuve révélatrice〕であるということ。やがてこの「対立の哲学」を生命という次元へと移し替える際に、カンギレムはそれを思い出すこととなるだろう。

「カンギレムにとって」生命が根源的に新しい「道具の創出」としての自らの姿を明らかにできるのは、障害による抵抗と直面したときだけである。この意味においては、医学とは典型的な技巧な

*23 G. Canguilhem, « La Fin d'une parade philosophique. Le bergsonisme », *op. cit.*, p. 223.

のであって、それは有限性というものを認識させるものでありながら、にも関わらずその有限性と格闘することを可能にするのである。[*24]

アランによれば、現実存在とは絶対的観念論に対する防護柵である。なるほど、確かに精神は対象の構成に関与している。しかしこの関与とは部分的なものである。それというのも、対象の総合は、それが可能となる条件として、そこに精神がその形式を当てはめるものである質料を介入させるからである。そして現実存在とは、精神による、根源的に合理性というものを知らない質料との遭遇以外のなにものでもない。それゆえにアランは次のように断言する。「一つの物の現実存在は、決してその物の性質ないし本性によって定められるのではなく、いつも外からの条件によって定められる」[*25]。ここにもまた、アランにおけるカントの継承があると考えられる。現実存在とは、概念ではなく経験に属するものであり、証明〔preuve〕ではなく試練〔épreuve〕に属するものであるということ。これはアランが、存在論の議論に対するカントの批判から引き継いだものである。

現実存在は推論からは生れ得ぬ。我々の精神の縁、打ち寄せる波、これは別の途によってしか与えられず受け取られぬ。その途とは、即ち経験そのものだ。そして、カントはこのことも言った。簡単に、だが充分に。師を追い越そうとした動きを許してくれたまえ。[*26]

『純粋理性批判』においてカントは「簡潔」に、「存在する（Sein）［ある］〔Être〕は、あきらかになんら実在的述語ではない」[*27]と断じた。現実存在が一個の概念でないのは、これが何らかの論理的推論の基盤の上に確立されることが不可能だからである。すなわち現実存在とは、ただもっぱら経験の次元における遭遇の対象なのである。カントが有名な「一〇〇ターレル」の例を用いながら説明したように[訳注1]、可能的な対象の概念は分析的には、実在の対象と同一である。一方で可能的な対象に現実存在を与えるためには、概念的枠組みから離れて、経験に助けを求めなくてはならない。それゆえ、現実存在についての判断は、必然的にア・ポステリオリな総合的判断なのである。「対象についての私たちの概念が、なにを、またどれだけ多くのものをふくんでいようと、この対象に現実存在を賦与するためには、私たちはやはりその概念から外へ出てゆかねばならない」[*28]。そして経験に向かって「外へ出る」ということは、悟性による諸形式が、感覚によって供給される素材と関連づけられるということによってなされる。概念が知覚に先行するということは、カントにとってはただ「事物が可能であることを意味するけれども、概念に対して素材を提供する知覚がたほう、現実性の唯一の特徴である」[*29]ということを意味する。ここ

＊24　J.-F. Braunstein, « Canguilhem, Comte et le positivisme », dans F. Bing, J.-F.-Braunstein, E. Roudinesco (ed.), *Actualité de Georges Canguilhem. Le normal et le pathologique*, Actes du Xe Colloque de la Société internationale d'histoire de la psychiatrie et de psychanalyse, Paris, Les empêcheurs de penser en rond, 1998, p. 95-120, p. 119-120.

＊25　Alain, *Entretiens au bord de la mer*, *op. cit.*, p. 1346.〔『海辺の対話』一二九頁〕

＊26　Alain, *Entretien au bord de la mer*, *op. cit.*, p. 1358-1359.〔同一四九頁〕

＊27　E. Kant, *Critique de la Raison pure*, *op. cit.*, A 598/B626, p. 533.〔『純粋理性批判』六〇四頁。なお、ここでの〔〕内は邦訳による注記〕

＊28　*Ibid.*, p. 535.〔同六〇六頁〕

＊29　*Ibid.*, p. 281.〔同二七六頁。但し、カントの原典における dessen blosse Moglichkeit という語を、邦訳は「概念がたんに可能であること」と解釈し、ロートが参照しているアラン・ルノー版仏訳は「〔概念によって知覚に先行して示される〕事物がたんに可能であること」と解釈している。ここではロートの議論の根拠となっている仏訳から訳出する〕

で言われていることとは、現実とは「経験の質料的条件と関連するもの」[30]でしかないとする経験的思考に関する第二の要請が、より「簡潔」ではない形で述べていることである。この「経験の質料的条件」とはすなわち、感覚である。〈原型的知性〉〔intellectus archetypus〕とは異なり、人間の精神はそれ自体では現実存在を生み出すことができない。[訳注2] 現実存在は論理に属するのではなく、感覚に素材を供給する経験の領域での遭遇というものに属しているのである。だからこそ、実在は決してただ理解されることはできない。それというのも、実在はその可能性の条件として、「知覚、つまり意識されている感覚を要求する。［…］ある事物のたんなる概念のうちには、その事物の現存在を示すどのような特徴もまったく見いだされえない」[31]からだ。換言すれば、実在は精神が概念の支配下から出て、自らの管理が届かない地——すなわち経験の地——での冒険へと乗り出すことを要求するのである。

アランによれば、この冒険は、精神に対してふるわれる何らかの暴力なしには済まない。精神が本質的に秩序であり尺度である限り、それは「純粋無秩序」でしかありえない現実存在とは、衝突に至る以外にない。精神の支配する地とは、固有の内在性が支配する地であり、一方で現実存在の支配する地とは、慣性が支配する地である。現実存在の支配する地においては、なにものも遭遇によって以外には生じない。それゆえに現実存在とは、本性的に本質なるものと対立するのであり[32]、そしてまた、すべての形式の源である精神と対立する。「現実存在の秩序とは正しく理由を持たぬものです[33]」とアランは書いている。そして『海辺の対話』はこのことを、老画家のカンバスとハマトビムシの予期されぬ遭遇によって描き出している。

ハマトビムシが回転しながら飛び跳ねていた。中の一匹はまだ乾かぬ画布の上にとまっていた、そして頭の上に空色の絵具の一片を奪いとった。この油とこの絵具はどうなったか。何という奇妙な連繋！　花咲く亜麻、挽かれた種子、製粉所、化学者とその酸化物。箱、絵筆、指物師、木、画家、設計図、鉄道、家と石工。その小さな甲殻類が頭の上にこの奇妙な青帽子をかぶらぬためには、これらの無数の仕事の間で一所が変わればもう充分だった。ハマトビムシの危険な旅、潮流、その他は考えぬとしても。[*34]

ハマトビムシと画布との遭遇が概念によって予想できないのは、アランにとっては、現実存在を一つの閉じられた体系――論理のように――といったものでは囲いこめないということに起因している。事後的に、思考の中において、出来事の最初に位置する遭遇に至る様々な遭遇の連鎖をア・ポステリオリ

*30　*Ibid.*, p. 277.〔同二七一頁〕

*31　*Ibid.*, p. 281.〔同二七五頁〕

*32　アランによる本質と現実存在との対置には、当然カンギレムも注意を向けた。一九五二年に *Revue de Métaphysique et de Morale* に寄せた論文において、彼はベルクソンとアランの間にある共通点とは以下のことに由来するものだと明らかにしている。「この二人の哲学者は［…］それぞれのやり方で、芸術作品においてはいかなる種類の本質も現実存在に先立ってはいないという原則の上に、芸術的活動の理論を構築した」。カンギレムがここでその根拠としているのは『芸術の体系』であり、そこにおいてアランは「いかなる概念も作品ではなく、いかなる瞑想も作品ではなく、いかなる可能的なものも美ではない」と主張している。美であるためには、可能的な作品は必ずや現実存在の神明裁判を通過しなければならない。*Cf.* G. Canguilhem, « Réflexions sur la création artistique selon Alain », *op. cit.*, p. 174.

*33　Alain, *Entretien au bord de la mer*, *op. cit.*, p. 1346.〔『海辺の対話』一二九頁〕

*34　*Ibid.*, p. 1310.〔同七四頁〕

に辿ろうとする者たちにとっては、その遭遇が必然的なものだったと思われることも確かにありえるだろう。しかしながら、そこには有限の宇宙によって無限の宇宙と置き換えようとする「無思慮な要約」というものがあるのだとアランは説明する。

事象中の一切は法則に従っている。だが法則は事象を説明せぬ。それどころか、法則は事象をば本質上説明し得ぬままに現れさせるのであり、一切の偶発事をばありのままに現わさせるのだ。[*35]

明示的にではないものの、ここには〔アントワーヌ＝オギュスタン・〕クールノー[訳注3]によって主張された命題を見ることができる。すなわち、偶発事とは、〔ピエール＝シモン・〕ラプラス[訳注4]の述べるように原因についての無知によって生じるのではなく、むしろ「互いに独立な二つの因果の系列の遭遇」によって生じているのだ、というものである。ハマトビムシとカンバスの遭遇を、我々を原因から原因へとさかのぼらせる外在的な法則によって表象することは確かに可能である。しかし我々が因果の連鎖によって作りあげる表象は、表象それ自体では完成されることができない。遭遇を決定づけたものは、無限定性――遭遇の本義をなすもの――のうちにその姿を失ってしまうのであって、そしてその意味において、現実存在は論理を逃れるのである。従って、一つの宇宙、あるいは一つの閉じられた体系という観念は、単なる精神による一つの見方なのである。そしてこの一つの見方は、精神がそれを捉えようと試みる時には既にその外在性との関係において他なるものへと変じている現実存在というものを、ある因果によって編まれたものである「瞬間 t」に固定させようとするならば、有害なものとなる。

ただ、一つの物が押し、またそれ自身が押されているだけなのだ。一つの現実存在は他の現実存在を、さらに他の現実存在を前提する。しかも、悟性にとっては〈その他〔et cœtera〕〉などありはしない。当人が遠ざかるにつれて周囲の状況がそれだけ重要性を失うなどということは決してない、鈍い医者の眼に対してでなければね。現実存在は常に現実存在を前提する、いつも自分の外にある別の現実存在をね。またそれでこそ現実存在というものだ。[*36]

言葉を換えれば、アランは条件によって現実存在の限界を定めることの可能性を排除するのである。それこそが、『海辺の対話』の画家が伝えようとすることである。

「宇宙は」と老人が続けた。「決して閉ざされてはおらぬ。〔…〕宇宙がたとえどんなものであるにせよ、それはそれであるばかりでなく、それ以外のものでもあるのだ。決してこれでもあれでもない。それは完成されておらぬ、終わっておらぬ。大きなものだろうが小さなものだろうが、あらゆる物の現実存在は、それが絶対に外的だということ、或いはまた、存在物とは絶対に不充分だということ自体のうちにある。常に我々の諸形象の周囲にあり、限界という観念そのものによって限界を超え出ている空間と同様に、現実存在とは、その観念そのものによって、存在物を超え出るということのうちにあるのだ。ところで、常に対象の周囲を見、そのまた周囲を見るこの悟性の態度、

＊35　*Ibid.*, p. 1337.〔同一一六頁〕
＊36　*Ibid.*, p. 1327-1328.〔同一〇二頁〕

これにとくと注意しよう。[*37]

遭遇の連鎖は、絶えずいつでも新しい配置に従って宇宙を描き直しているのであるから、精神は決して自らの安穏のうちに安らいで、何らかの観念が実在とぴったりと重なることがありうるなどと決めてかかることがないよう、用心しなければならない。それは怠惰に陥ることとなるだろう。だが、「怠惰な眼差しの前で、一瞬持続するだけの対象とは一体何であろうか」[*38]と、ラニョーに従ってアランは問う。対象を維持するのは精神の活動である。従って、精神は常に変わりゆく宇宙からの数々の呼びかけに対して、注意を向け続ける必要がある。なぜなら宇宙とは、永遠に我々の思考のカテゴリーを再修正するものだからだ。全く厳密に、「瞬間 t_1」における事物についての観念は、もしこの観念が実在に密着したものであろうとするならば、「瞬間 t_2」には既に再調整されなければならない。アランが、いかなる観念も二度は役に立たないと述べるのは、そのためである。対象が常に新しいものであるならば、観念もまたそれに応じて常に新しくあらねばならない。決して以前そうであったもののままであることがない仮象に、観念を合わせなければならないのだ。

一つの観念は二度役立つことはできない。それがどれだけ素晴らしいものであっても、いずれはそれを応用しなければならないのであり、つまり変形し、変更して、新しい事物に近づけ、新しい事物に一致させねばならないのだ。従って、常に追い求めること、そして決して暗唱しないこと。[*39]

再び、アランにとって、道徳と認識の理論が、いかに緊密に結びついたものであるかが理解できる。現実存在が常に以前とは別のものであるならば、これまでに作り出すことができた諸々の観念を、永久に作業台に載せ続けることは、精神にとっては義務なのである。それは、現実存在がいかなる点においても論理に属するものなどではないという事実と対になっている。むしろ逆に、現実存在は他性として概念に業火の試練を与えるのであって、そこにおいて現実存在は、自らについて作りあげられたものである諸観念を絶えず痛めつけ、捻じりあげ、罷免するのである。従って、概念は現実存在の全体を汲み尽くすにはあまりにも程遠い。それはただある「瞬間t_1」における世界の似姿なのであって、「瞬間t_2」には既に期限切れとなっている。アランにとって「常に追い求めること、そして決して暗唱しないこと」が必要である意味は、このことによって説明されるものである。すなわち、経験の道筋が論理の道筋でないならば、そこに適用される観念とは、決して精神のうちにある観念とは一致しないだろう。なぜなら、現実存在とは閉じられた体系ではないのだから。そして、従って歴史とは、常に自らを新しい仕方で綴っているのであるから。だからこそ、あらゆる観念は必然的に再調整されなければならない。つまり、「悟性にとっては〈その他〉などありはしない」[*40]。現実存在と概念の間には、必然的に、互いに抜きつ抜かれつを繰り返す、追い抜きレースが存在するのである。

　ここでもまた、アランの源泉となっているのはカントであると考えることができる。それというのは、悟性に終着点はないとする主張は、「超越論的弁証論への付録」が示している「超越論的な種別化の法

＊37　*Ibid.*〔同一四七―一四八頁〕
＊38　Alain, Souvenirs concernant Jules Lagneau, *op. cit.*, p. 747.〔『ラニョーの思い出』七四頁〕
＊39　Alain, *Vigiles de l'esprit* (1942), édition électronique disponible sur le site de l'Université du Québec à Chicoutimi (http://classiques uqac.ca), p. 123.
＊40　Alain, *Entretien au bord de la mer*, *op. cit.*, p. 1327.〔『海辺の対話』一〇二頁〕

則」[訳注5]を繰り返すものであるからだ。種別化の法則は、その超越性によって、認識が諸々の特殊性・種別性へと向かっていく無限の進歩を保証するものとして召喚されている。より狭い幅の地平線へと分解される「論理的地平線」[訳注6]のイメージを通して、カントは次の命題を主張する。すなわち、種および属という一般的カテゴリーは、その可能性の条件として、それらが拠って立つことのできる、より種別的な概念を要請するのである。そのために、『純粋理性批判』のこの「純粋理性の理念の統制的使用について」と題された箇所において、カントは種別化の法則を統制的観念の座に昇格させる。なぜなら、種別化の法則は悟性が種の一般性で満足することを禁じ、その反対に悟性に対して、

私たちに現前するそれぞれの種のもとで属を探して、先のおのおのに対してより微細な差異をもとめることを課するのである。[…]現象をその充全的な規定において認識すること[…]は、悟性の概念の種別化が不断に継続されることを要求し、なお依然として残りつづける差異へとすすんでゆくことを要求する。この差異は種の概念においては捨象されており、類の概念にあってはなおさら捨象されていたわけである。[*41]

極めて具体的に、この種別化の法則は、悟性が不当な一般化へと陥ることを禁じる。我々がある個別の現象についての本質を正しく理解したからといって、同じ種に属するすべての現象について知っていると決めてかかってよいということにはならないのだ、と。悟性にとっては「唯一の典型」というものは存在しない。そのようなものは、必ずや経験の歴史的な広がりを無意味化することに帰着してしまうだろう。しかるに、互いに独立した諸々の系列の遭遇は、我々が経験の中で遭遇する対象を無限に多様化

させるものである。そして、この無限の種別性の探求において、常により先にまで進むという使命を前にして、悟性は責任を放棄してはならないのである。それは、一つの観念が二度役に立つことはないからである。すなわち現実存在とは概念にとって常に試練なのであるから、精神は自らがこれまで作ってきた観念を、その作業台に載せ続けなければならないのである。

このことは、行動という観点から見ても、何らかの影響をもたらさないものではない。なぜなら、パスカルも述べたように、閉じた体系というものを持たない現実存在の流れの中に「我々は巻き込まれている」[*42]のだから、「相談づくで事をきめるような者は世界に対して何もなさぬ。行動するとはもっと別のことだ。なぜなら、一切は始められており、世界は待っていてはくれないのだから」[*43]。但し、アランはここで運命論に訴えているというわけでは全くない。我々が現実存在の連続する流れにとりこまれているからといって、必然的にそこで溺れるということにはならないからだ。むしろ全くその反対である。人間が精神であるだけでなく、身体でもあるという点において、「人間は世界のうちにいる」[*44]のだとアランは書く。そしてこのことのために、人間とは、この分割不可能である巨大な「現実存在」を構成している要素となるのである。身体によって、人間はそれ自身もまた、現実存在を生じさせる予見不可能な諸々の遭遇の一つの要素となる。それゆえに人間は、これらの遭遇が生み出す形式に対して影響を及ぼすことができるのである。すなわち、「身体であること、衝撃の権利を持つこと、これが力の出発点

＊41　E. Kant, *Critique de la Raison pure*, *op. cit.*, A656/B684, p. 568.〔『純粋理性批判』六五〇頁〕
＊42　Alain, *Entretien au bord de la mer*, *op. cit.*, p. 1356.〔『海辺の対話』一四五頁〕
＊43　*Ibid.*, p. 1356-1357.〔同一四五―一四六頁〕
＊44　*Ibid.*, p. 1357.〔同一四六頁〕

なのだ。そして我々の手段はことごとく動いており、もう仕事にかかっている」[*45]。

労働——人間的活動のパラダイム

人間が、自らがその身体によって「衝撃の権利」を持つのだと理解することとなる、『海辺の対話』のこの場面において、アランは彼の自由の概念の概略を説明する。なぜなら彼によれば、現実存在について言えることは、自由についても同様に言えることだからである。すなわち、両者とも経験に属するものであり、それらは証明にではなく、試練に属するものだからである。我々がただ存在についての観想で満足しておくならば、自由とは我々にとって空虚な語であるに過ぎない。従ってアランにとって、第一に自由の運命が決定されるのは思考の領域においてではない。それは、職人的な活動という領域において決定されるのである。労働＝仕事〔le travail〕とは、現実存在を構成するこの無限の広がりを持つ因果の系列の網に対する、我々からの「衝撃の権利」の具現化にほかならない。アランは労働を、我々が「純粋無秩序」たる現実存在から、瞬間ごとに、自らを解放するために持っている唯一の有効な道具であると考える。「私はいつも行為のことを言っているのだよ。なぜなら、為すことなくして欲するとは何のことか私には分からないからね」[*46]。そして、F・コドスがその『海辺の対話』の研究において指摘しているように、「人間的活動とは〔アランにとって〕まず何よりも第一に労働である。確かに、冒険もそうである。〔…〕しかしあらゆる活動において、その細部、その取り換えようのない細部とは、労働というものに帰着するのである」[*47]。

自由と実地的経験との間——第三批判書における「見わたしがたい裂け目」[訳注7]（unübersehbare Kluft）

——を調停しようとするアランの試みは、ここでもまた完全にカント的なものである。人間は自らを自由と認識することはできない、ただ自由でありたいと意志することができる。これは、カントが人間存在の二つの性格を論じることによって解決した〈第三アンチノミー〉[訳注8]から、アランが導き出したことである。人間とは、全く同時にヌーメノンであるとともにフェノメノンでもある。すなわち人間とは一個の二重性なのであり、フーコーが述べた通り、「経験的‐超越論的二重体」なのである。自然としての資格においては、人間とは、これを原因および外部（テーヌはそれを「環境、人種、時代」と呼んだ）から説明しようとする悟性にとっては、一個の対象である。人間諸科学といったものが存在しうるのは、このことのためによる。しかしながら、そしてこれこそがアランがカントの反省的な姿勢から引き継ぐことなのだが、これらの「諸科学」の誤りは、自らが悟性によって構成されたものであるということを忘れてしまう点にある。科学の活動とは、自らには見えていない、一つの選択から生まれているのである。科学を説明することとは、従って、その科学を生むこととなった選択について検討することを意味する。この検討こそは、思考の反省的分析にほかならない。そして、その分析の第一の目的とは、科学的なものであれ、政治的であれ美学的であれ、あらゆる人間の活動の根底に存在している、価値に関す

＊45　*Ibid.*〔同一四七頁〕、「衝撃の権利」の観念を通じて、アランはここで、ラニョーがメーヌ・ド・ビランに倣って主張した立場に帰着している。「外界から孤立している思考する存在は、自らを活動的と認識することはできないであろう。自らを活動的と認識することとは、自らの外部にある世界における、自らの行動の反響を感受するということだからである。」*Cf.* J. Lagneau, *Célèbres leçons*, *op. cit.*, p. 193.

＊46　Alain, *Entretiens au bord de la mer*, *op. cit.*, p. 1361.〔同一五三頁〕

＊47　F. Khodoss, « Le poème de la critique », *op. cit.*, p. 237.

る判断というものの存在を明らかにすることにあるのである。ここにあるのは、超越論的議論である。諸科学の構成原理であるからには、悟性それ自体は科学の対象とはなりえない。あらゆる表象は悟性による悟性のためのものであり、それゆえ悟性は表象されることを逃れるのである。ここにおいてアランは、カントが理性に与えていた特性、つまりそれが本質的に「規定するものであり、規定されうるものではない」[*48]という特性を、悟性へと移し替えるのである。これらすべてからの帰結は、よく知られている。カントのパースペクティブは、唯一ではなく二つの「自己〔moi〕」を認める。すなわち、因果性に支配されるものである、対象としての自己たる経験的主体と、科学が可能となる条件であり、従って科学を超え出るものである、総合の活動たる超越論的主体である。そしてアランにとっては、唯一自らに対して自由を表現することができるのが、この科学を超え出るものである悟性にほかならない。但し、まさにそのことによって、この悟性というものは表象されることが不可能なのである。我々が、自らを自由であると認識できないのはそのためである。そして、我々はただ、自由であろうと決心することができるのである。

この自由の概念を念頭に置きつつ、ここからは再び『海辺の対話』の議論を辿ることとしよう。一五年後における実存主義の成功の理由となる主題を先取りする形で、アランは次のように主張する。「人間は世界のうちにいる。そこに自分の席を作らなくてはならぬのではない。そこにいるのだ。そこに泳いでいるのだ[*49]」。ぼんやりとした表現で述べられているが、そのメッセージは明瞭である。すなわち、人間は現実存在たることを選ぶのではない、彼はそれを課せられているのだ。人間が世界において居場所を手に入れる必要はないのだとするアランの言葉は、その意味で理解されるべきである。望もうが望むまいが関係なく、人間はそこに存在しているのである。但し、それは人間がただ無力に事物の流れに従わねばならないということを意味するのでは全くない。現実存在の只中で人間が居場所を手に入れる必要がないという事実からは、人間にとってはすべてが当為であり、要するに出来事になされるがままに任せねばならないという事実が導かれるわけでは決してない。すっかりできあがっている生などというものはなく、あるのはただ、これから作っていくべき生だけである。それを望もうが望むまいが、我々は事実として常に既に我々の運命の構成に加わっている。それだけが、唯一の認めるべき事実である。ひとたび現実存在に委ねられた限りは、人間は自らの「衝撃の権利」を行使しなければならない。「ユリシーズは、泳ぎ続けながら返し波を聴き、波の高みから見た。たとえ屍となっても、なお水をおし分けたことだろう」[*50]。なぜなら存在するとは、そこに参加するということだからである。この参加という関わりは、アランによれば、我々が日々あけくれている周囲の環境との無数の討議を通じて現れる。我々の身体は、確かに常に諸々の因果の系列の遭遇に巻きこまれている。我々の身体はそれ自体、この系列をつなぐ鎖の輪の一つでもあるのである。我々が精神であると同時に身体であるからには、我々は現実存在の様々の遭遇がいかなる形態をとることとなるかに対して、我々の身振りによって作用することができる。これこそが我々の「衝撃の権利」である。そしてそれは、我々に対して影響を与えてくる他の現実存在に対して影響を与え返そうとする、職人的な活動というものにおいてよりいっそう顕著となる。アランに従えば、人間の技術とは、この僅かな余地の自由を開拓すること以外のなにものでもない。あらゆる活動は阻まれることもある以上――無数の失敗や、ときに致命的となる事故というものを

＊48　E. Kant, *Critique de la Raison pure*, *op. cit.*, A 556/B 584, p. 509.〔同五七〇頁〕
＊49　Alain, *Entretiens au bord de la mer*, *op. cit.*, p. 1357.〔『海辺の対話』一四六頁〕
＊50　*Ibid.*, p. 1357.〔同一四六―一四七頁〕

思い起こしてみよう――この余地は僅かであるが、しかしそれでもこれは自由の余地である。なぜなら自らが置かれている場所において、アランの言うには「その持ち場において自由」に、人間は「人間の労働のあの鎖の一点、貯えと道具に支えられ、助けつ助けられつ[*51]」行動することができるからである。後にカンギレムは、この労働と自由の連関というものを、アランの哲学の重要な観念の一つと見なすこととなる。一九五二年の追悼論文において、彼は次のように書いている。

> 人間が自然に付け加えるもの、それが労働である。アランにおいて、想像力は一つの光景であることを止めて、労働的過程となる。[…] この観念は、ヘーゲル起源というよりは、ヘーゲル的様式を持つものである。というのも、何よりも素晴らしいことに、アランはヘーゲルを丹念に読む前に、この観念を作り出していたからである[*52]。

アランにおいて労働-自由の連関が「ヘーゲル起源というよりは、ヘーゲル的様式を持つもの」だというのは、ヘーゲルが労働とは確かに自由を可能にするものであるとしたが、但しそれは奴隷についてのみそうなのだと主張したことに由来している。『海辺の対話』において、アランは労働と自由を結びつけながら、制限抜きで、この奴隷の視点を普遍化するのである。

ここで我々が論じているのは、アランの思想のある根本的な場面である。そしてこの場面は、やがてカンギレムの規範と健康の哲学に深く影響することとなる点において、ひときわ重要なものである。知覚についての反省的様式による分析を通じて、我々は、いかにして精神が常に既に、秩序も限度もない世界に形式を与える活動というものに参加していることとなるのかを見た。また、我々は上記において、いかに身体もまたそれ自体が、この対立の活動、すなわちそれによって自らを周囲の現実存在から――換言するなら、世界から――解放する手段である労働というものに、常に既に参加しているかということを見てきた。そこからは次の結論が得られる。精神の位相（知覚）においても、身体の位相（労働）においても同様に、世界が人間に対して抵抗するものなのだとすれば、これは我々の思考についても、そして我々の活動についても、それらを可能にする条件とは、まさにこの抵抗それ自体こそにあるのだということを意味する。「世界のうちにいる」ということはアランにとって、常に既に、世界に対立しているということである。「すべてはあなた方にとって、闘いであり、討議であり、勝ちとることなのです」[*53]と、彼は先に触れた演説「眠り悪徳商人」で生徒たちに呼びかけている。この五〇年後に、カンギレムが世界の中にある人間という問題を語っている方法を参照するならば、このとき生徒たちが学んだこととは、次のようなことだったろう。「衝突は人間における思考と生命のあいだにあるのではなく、生命についての人間的な意識における人間と世界のあいだにある」[*54]。カンギレムが言わんとすることは、これ以上なく明らかである。すなわち、世界に対する人間の関係とは、衝突し、論争的なものでしかありえないのである。我々は衝突に取り囲まれている。この衝突が存在する理由は、生きるものに関するある特定の概念に見出すことができる。ここで、カンギレムの「慣性と無差別性に対立する活動」[*55]とし

＊51　*Ibid.*, p. 1360-1361.〔同一五二頁〕
＊52　G. Canguilhem, « Réflexions sur la création artistique selon Alain », *op. cit.*, p. 180.
＊53　Alain, *Les marchands de sommeil*, *op. cit.*, p. 4.
＊54　G. Canguilhem, « La pensée et le vivant », dans La connaissance de la vie, *op. cit.*, p. 9-10.〔『生命の認識』五頁〕
＊55　G. Canguilhem, « Vingt ans après... », *op. cit.*, p. 173.〔『正常と病理』二一八頁〕

ての生命の定義を思い起こしておこう。なぜなら、この概念はある部分においては、アランから若きカンギレムへと受け渡された哲学的思考の様式によって鍛造されたものと考えられるからだ。一方のアランによる思考の本性についての諸命題と、他方のカンギレムの「生きているもの」に関する見解との間には、実際のところ、見紛いようのない類似がある。簡潔に言うなら、アランが反省的分析を土台として「考えることとは、否と言うことである」と主張したとすれば、カンギレムは医学を論拠としながら、生きることとは否ということだと述べたのである。そして両者ともにおいて、そこで重要であったのは、あるがままの世界、言葉を換えれば事実というものに対して、あるべきもの、すなわち価値というものを対立させながら、否と言うことだったのである。

とはいえ、この精神と世界の永遠の対立という関係は、これらが互いに分離した状態で捉えられうるということを意味するわけではない。むしろその反対なのである。すなわち、精神と世界とは、この本来的な対立において、そしてこの対立によって、本質的に結びついているのである。知覚の反省的分析を通じて、ラニョーは精神が世界を生じさせることを示した。しかし、これに関して師がした以上にアランが強調したこととは、世界もまた全く同様に精神を生じさせるのだ、ということであった。この観念こそは、それはコントにおいても存在していたのだが、アランが後になってヘーゲルに発見することとなるものである。『精神現象学』が第一に目指していたのは、世界の意識による自ら自身についての意識へのたゆまぬ移行というもの、そしてその反対の、自らについての意識から世界の意識へのたゆまぬ移行というものを、明らかにすることではなかっただろうか。ヘーゲルにおいてもアランにおいても、精神が世界を生み出すのと全く同じように、世界が精神を生み出す。思考された対象は常に思考している主体を参照させるとともに、その逆もまた然りなのである。ここにおいてもまた、アランの哲学の方法を忠実に辿るならば、『純粋理性批判』へと我々は立ち戻らされることになる。「超越論的分析論」は、精神とは実体のようなものでは全くなく、それはまず何よりも形式を与える活動なのだということを明らかにした。しかしそれゆえに、精神は直接的な直観によっては自らに辿り着くことができない。すなわち、認識を可能にする条件である限り、精神それ自体は認識の対象となることができない。アランが世界／精神の連関を導入するのは、この段階においてである。確かに、精神は自らが作り出すもの、つまり思考というもののうちにおける反映の効果によってしか、活動としての自らを捉えることができない。ラニョーは、反省的分析の第一の目的とは、「我々のどんな些細な思考の中にも思考の総体を見出す」ことにあると言っている。しかるに、思考のただ一つの対象は世界である、とアランは述べる。精神は結局のところ、自らを何か自らでないものとして考えることなくして、自らについて考えることはできないのである。対立からこそ、結合が生まれるのである。

ここで一点、明確にしておかなければならない。すなわち、結合は融合を意味するのではないということである。アランにおいては、我々が世界に対して結ぶ、起源的に論争的である関係を超え出るような〈止揚〉というものは存在しない。これは道徳に関わる議論である。事実に対する我々の対立は解消されてはならない。なぜならそのような解消は、すぐさま既存の事実への崇拝と運命論、つまり「この世の真の悪」[*56]へと至ってしまうだろうからである。政治的には、アランは「留保なき平和」を徹底的に擁護した。しかし哲学の次元では、彼はその反対に、世界に対して宣戦布告し続けたのである。彼によ

＊56　Alain, *Mars, op. cit.*, p. 704.〔*Mars* の最終章である « Des méchants » ＝「邪な人々」の一節。同章は、本訳にて参照した白井成雄氏による抄訳『裁かれた戦争』には収録されていない〕

れば、精神/世界の二元論は断固として維持されねばならない。すなわち、それは道徳を可能にする条件である。精神への信頼と、自由であろうという決心とは、アランにとって同じことを意味している。精神は事物ではないのだから、それは現実存在の因果法則による決定論を逃れる。アランが精神を「甘受すること、従うこと、消滅することの拒否」[*57]だと見なすのは、そのような意味においてである。そして精神とは、世界の無秩序と無関心に対する、純然たる反作用なのである。決定論においては、事実が支配する。精神においては、自由が支配するのである。但し、この自由は絶対的なものではない。というのも、実際に、精神がこの自由を実現できるのは、自らに対して抵抗し、そしてその自発性に制限をもたらしてくる何らかの現実存在との、対決においてしかないからである。観念論者の誤りは、ほかでもなく、精神が世界と結んでいる対立と抵抗の関係を性急に解消してしまうところにある。具体的に言うならば、行為を思考から切り離すことができると考える点において、観念論者は間違っているのである。アランによれば、そのためにバークリは、あらゆる真の知覚は、その条件として労働の努力を要するのだという事実を顧みなかったのである。

労働の対象でもあれば支えでもある外的必然性、それこそが我々が世界と呼ぶものだ。[…]あの水は色、涼気、音に過ぎぬ限りでは、決して実在はしないのだ。だが諸君、あの海のところへ砂の色を置こうとしてみたまえ。堤防と石運びとが必要だろう。一つの性質は他の性質によってしか変化せぬ。それも、労働によってのことだ。あの馬のように、ひっぱらねばならぬのだ。[…]もしこの野原を家のように変えようと思えば、車による運搬の日々、石工の日々が必要だ。[*58]

そしてアランは、わざと乱暴な仕方で次のように結論する。「バークリには鋤と鶴嘴を使うことが欠けていた。彼には万事が偉い坊さんの晩飯みたいに運ばれてきたのだ」[*59]。

外部の無秩序による持続的な抵抗の存在を精神に対して明らかにする労働というものによって、我々は世界が夢ではないことを知る。職人的活動とは、自らに抵抗する世界に対する努力であり、そしてそれによって世界の現実を明らかにするものである。それは翻れば、この活動は、経験との接触なしにはそれ自体では意味を持たないのだということを意味する。このことから、アランは哲学における実例や個別事例というものの重要性を認める。なぜならそれは、経験から乖離した言説が行き着くあらゆる弁証法の流れを予防するからである。『ラニョーの思い出』において、この教え子は、部屋の窓から見える〔石工たちが使用している〕巻き揚げ機の機能について、恩師が絶えず問い直していたことを語っている[*60]。それは単なる挿話に過ぎないのだろうか？　もちろんそうではない。個別に対するラニョーの執着は、アランによって「悟性の哲学」、すなわち経験に密着し、自らが遭遇する対象の単独性に注意を注ぐ思考というものについて理解されるべき範型を示す例であるとみなされる。ここでも再び、アランは明らかに『純粋理性批判』から、特にカントが図式論の問いに取り組んでいる箇所での難解な一節から、その着想を得ている。この「人間のたましいの深みに隠された一箇の技術」[*61]たる、カテゴリーの一般性と

＊57　Alain, *Commentaire de La Jeune Parque*, Paris, Gallimard, 1953, p. 40.
＊58　Alain, *Entretiens au bord de la mer*, *op. cit.*, p. 1344.〔『海辺の対話』一二六―一二七頁〕
＊59　*Ibid.*〔同一二七頁〕
＊60　Alain, *Souvenir concernant Jules Lagneau*, *op. cit.*, p. 758.〔『ラニョーの思い出』九二―九三頁〕
＊61　E. Kant, *Critique de la Raison pure*, *op. cit.*, A 141/B 180, p. 226.〔『純粋理性批判』二〇五頁〕

感覚によってもたらされる直観の単独性とを調停することを悟性にとって可能としてくれる図式なるものは、『海辺の対話』からは意識的に姿を消している。しかしこの書物の目指したすべてとは、我々をこの「隠された技術」に気づかせることであり、精神をその実在的な行使において、すなわち感知されるものとの恒久的な討議において示すことである。なぜならアランにとって図式論とは、単なる悟性の使用ではないからだ。その反対に、そこで論じられているのは、一つの同じ行為の中に知覚と想像力を結合させる、悟性そのものなのである。そして具体的なものに対するこの恒久的な注意、単独の経験に対するこの途切れることのないつながりこそが、悟性が弁証法的な〈理性〉へと転じることを防ぐのである。

なぜなら、抵抗する自然から切り離された悟性は理性となり、証明しか見出さなくなるが、物に密着し、常にこれを抱き込んでいる理性は悟性となる。[*62]

『海辺の対話』が、「悟性の探求」をその副題としていることを思い出そう。そして悟性とは、精神を世界に対して争わせることによってしか求められないのである。右の言葉は、いかに『海辺の対話』全体にカントの影が漂っているかを、もう一度確かめさせる。精神が世界から独立して自らを捉えることはできないということ、それはアランが〔カントの〕観念論への論駁による定理から得たものである。すなわち、「私自身の現存在についてのたんなる意識、とはいえ経験的に規定された意識によって、私の外部にある空間中の対象の現存在が証明される」[*63]。『カント哲学に関するセルジオ・ソルミへの手紙』において、アランはこの観念論への論駁について、そこには「私が非常に崇敬する定理」[*64]があると打ち明けている。それがなぜであるかは容易に理解できる。アランが精神と世界の間にあるべき関係という問題に与えた論争という転機は、彼の精神についての哲学の基盤であると同時に、彼の道徳、および彼の政治的ラディカリズムの基盤でもある。カントにおいては、観念論の論駁はもっぱら認識論の領域においてなされている。そこで目指されるのは、私が私の外部の独立し永続的であるなにものかの現実存在を前提することなしに、私固有の現実存在について思考することは不可能だということを明らかにすることである。アランはこのカントの議論を繰り返すものであるが、但しその射程に、重大な変更を加える。なるほど、確かに精神は自らの外部に独立した他性、すなわち物自体の存在を認めることによってしか、自らについて捉えることができない。しかし、そこにアランは次のことを付け加えるのである。精神は、自らの規範とは対立する規範を持つ物質との論争においてしか、自らについてそのように思考することはできないのである、と。カントが精神の外にある世界を主張するところで、アランは世界に対する精神を主張するのである。このようにして彼は、超越論的観念論に論争という転換を加える。すなわち、精神が質料にその形式を当てはめるのは、強制と、闘いと、討議とによってなのである。このことは、労働を通じて、自らに影響を与える他の物体に対して自らこそが影響を与えようとするものである身体についても、同様である。アランにとってはそれゆえ、認識の理論とは決して無償のものではない。認識の理論は、常に道徳的な配慮と混ざり合っているのである。そしてここにおいてもまた、そこにはラニョーの教えが関わっている。

＊62　Alain, *Entretiens au bord de la mer*, *op. cit.*, p. 1275.〔『海辺の対話』二二一頁〕
＊63　E. Kant, *Critique de la Raison pure*, *op. cit.*, B275, p. 283.〔『純粋理性批判』二七八頁〕
＊64　Alain, *Lettres à Sergio Solmi sur la philosophie de Kant*, *op. cit.*, p. 12.〔『アラン、カントについて書く』七五頁〕

訳注

1――「現実の百ターレルは、可能な百ターレル以上のものを、ほんのわずかであれふくんでいない。〔…〕私が、したがって或る事物を、どのような述語によって、あるいはどれほど多くの述語によって思考しようと（充全的な規定において思考する場合であってさえ）、私がさらに『この事物が存在する』と付けくわえたところで、ほんのわずかなものもこの事物に付加されることはない」。邦訳『純粋理性批判』六〇四―六〇五頁を参照。

2――『判断力批判』第七七節「自然目的という概念を私たちに対して可能とする、人間悟性に特有なありかたについて」（邦訳『判断力批判』熊野純彦訳、作品社、二〇一五年、四二七―四三四頁）の人間的悟性と偶然性の不可分性と、この人間的悟性の特性が、普遍性の理念を志向することとは矛盾しないことについての議論を参照のこと。

3――Antoine-Augustin Cournot (1801-1877) フランスの数学者、経済学者、哲学者。

4――Pierre-Simon, Marquis de Laplace (1749-1827) フランスの数学者、天文学者。大革命期に活躍し、ナポレオン一世に重用されて、フランス公教育に強い支配力を及ぼした。解析学に優れ、天体の運行を説明する天文力学をうち立てた。クールノーは、このラプラスの確率論に対し、偶然性の位置づけに関して反論を行なった。

5――邦訳『純粋理性批判』六四九頁。

6――同六五一頁。

7――邦訳『判断力批判』一三頁。「さて、この見わたしがたい裂け目が、感性的なものとしての自然概念の領域と、超感性的なものとしての自由概念の領域のあいだには確固として存在している。」

8――邦訳『純粋理性批判』四八三―四九〇頁、および五五二―五七二頁を参照。

第五章　反省的分析の道徳的帰結

認識の理論を経由する道徳

『ラニョーの思い出』で、アランは何度も繰り返して「ラニョーは決して道徳を論じなかった」[*1]と述べている。「真理のための同盟」[*2／訳注1]の短い憲章を除いては、事実として我々には、この教師が明確に道徳を論じている講義を辿ることを可能にしてくれるような、いかなる記述的・口述的証言も得られていない。だがその反対に、暗黙の形で述べられたことについては、事情は全く逆である。知覚や判断に関する専門的な分析からやや離れて、ラニョーの書き残したものを総合的に見直してみれば、彼の哲学が実際には、ただ精神の哲学と言うだけで尽きるものではないということがすぐにわかる。テクストの基底を支えているメッセージはそれとは別のところにあり、そして全くの留保抜きに、ラニョーは道徳しか

＊1　Alain, *Souvenir concernant Jules Lagneau*, *op. cit.*, p. 720 et 739.〔『ラニョーの思い出』二五頁および五八頁〕

＊2　J. Lagneau, « Simples notes pour une programme d'union et d'action », *op. cit.*

論じなかったのだと断言しても殆ど差し支えはない。確かに、我々は彼の書いたものの中に、この種の問いをはっきりと論じた授業を見つけるということはできないだろう。アランが考えた通りに、「恐らくは、言説における道徳は易きにすぎると彼は考えていたのだろう」[*3]。また同様に恐らくは、彼は授業課程に組み込まれた道徳の授業に、教会による公教育の掌握を許すこととなってしまう、姿を変えた教理問答を見ていたのかもしれない。第三共和政下の教師として、ラニョーはライシテ〔宗教からの独立〕を心底から大事にしていた。A・カニヴェスが伝えるように、一八九二年、教え子であり友人でもあったポール・デジャルダン（一八五九—一九四〇年）が教皇レオ一三世に謁見を許され、その中で、ラニョー自身その発起人であった「真理のための同盟」がカトリック教会と〔第三共和政〕国家の「ラリマン〔合流〕」に賛同していることが明らかになると、彼はその「真理のための同盟」を脱退したのである。[*4]

だが、たとえそうであったとしても、ラニョーのテクストの総体に、確かに切り離せないものとして道徳的関心が存在していることは間違いない。彼の思考のこの側面が見落とされてしまうとすれば、それは彼による道徳哲学の実践の方法が、全く伝統的なものではなかったからである。一度たりとも、彼はよき振舞の基準を呈示したりなどはせず、また、かれこれの道徳的問いに対して、彼の先達者である哲学者たちが何と言ったかを説明したりもしない。ラニョーは、思考の本性についての考察、つまり、精神が世界と結ぶ関係についての考察を経由することで、彼の道徳を論じるのである。確かに、言葉それだけで教理問答を与えることはできる。しかしそれらの言葉は、道徳を基礎づけることはできない。真の道徳とは、論証されたものでなければならない。そしてラニョーは、認識の理論を経由することに、道徳的に正しい態度を発見するための手段を見出すのである。この点によってこそ、彼は哲学的思考の一つの様式を生み出すこととなるのであり、それはやがて彼の教え子たちに深く影響を及ぼすものとなる。すなわちアランはもちろんのこと、カンギレムにもその影響は見られる。環境という主題を論じた彼の重要な論文〔「生体とその環境」〕は、恐らく環境という概念が形成される過程を辿ることよりも、むしろ現実存在についての決定論的理解を批判することの方を目的としたものである。そしてそれは、彼の哲学博士論文についても同様に言える。そこにおいてカンギレムは、自分は「一七世紀と一八世紀における反射概念の形成」を研究しながら、「人間の尊厳」[*5]を擁護することに力を注いだのだと、婉曲的に打ち明けている。

認識の本性についての反省的な考察を経由することによって道徳を実践するこの技法は、アランにおいても同様に見ることができるものである。我々は先に、アランがカントの精神の哲学に注いだ関心というものを見てきた。つまり、アランの目から見てカントの哲学とは、我々が実践の次元において決定論を振り払うために必要とするすべてを、哲学的な次元において提供してくれるものなのである。決定論とは誤った、有害な観念である。すなわち、カントが示したように我々は部分的に世界を構成するのであり、世界を受動的に受け止めるものではないという点から考えて、それは誤っている。またそれは、現実存在が我々にとって身を委ねるべき抗うことのできない運命であると信じこませるという点で、有害である。既に書かれた未来などというものは存在しない。そして、すべてがすっかり出来あがった生

＊3　Alain, *Souvenir concernant Jules Lagneau*, *op. cit.*, p. 739.〔『ラニョーの思い出』五八頁〕

＊4　A. Canivez, *Jules Lagneau, professeur de philosophie. Essai sur la condition de professeur de philosophie à la fin du XIX*^{e} *siècle*, *op. cit.*, tome 2, p. 423-424.

＊5　G. Canguilhem, *La formation du concept de réflexe aux XVII*^{e} *et XVIII*^{e} *siècles*, *op. cit.*, p. 7.〔『反射概念の形成——デカルト的生理学の淵源』金森修訳、法政大学出版局、一九八八年、一二頁〕

などというものもまた存在しない。存在するのは、ただ我々の全責任において、これから作るべき生というものだけである。

決定論の根源的な否定は反省的「思考様式」の大きな特徴であり、その点からみれば、この「思考様式」に賭けられていたものとは、認識論的というより道徳的である。ラニョーとアランにとって、認識の理論はそれ自体が目的なのではない。そしてそれは、『生命の認識』において、その冒頭から、「食べるために食べること、あるいは殺すために殺すこと、あるいは笑うために笑うこと以上に、知るために知ることの方が道理にかなっているなどということはまずない」[*6]と断言しているカンギレムについても同じである。この言葉は、半世紀以上を科学史に費やした人物が発するには、驚くべきものと映るかもしれない。しかしカンギレムが歴史家であるのは、彼が哲学者だからである。すなわち、彼が生命科学の歴史を論じるのは、認識の理論よりも、むしろ道徳哲学に関わる主張を根拠づけるためである。言葉を換えれば、カンギレムにとって認識論＝エピステモロジーとは、道徳的次元に結びつく契機を持たない限りは、意味も価値も持たないのである。もちろん我々は、エピステモロジーという問いの契機がこれら三人の哲学者にとって重要性を持たないものだと言いたいわけではない。もしそうだとしたら、どうして彼らは何千という紙幅を費やしたのだと言うのだろう。世界／精神の関係というエピステモロジーの問いは、間違いなくラニョーとアランの思考の核心にある。しかしそれがそのような位置を占めているのは、目的というよりも戦略に関わる理由のためなのである。

説明しよう。アランとラニョーが、精神／世界の関係を知覚についての反省的分析を基盤として問うたことは、先に見た通りである。そしてこの反省的分析は、秩序も限度も持たない素材＝質料を組織化し、価値づけるものとしての、精神の本質的に活動的な役割を明らかにするものであった。これこそが、エピステモロジーの問いの契機であった。しかし、この契機はさらにこれを越えて先に進むべく定められている。なぜなら、これらの思想家たちにとって、認識の理論は決してただそれだけのものとしてあるのではないからである。つまり、精神が質料に形式と意味を与えるという事実は、すぐさま、事物の秩序に対する人間性の不服従のあかしであると解釈されることとなるのである。それを望むと望まないとに関わらず、我々は常に既に世界に対立しているのであり、そしてそれはこの最も原基的な段階において、すなわち知覚という段階において、そうなのである。実際にラニョーとアランは、精神が質料に形式と意味を与える活動を、事物の秩序に対する抵抗として考察している。そこからは、ある種の〈ア・フォルティオリ〉の論理が展開される。もし、知覚の原初的な段階で精神が世界のカオス的な秩序を拒んでいるのだとすれば、いわんや〔*a fortiori*〕、明らかに諸々の価値の選択を伴う様々な活動（政治というものを思い起こしてみよう）において、人間は事物のありようを前に、たとえば戦争に不可避という性格を認めたりしながら、これを甘受したりなどしてはならない。従って、ラニョーとアランにとって知覚とは、そもそも我々は事実の構成に常に既に参加しているのであるから、我々はいかなる形においても既存の事実を受け入れるべく運命づけられてなどいないということの、「証拠」を提供してくれるものである。世界は我々抜きに生じるものではない。知覚の反省的分析はそのことを立証する。そしてそこには、我々が決定論を打破するための拠点とすべき出発点がある。哲学における反省的「様式」の担い手たちにとって認識の理論は目的ではないのだと我々が主張するのは、この意味においてである。認識の理論は、エピステモロジーよりはるかに道徳に関わる目的を持った意見を「裏づける〔jus-

＊6　G. Canguilhem, « La pensée et le vivant », dans *La connaissance de la vie*, *op. cit.*, p. 9.〔『生命の認識』四頁〕

tifier〕」ために召喚されているのである。アランの場合、その政治的急進性と事実への不服従という倫理は、明らかに精神の哲学によって決定づけられている。但し我々はその反対に、彼の精神の哲学は、彼の道徳によって決定づけられていると言うこともできるのではないだろうか。認識の理論と倫理、二つのうちのどちらが先行しているのかを知るのは、困難なことである。

懐疑——自由の証拠

たとえ道徳と認識の理論のいずれが先に立つのかという問いに答えることができないとしても、我々はラニョーとアランによって展開された反省的「様式」においては、次の議論こそが不動のものであったと見なすことができる。すなわち、我々が自らを取り巻く世界を常に部分的に構成しているのだということを、エピステモロジーの次元で知覚の分析が明らかにできるとすれば、そこから我々は、実践の次元において、事物の流れを受動的に受けいれることはないという結論を引き出すべきである。知覚の最も原基的な段階で、事物は既に我々の刻印、すなわち精神の刻印を受けているのである。精神は、「外部」に属するのではなく、それ自らに属するものである原理に従って振舞うことによって、世界のあらゆる価値の源泉となっている。言葉を換えれば、精神が事実の決定論的論理を断ち切って、これを別の論理で置き換えたときに、価値はその姿を現すのである。「価値を持つこととは、自由に向かって存在すること、自由に向かって実在することである」[*7]と、〔ラニョーの〕「神の現実存在についての講義」は断言している。

但し、世界における自由の現実存在について、まだ「証明」しなくてはならない。反省的「様式」がいかにカントに多くを負っているかを考えるなら、ラニョーもまた、道徳法則が構成する、あの実践理性の「理性の事実〔Faktum〕」に言及するのだろうと思われるかもしれない。しかし、この場面でのラニョーの議論は、デカルトの影響の下で読まれたカントというものに向かって展開することとなる。それというのも、彼にとって、自由の「証拠」とは、「思考は決して必然性の顕現に結びつけられるものではない」[*8]という反省的な証明のうちに存在するものだからである。これは彼の「神の現実存在についての講義」が強く主張することのうちの一つであり、そして恐らく想像される通り、多くを『省察』に負うものである。

どれだけ悪霊が強力であろうとも、それは決して精神に、絶対的に強制することはできない。精神はそれでもなお、侵すことのできない自由の余地を所有するであろう。そしてこの自由の余地とは、判断の停止というものにおいて表されるものである。

ある真理が思考にとってどれだけ必然的に見えようと、真理は決して思考に対して絶対的必然として現れることはできない。なぜなら思考が思考する限り、思考はなぜその問題となっている必然性が自分には絶対的と認められるのかを、常に自問することができるからである。そして思考がそのことを自問できるという事実それ自体において、この必然性は絶対的であることを止めることとなるのである。[*9]

＊7　J. Lagneau, *Cours sur l'existence de Dieu*, dans *Célèbres leçons et fragments*, *op. cit.*, p. 306.
＊8　*Ibid.*, p. 302.
＊9　*Ibid.*

それゆえにラニョーにとって、世界における自由の実効性の「証拠」となるのは、懐疑の行使——精神の最も高度な活動の一つ——である。「すべての物体には重さがある」という命題があるとしよう。この命題の必然性は精神にとって認められるもののように見える。物体の概念そのものを分解させたくなければ、物体の観念は重さの観念から切り離すことができないからである。ラニョーは、このような命題が必然的であることは否認しない。しかし彼はただ、そこに絶対的な必然性を認めることを拒むのである。なぜなら、ある命題（「2＋2＝4」、「すべての独身者は結婚していない人間である」等々）がどれほど必然的であろうとも、我々は常にその必然性を問う自由を有しているのだとラニョーは述べる。換言すれば、我々は懐疑によって、このような命題が精神に及ぼす合理性の強要から、免れる自由を有していると言うのである。もし、ある命題の必然性が絶対的であるならば、全く端的に、その必然性を問うこと自体が不可能となる。なぜならその必然的であるという性格は、我々の側からのほんのわずかな介入もなく、直ちに我々に認められるだろうからだ。言い方を換えれば、我々は論理的必然性を受けいれる以外にないだろう。ラニョーのような反省哲学者にとっては、それは認め難いことである。世界が我々抜きで我々に作用する純粋感覚というものが存在しないのと同様に、我々が外部から強制されるものとしての論理的必然性なるものもまた存在しないのである。我々が精神である以上、我々が常に市民権を持つ。「知覚についての講義」はそのすべてが、世界とは精神こそがある部分において構成するようなものでしかありえない、ということを主張するためになされていた。「神の現実存在についての講義」はこれと全く同じ原理を、但し論理の水準において、論じるものである。必然性とは、精神がそれをそのように認識する限りにおいてのみ、つまりそれに一つの価値を付与する限りにおいてのみ、必然性なのである。そしてラニョーの目的は、この価値づけの活動が機械的ではないことを明らかにすることに置かれる。すなわち、ある必然性がいかに強制的なものであったとしても、精神はなおこれを疑う自由を持っているのである。それゆえ、もし我々が何らかの絶対的なもの（価値）の前で何の不都合もないとしたら、その価値の出自を求めるべき場は思考の側なのであって、思考の外部にある何らかの現実の側においてではないのである。

我々がラニョーにおける懐疑の議論を強調するのは、「カンギレム以前のカンギレム」がこれに極めて大きな重要性を認めているためである。一九二八年の『ジュール・ラニョー名講義』出版に際して、『リーブル・プロポ』の若き編集者が次のように主張しているのを見ることができる。

考えることとは事実を受けいれるのとは別のことなのではないか、事実とはその逆に思考に属するものなのではないかと疑っている者たちは、ラニョーにおいて彼らの懐疑への承認と、そして懐疑こそは唯一重要なものなのだという確証を発見するだろう。[*10]

この主張を、カンギレムはこの二〇年後、『生命の認識』の冒頭から繰り返すこととなる。「思考とは、後退、問いかけ、懐疑（思考することとは重さを測ることである、等々〔penser, c'est peser, etc.〕）を可能にするような、人間と世界の剝離にほかならない」[*11]。この二箇所でのカンギレムの言葉は、彼の恩師たちの「思考様式」に対する、二五年にわたるある種の忠実さを証言するという点で、貴重なものである。

＊10　G. Canguilhem, « *Célèbres leçons de Jules Lagneau*, Nîmes, La Laborieuse, 1928 », dans *Libre Propos (Journal d'Alain)* (20 avril 1929) ; repris dans *Œuvres complètes*, *op. cit.*, tome 1, p. 220-221, p. 220.

＊11　G. Canguilhem, « La pensée et le vivant », *op. cit.*, p. 10.〔『生命の認識』五頁〕

一九二九年に反省という遺産が熱情とともに主張されていたとしたら、その熱情は一九五二年においても完全には失われていない。確かにその遺産はもはやあからさまには呈示されておらず、また後に見るように、それは生の次元へと移し替えられる際に、本質的な再修正を加えられることとなる。しかし、カンギレムが『生命の認識』でまず「思考することとは、測ること＝吟味すること〔peser〕である」と主張するとき、彼は完全に意識的に、アランの最もよく知られた格言の一つを繰り返しているのである。このアランの格言は、「眠り悪徳商人」の中で述べられたものである。[*12／訳注2]「眠り悪徳商人」とは、初期のアランのテクスト、すなわち彼がその事実の崇拝者たちへの批判の論拠を、はっきりと知覚の反省的分析に求めていた時期のテクストのうちの一つである。

一貫して、反省的「様式」は既存の事実への不服従を示す。「剝き出しの事実」、「無媒介性」、「所与」といった、これらすべてのものは、判断する精神の存在なしに世界が成り立っているのだと考えさせるという点で、危険な神話である。それこそが、事実の崇拝者とその他の運命論者たちが論じるところである。しかしアランとカンギレムにとっては、そのようなことは一切ありえない。早く来た構成主義者である彼らは、我々が概念による媒介抜きで、世界に直接に触れることができるのだという主張を否定するのである。経験に現れるすべてのものは、既に精神によって編成される価値づけの活動の痕跡を身に湛えているのだという意味において、我々の世界に対する関係とは、規範形成的なものでしかありえない。世界から我々に対する直接的作用などというものは存在しない。そして、ここからラニョーによる懐疑についての議論へと立ち戻るならば、絶対的必然性を認めるということは、彼にとってはまさしく原初的所与の神話を受けいれることに帰着するのであり、そこにおいては精神による自由な判断は、必然性によって無意味化されてしまうことだろう。だがそれは事実ではない。なぜなら、デカルトは、我々が最も大きな必然性すらも疑うことができるのだと明らかにしているからだ。懐疑とは従って、我々の力能のしるしである。懐疑は精神の本性の範型をなすものであり、そしてそれは、世界が自らにもたらす無数の強制に対する、対立と抵抗の活動以外のなにものでもないのである。

ここにおいても再び、道徳と認識の理論の交錯が、反省的「様式」を特徴づけている。論理の次元での、絶対的と見える必然性に関する批判は、ラニョーにとって、因果的決定論の核心においてすら我々は自由の余地を保有しているのだと証明するための、回り道の方法なのである。確かに、「神の現実存在についての講義」の目指すところのすべては、事実の論理に対して、自由すなわち価値の論理を置くことにある。そして我々は、この事実／価値の対立こそは、カンギレムの哲学にとっての「〔万物の回転を引き起こす〕最初の一撃〔chiquenaude initiale〕」をなすものであると考える。それゆえに、そして今日まであまりに容易に認められてきたこととは反して、我々はカンギレムがその最初期の哲学の武器を鍛え上げたのは、ニーチェにおいてであるよりもむしろ、ラニョーの「神の現実存在についての講義」のようなテクスト——言い換えるならば、価値の反省的分析——に触れることによってであると主張したい。

このことは、特に一九二六年から一九三九年に発表された著作を集めたカンギレムの全集の第一巻によって、確かめることができるものと考えられる。実際そこにおいては、ニーチェの名前は、カンギレム自身のテクストよりも、編者たちによる様々な解説の中で言及されていることが確認できるのだ。我々はカンギレムのニーチェとの長い時間にわたる関わりを否定しようというのではない。一九三二年に『方法〔・哲学教育雑誌〕』に掲載された論文で既に、この若いドゥエのリセの教師は、アグレガシオ

＊12　Alain, *Les marchands de sommeil*, *op. cit.*, p. 3.

ンの課題にニーチェの名が不在であることに対して抗議している。[13] そして何年も後になってから、カンギレムはミシェル・フィシャンに次のように打ち明けている。「私は証明書なしのニーチェ主義者なのです！〔je suis un nietzschéen sans carte !〕」[14]。ヴァレリーと同じように、この力への意志の哲学者は、カンギレムの哲学的道程のすべてにおいて、確かに彼の傍らにあり続けていた。彼は恐らくニーチェのパースペクティブ主義に、彼独自の哲学的問いに取り組むための、すなわち反省の新たな道筋を切り拓くための、一本の抜け道を見出したのだろう。これとは逆に我々がどうしても同意することができないのは、より厳密に規範性の概念に関わって、ニーチェの力への意志からカンギレムの規範性へとそのまま通じる道筋が論じられるときである。しかしながら、フーコーもまた、このような系譜の明証性に関しては限界があることを強調していた。すなわち、一九八五年に彼は「ニーチェから近いと同時に遠いカンギレム」[15]と書いているのである。この文言が正しく示そうとした点は、十分に理解されてきただろうか。そうは思えない。ニーチェへの「近さ」の方が「遠さ」に勝り、そしてニーチェ主義者であるがゆえの生の哲学者カンギレムというイメージが、カンギレムについての哲学的・文学的ドクサが抱く共通の表象に、深く根を下ろし続けている。

その証拠として、カンギレムの規範性概念の生成過程を辿るという問いに際し、バルバラ・スティグレールはこれを直接ニーチェに求めている。カンギレム的な、規範性として理解される健康というものを特徴づけている諸々の原理を確認した上で、彼女は次のように結論するのである。

健康を決定するこれらの要素のすべては、既にニーチェによって明らかにされていたものである。新たな価値の創造、つまりカンギレムが「規範性」と呼ぶものは、まず初めに、ニーチェにとっては、力への意志としての生命の表現である。[*16]

しかし、バルバラ・スティグレールは以下のように驚いてみせる。「興味深いことに、ニーチェに関する何箇所かでの明示的な言及は、決してこの遺産の大きさに見合うものではない」[*17]。それは当然である！　カンギレムが、彼のニーチェから受けた遺産に関して語ることに慎重であったとすれば、それはB・スティグレールが考えるような、つまり「カンギレムにとってはこの系譜はあまりに明白なので、彼にはこれを強調するのは無駄なことだと感じられる」[*18]ということのためではない。そうではなく、我々の考えとしては、その理由とは、カンギレムの規範性概念の形成過程が、一般的に理解されているよりもはるかに複雑だということによるものである。この形成過程を辿りたければ、大名著の著者たちの名に還元される哲学史という概念から離れて、今日では忘れられた、しかし彼らの時代において、哲学の問いのある特定の問い方というものを生み出した著者たちについて、検討しなくてはならない。

＊13　G. Canguilhem, « L'agrégation de philosophie », dans *Méthodes. Revue de l'enseignement philosophique*, n° 1, mai 1932 ; repris dans *Œuvres complètes, op. cit.*, tome 1, p. 427-431.

＊14　M. Fichant, « Georges Canguilhem et l'idée de la philosophie », dans *Georges Canguilhem. Philosophie, historien des sciences, op. cit.*, p. 48, note 4.

＊15　M. Foucault, « La Vie : l'Expérience et la Science », *op. cit.*, p. 1594.〔『フーコー・コレクション六　生政治・統治』、ちくま学芸文庫、二〇〇六年、四四〇頁〕

＊16　B. Stiegler, « De Canguilhem à Nietzsche : la normativité du vivant », G. Leblanc (éd.) dans *Lectures de Canguilhem : le normal et le pathologique*, Fontenay-aux-Roses, « Feuillets de l'ENS », 2000, p. 85-101, p. 90.

＊17　*Ibid.*, p. 85.

＊18　*Ibid.*

我々は、カンギレムがラニョーとアランから受け継いだ反省的「様式」とは、それに当てはまるものであると考える。この点について、『リーブル・プロポ』誌のために書かれた最初期のテクスト群を読むことで、次に説明していきたい。

「自由の論理」

一九二七年、〔エドモンド・〕ゴブローの『価値判断の論理』への荒々しい書評において、二三才の若きカンギレムは、彼の言によれば「不朽の紙葉」たる「神の現実存在についての講義」への崇敬を声高に叫んでいる。そこでの彼の恩師の師に対する崇拝は、ラニョーの名前をデカルトとカントという他の二人の思想的英雄と並べることも躊躇させないほどに強いものである。そうしてこの哲学の偉人たちの力を借りながら、彼はゴブローによる主張を打ち砕くことに力を注いでゆくのである。

議論の対立は、価値についての判断が可能となる条件に関して生じている。カンギレムによれば、ゴブローは必然性による判断しか認めないという点において、批判哲学以前の古い独断論をそのまま続けている。しかし、とカンギレムは反論する。では、「君はそうせねばならない、だから、君はそうできる〔*tu dois, donc tu peux*〕」という判断はどうやって理解できるというのか？「この〈だから〉〔un donc〕の置き方は、思想にとっての、古典的な演繹法とは別種の関係性の存在を推察させるはずである」[19]。そのためにこそカントは、仮言命法に加えて、定言命法というものを導入したのだ[20]。第一の命法〔仮言的命法〕が「もし…ならば…」という必然性の論理に従うものである一方、第二の命法〔定言命法〕は、通常の演繹による規則に全く従わない。「君はそうせねばならない、だから、君はそうできる」という定言的命令は何によっても条件づけられておらず、従って別の論理に、すなわち若きカンギレムが「自由の論理」と呼ぶものに、属しているのである。それゆえに、彼は次のように続ける。

望むと望まないとに関わらず、カントこそが、人間から人間に対してなされる普遍的承認の条件を熟考し、そして自由というものを発見することによって、価値の論理を築いたのである。[…]要するにカントは自由がその動力である論理というものを発見したのであり、彼はそれを、批判すなわち反省という彼の方法によって発見したのである。[21]

一九二七年に書かれたこの数行の言葉に、しばらく目を留めてみよう。それというのも、これらの言葉は若きカンギレムによる根本的にカント的な態度表明を証言するものであり、そして我々の見る限りでは、壮年期のカンギレムもこの態度を覆すことは決してなかったからである。但しもちろん、ここで「カント的」という語で理解されることとは、つまり若きカンギレムがカントに帰すべきものとみなしたもの、という意味である。すなわち、それは「必然性の論理」に対する「自由の論理」の優位であり、

＊19　G. Canguilhem, « La Logique des jugements de valeur », *op. cit.*, p. 178.
＊20　*Cf.* E. Kant, *Fondements de la métaphysique des mœurs* (1785), deuxième section, trad. fr. par V. Dellbos Paris, Delgrave, 1952, 特に p. 124-125. さらに以下も参照。*Critique de la Raison pratique* (1788), *Analytique de la raison pure pratique, Des principes de la raison pure pratique, Définition*, trad. fr. par E. Picavet, Paris, P.U.F., 1948, p. 17-19.〔『実践理性批判　付・倫理の形而上学の基礎づけ』熊野純彦訳、作品社、二〇一三年、一〇三―一一五頁を参照のこと〕
＊21　G. Canguilhem, « La Logique des jugements de valeur », *op. cit.*, p. 178.

より正確に言えば、〈存在〉〔l'Être〕に対する価値の優位である。

確かにゴブローは、価値判断の論理を基礎づけるべく、思考というものを検討している。しかしこの検討は、思考の本義とは概念の構成に尽きるのであり、従って演繹的論理というものに尽きるのだという原則から出発している点において、不十分なものである。カンギレムはその逆に、デカルトの懐疑についての議論を援用しながら、思考とはただ概念の必然性に関わるだけの問題ではないのだと主張する。

> デカルトの力強さのすべては、彼にとって完全とは一個の概念ではなく、彼にとってはそれが、精神の歩みのあらゆる契機において懐疑を投げかける無限の自由によって与えられている、あらゆる思考の条件なのだということに存する。[*22]

先に見た通り、ラニョーによれば、必然性とは、思考がそれに価値を認めることによってしか存在しない。言い換えれば必然性とは、判断の停止が常に可能であるということによって証言されるものである、この「無限の自由」を基盤とする限りにおいて、必然性として存在する――これこそは、「神の現実存在についての講義」の鍵となる思想である。反省的方法とは、判断の自由な活動というものを基盤として、デカルト哲学とカント哲学を統合するものである。我々が決して完全に世界を甘受するのではないのと同じ理由で、我々は決して、外界が精神に課すものである必然性を甘受することもない。我々が常にそれを疑うことができる以上、我々は必然性というものを甘受することはない。この理由において、従って必然性とは、精神がその自由においてこれを受けいれ、これを必然性と判断した瞬間からしか、効力を持たないのである。

行動という観念は、原因という観念を伴う。そして原因という観念は、必然性という観念を伴う。しかるに、必然性とは感知されることができない。それは、前以て存在していたものとして、肯定されるのである。これこそが、この行動それ自体はある自由を肯定することなしに、すなわち、それが判断し認めない限りは必然性を受けいれないという自由を肯定することなしに、自らを説明することはできないのだということの理由である。[*23]

従って、若きカンギレムがゴブローへの批判を続けるために、守護神ラニョーの姿をかざすとしても、それは驚きではないだろう。

必然性の論理に自由の論理を対置すること、そして実際は前者の存在理由が後者にあるのではないか、また真であると言われているものにおいても価値の判断が存在しているのではないかと検討すること、これらのような本質的な難題が、一度たりとも取り組まれていない。いずれにせよ、それでは何にもならないのであり、我々はいまひとたび、ラニョーが「神の現実存在についての講義」において必然性と価値とを定義したあの不朽の紙葉に、何も付け加えることはないだろうと確信するのである。[*24]

＊22　G. Canguilhem, « La Logique des jugements de valeur », *op. cit.*, p. 179.
＊23　J. Lagneau, *Cours sur la perception*, *op. cit.*, p. 194.
＊24　G. Canguilhem, « La Logique des jugements de valeur », *op. cit.*, p. 179.

そうしてカンギレムは、哲学における反省的「様式」のもう一人の重要人物であるブランシュヴィックを差し挟みつつ、次のように結論する。「自由を超えるものは何もない」。

ここで一つのことが気づかれるだろう。それだけをとって見れば、若きカンギレムが掲げた「神の現実存在についての講義」のそれらの「紙葉」はかなり難解なものであり、ラニョーがその絶対的必然性の批判と彼の自由の概念との間に働かせている連関というものは、期待されるほどには明示的に書かれていない。但し、この難解さは、ただラニョーのスタイルに由来するだけのものではないことを確認しておきたい。その夭折を考えれば、この教師は、彼の生徒たちがその授業の中で書き溜めたこれらのノートを見直すことは決してできなかった。二、三の例外を除いて、彼の作品はすべて死後刊行されたものなのである。そのため、我々としては「神の現実存在についての講義」のこの難解な一節を、同じ問題提起によって一致しているものと考えられる、ラニョーのもう一つのテクストと照らして読み解いてみたいと思う。そのテクストとはすなわち、「明証と確実性についての講義」である。

精神――価値づけの力能

ラニョーが明証〔l'évidence〕という現象に関心を寄せたのは、それが、絶対的と見なされる必然性といくつか類似する点を共有しているからである。両者ともにおいて、価値というものは事実として、外界から精神に対して強制されたものであるかのように感じられる。ラニョーにとっての問いが生じるのは、まさにここである。というのも、先に見た通り、彼によれば価値というものは、判断の自由な活動からしか生まれることがありえないからである。この難題を取り除くために、ラニョーは確実性〔la certitude〕という現象を反省的分析のふるいにかけてゆく。彼の決定的な結論とは、確実性は、媒介なしに精神によって認められるような明証には依拠していない、というものである。むしろその反対に、確実性とは、

漸進的に、精神がその本性による純然たる必然性というものを超えて、自ら自身にこの本性を支配するという必然性を認めさせる活動を繰り返し増大させることによってしか、存在しないのである。これは精神による自然の征服である。〔…〕確実性を、それは精神がただ自由な行為によって、恣意的に執着した一つの状態であると理解することはできない。しかしそれは、自然によって精神に対して、精神抜きで、刻み込まれた刻印の結果として理解することもできない。[*25]

二つのことを見ておく必要がある。

（一）　まず第一に、確実性が決して精神の純然たる気まぐれの産物ではないとして、「それは魂における必然性の刻印であるわけでもない」[*26]。「従って、事物による精神への啓示という偶然に、確実性を期待してはならない」[*27]。知覚において精神が世界を甘受するものではないのと同様に、確実性において、精神は世界を甘受するものではない。すなわち、「いかなる確実性も外部から課されることはありえな

＊25　J. Lagneau, *Cours sur l'évidence et la certitude, dans Célèbres leçons et fragments, op. cit.*, p. 161-186, p. 185.
＊26　*Ibid.*, p. 184.
＊27　*Ibid.*, p. 184-185.

い」[28]のであり、もしくは、まさに外部から与えられるというそのことによって、確実性という価値は失われるのである。ところで、明証の経験は、確実性という価値が世界から精神に対する無媒介の作用によって、我々抜きで我々に対して、生じることができるという印象を確かに与える。しかし、ここにあるのは誤った思考である。なぜなら精神ただひとりが、価値づけの力能を持っているからである。アランのテクストを読むことを通じて見たように、人間は世界の中にいる存在なのではなく、世界に対立している存在なのである。まさにこの意味において、あたかも確実性という価値が精神からではなく世界から生じるものであるかのように、確実性が明証の結果としてもたらされるなどということはありえない。そして、だからこそラニョーにとって、真正なる確実性の糸口とは、明証の粗雑さと精神が対決することに存するのである。この対決とは懐疑の行使にほかならないのであり、この懐疑は必然性の論理を断ち切りながら、異なるもう一つの論理、すなわち価値の論理をうち立てるものである。我々はここに反省的な「思考様式」の完全な例証を見ることができる。精神がそのように判断する瞬間からしか、必然性がその価値を持つことがないのと同様に、確実性もまた、精神の活動が、思いのままにその確実性を可能にする条件を辿り直すということがない限り、その価値を持つことはないのである。

　精神は常にある役割を果たしている。それは必然性の判断においても同様であり、そして従って、必然性の判断とはすなわち価値の判断である。そしてラニョーのごときカント主義的哲学者からは当然予期できることであるが、あらゆる真理を可能にする条件とは、批判哲学以前の独断論が主張するように何らかの外在的な現実というものに立脚するのではない。もしそのようなことが事実であれば、「精神は精神でなくなり、精神は事物の奴隷となるだろう。ならばそこには、真理の基準は存在しえない。なぜなら真理とは、精神の作品なのであるから」[29]。機械論は価値に対立する。というのは、真なるものという認識論的な価値は、精神それ自体のうちに存するものだからである。真なるものにおける必然的という性質は、外部のモデルに機械論的に順応することの強制として定義されることはできない。必然性とは、価値づけの力能たる精神の活動そのものに、そのすべてにおいて立脚しているのである。

（二）続いて、「明証と確実性についての講義」のこの一節は、次の新たな観念を提起するものであることに留意しておこう。すなわちその観念とは、「精神による自ら自身の本性の自己超越」である。精神が世界を甘受しないのと同じく、精神は自ら固有の本性も甘受しない。精神は、その存在を絶対的に決定づけるような他の諸々の事実の結果として生じている、一個の事実ではないのである。そのような「事実の崇拝者たち」とその他の懐疑論者たちが共有する視座は誤っている。このような視座こそ、ラニョーが「精神－事物の視座であって、精神－精神の視座ではない」[30]としたものである。「精神－精神の視座」とはつまり、諸価値の設定作用として理解される精神という視座のことを意味している。因果決定論において捉えられる「精神－事物」とは異なり、「精神－精神」は反省を可能にする。つまり、

＊28　*Ibid.*, p. 181.
＊29　*Ibid.*
＊30　*Ibid. Cf.* p. 192. この「精神－事物」／「精神－精神」の対置は、一九二九年に若きカンギレムがベルクソン哲学に対してポリツェルの主張を支持しようとする際に、再び繰り返されることとなる。カンギレムによれば、ベルクソンと「心理学者たち」一般は、精神の本性に関して、同種の誤りを犯している。すなわち、「精神を、諸々の装置に対するのと同じように、ばらばらに分解し、観察可能な卑小な領域にしてしまうことによって、精神を一個の事物にしてしまう、つまりは精神としては葬り去ってしまう」。これは次のように理解できる。すなわち、「価値づけの力能としては葬り去ってしまう」。*Cf.* G. Canguilhem, « La fin d'une parade philosophique », *op. cit.*, p. 224.

精神は事物の論理を超えて、絶えず、「自らがそうであるもの」を、「自らがそうであるべきもの」の名において、問いただすことができるのである。それゆえラニョーは次のように続ける。

真の行動とは、自然に対立する行動である。〔…〕あらゆる生命とは、存在が、自らがそうであるところから身を離して、未だそうではない、そうなりたいと目指すものになろうとする行動である。従って行動とは、〔…〕つまるところは、闘いと努力を引き受けることなのである。[*31]

この数行の言葉は、我々が取り組んでいる問題、すなわちカンギレムがその後継者であると考えられる「思考様式」を説明するに当たって、とりわけ重要なものである。事実、一九三〇年のラニョー没後三〇周年に際して、『リーブル・プロポ』の若き編集者は、その恩師の師の思想の総体を示すものとして、まさにこの「明証と確実性についての講義」の一節を選んだのである。[*32] そしてその三三年後、カンギレムが〔『正常と病理に関する新考』で〕自らの一九四三年の博士論文の議論にもう一度立ち返ったときには、この科学史家は、ラニョーが「明証と確実性についての講義」において生命を定義したものと奇妙なまでに近い言葉遣いで、自らもまた「対立する活動と考えられる」[*33] 生命の定義を試みることとなるだろう。

ここには驚くべきことは何もない。上に「明証と確実性についての講義」から抜粋して引用した部分には、存在が価値に従属することに基礎づけられた判断の哲学が持つ道徳的意味のすべてが概括されている。ラニョーの言葉を要約するなら、次のような命題が得られる。すなわち、「あらゆる生命は自然に対立する活動である」――そして、この自然という語は、「事実によって与えられるもの」という意味で理解すべきである。この命題は確実性についての認識論的反省から生じるものであるが、このような命題が持つ道徳的射程は明らかである。この命題は、ラニョーとアランによる認識の理論を経由した道徳の実践の様式の、完全な例を与えるものである。つまり、真理が我々のうちに我々抜きで、機械的に生じるものであるかのように感じられる「明証」というものの批判を通して、ラニョーは彼が「エゴイスム」と同一視するもの、すなわち努力から逃れようとする人間の本性的な傾向を告発するのである。なぜなら彼に従えば、明証による確実性によって努力を介さずに認められる真理というものは、つまり我々にとってすべては当為であり、そして道徳的に生きるためには、ただ世界によって運ばれるがままでありさえすればよいのだと考えさせるものであるからだ。しかしそれは既存の事実を受けいれ、無為であることへとそのままつながる点において、危険な論理である。「快楽それ自体の追求は、行動の否定である。エゴイスムもまた、努力からの逃避である。快楽を求めることと、努力から逃れること、これがエゴイスムである」[*34]。次のことを忘れてはならない。人間は世界のうちに存在するのではなく、世界に対立して存在するのである。従って、世界からいかなる価値も得ようとしてはいけない。その反対に、常に世界に価値を与えなくてはならないのである。道徳性とは我々にとって、決して所与のものではない。価値とは、自然の機械論と無差別性＝無関心に対立する精神の活動を通じてしか、生まれない

＊31　J. Lagneau, *Cours sur l'évidence et la certitude*, *op. cit.*, p. 186.

＊32　G. Canguilhem, « Anniversaires. 22 avril. — Mort de Jules Lagneau (1894) », *Libre Propos (Journal d'Alain)* (20 avril 1930) ; repris dans G. Canguilhem, *Œuvres complètes*, tome 1, *op. cit.*, p. 284.

＊33　G. Canguilhem, « Vingt ans après... », *op. cit.*, p. 173.〔『正常と病理』二一八頁〕

＊34　J. Lagneau, Cours sur l'existence de Dieu, *op. cit.*, p. 186.

ものである。「それゆえに行為することとは、存在の現在の喜びを放棄し、努力と苦痛を甘受することで存在を発展させるという、自然の法を受けいれることである」[*35]。道徳的生とは、つまりそれ自体では無差別的＝無関心である世界に価値を与えるための恒久的な闘争なのだということ、それこそが恐らく、我々が認めるべきただ一つの事実なのである。

この明証の批判を通じて、ラニョーが経験主義哲学の独断論と闘っていたのだということをよく理解しなければならない。経験主義は実際に、真理を精神に外在する一個の事実と見なすのであり、そこにおいて精神は、経験による所与と想定されるものを、本来的に受動的に受けいれる。ラニョーには、これに同意することはできない。経験主義は、事実の崇拝者の哲学以外のなにものでもない。一九三〇年に、『リーブル・プロポ』のために若きカンギレムが引用することとなる「判断についての講義」の断片の中で、ラニョーは次のように宣言している。

精神の完全な自由とは、精神が、経験において確実性を見出すなどということが絶対に不可能であると知るという行為のうちに存在している。我々は一個の事物としての真理と対面してなどいないと知ること、真理を作るのは我々であると知ること、それこそが自由の行為である[*36]。

真理を――そして従って、価値を――精神に対して外在的な一個の事物であるとみなす伝統的な独断論に抗して、ラニョーは彼独自の哲学の定義、すなわち哲学とは「諸々の簡単な事物を難しく理解し、そして原初的な明瞭さから自らを解放するための精神の努力」[*37]であると強調する。それゆえ、ラニョーは次のように続ける。「哲学をなすこととは、語の通俗的な意味において、明解を難解で〔la clair par l'obscur〕

説明すること、すなわち〈明るきものを暗きもので〉〔clarum per obscurius〕説明することである」[*38]――この言葉を、カンギレムは一九七七年、彼の〔生前〕最後の本である『イデオロギーと合理性』を結ぶために繰り返すこととなるだろう。「著者である私としては、哲学の本来の役割は、科学史家の存在も含めて、人間の存在を複雑化することであると主張したい」[*39]。

ラニョーによれば、哲学とは、人間が世界との間に結んでいると信じている無媒介的関係の偽りを暴露することを目的とした作業である。哲学が暗きものであるとしても、「それは哲学が精神に光を与えないということを意味しない。反対に、哲学はそれ自身の光を持つ。その光とは、明証の光よりもはるかに上位にある、何も説明しない、しかし目を奪い心を捕らえる不意の閃光である」[*40]。ここにおいてもまた、ラニョーの思考の他のあらゆる場面と同様、活動こそが受容より優位に立つ。そしてこの活動は、そのすべてが、自由な判断の行使に帰着するのである。「事物から解放されるためには、事物について判断することが必要です。そして事物を判断するためには、自らを事物に対立させなければなりません」[*41]。このように、一八七七年八月六日にサンスにおいてラニョーが行なった優秀賞授与演説は謳って

＊35　*Ibid.*

＊36　*Cf.* « Anniversaires. 22 avril. — Mort de Jules Lagneau (1894) », *op. cit.*, p. 284.

＊37　J. Lagneau, « De la métaphysique », *op. cit.*, p. 98.

＊38　*Ibid.*, p. 96.

＊39　*Cf.* G. Canguilhem, « La question de la normalité dans l'histoire de la pensée biologique », dans *Idéologie et Rationalité*, *op. cit.*, p. 139.〔『生命科学の歴史――イデオロギーと合理性』一七五頁〕

＊40　J. Lagneau, « De la métaphysique », *op. cit.*, p. 96.

＊41　J. Lagneau, *Discours de Sens*, dans *Célèbres leçons et fragments*, *op. cit.*, p. 17-25 ; p. 23.

いる。

哲学が判断に関わるものだということ、これこそは若いカンギレムが特に強く主張したことである。一九二七年、「ヘルマン・カイザーリンクの哲学」を主題に『リーブル・プロポ』のために書かれた最初の論文において、実際のところ彼は、カイザーリンク[訳注3]によって提唱された哲学をどれだけ強く非難してもまだ足りないほどであった。直接的、かつ神秘的に、我々が宇宙と接触する存在であるとする神秘主義哲学を前にして、カンギレムは次のように書いている。「我々、つまり我々若者が求めるのは、もっと簡潔で確かなことだ。つまり我々は、小学校の段階から判断の価値というものを教えられるようになることを求めるものである」[*42]。彼によれば、それはラニョーによって照明をあてられた、ソクラテスの重大な教訓である。

ソクラテスについて言えば、［…］彼は宇宙が彼の思考のうちに据えるものではなく、自らが思考のうちに据えるものについて知ろうとしたときから、イオニアおよびオリエンタルの精神と決定的に絶交した［…］。絶対という言葉によって理解されること、つまり瞬間的な認識、瞬間的な行動によっては汲み尽せないこととは、我々の手の届かない地平などというものではない。なぜなら、それについて、我々は観念を持つこともできないだろうから。そうではなくて、我々において生じる［…］我々に現在を超えさせるものとは、活動なのである。［…］この要求とは我々において生じるのであって、事物において生じるのではない。ラニョーがそうであったように、このことを理解している者には、もはやあらかじめ不毛であることを宣告されているような観想にはいかなる価値も認められない[*43]。

宇宙は、それ自体では、機械論的で無差別的なものでしかない。これに価値を与えることができるのは、ただ「我々に現在を超えさせるものである活動」だけである。この活動とは、すなわち価値づけの力能たる、判断にほかならない。

従って、若きカンギレムがラニョーから受け取ったものとは、要するに、ラニョーがその「神の現実存在についての講義」において価値に与えた次の定義なのだということができる。

我々が求める絶対的現実、すなわち神にふさわしいただ一つのものとは、現実存在でもなければ存在でもなく〔ni l'existence ni l'être〕、〔…〕それは価値である。[*44]

なぜなら、とラニョーはすぐにこれを補っている。「神が現に存在しうる〔Dieu puisse exister〕というのは、矛盾的である」[*45／訳注4]。先にも述べた通り、この「神の現実存在についての講義」の「不朽の」紙葉は、若きカンギレムの哲学の根本原理を教えてくれるものであるように思われる。それはすなわち、存在と価値との間の、断固たる対立である。ラニョーにとって、価値とは、事実に反対するものとして定義される。

*42　G. Canguilhem, « La philosophie d'Hermann Keyserling », *op. cit.*, p. 158.
*43　*Ibid.*, p. 157.
*44　J. Lagneau, *Cours sur l'existence de Dieu*, *op. cit.*, p. 739.
*45　*Ibid.*, p. 300.

価値とは、常に不十分なものである事実を、超えるものである。価値とは、いかなる状態にある事物も、それに対応することができていない要求である。神、すなわち究極の価値にとって、存在と現実存在のいずれも適格ではありえないというのは、そのためである。存在と価値の間の対立はこのように極めて根本的なものなのであり、この対立はラニョーを、人間の有限性についてのある重大な再評価へと導く。先に引用した一八七七年のサンスでの演説において、彼はその年若い生徒たちに、次のことに注意するようにと語った。

私たちの運命とは常に歩み続けることであり、しかも私たちの持つ力の果てにまで到達することは不可能だということは、私たちの悲惨を意味するのではなく、私たちの偉大さを意味するものとしか理解できません。いったい、誰も測ることもできず、満たすこともできない、そういうものでないとしたら、何が真の偉大さなのでしょう？　常に自らを超えることができるということ、どれだけ遠くまで進み、どれだけうまくやろうとも、さらに優れたそれ以上のものを感じることができるということ。歩みに応じて目的地が生まれ、そして目的地は歩みにその無限性を分け与えるものであるという、まさにそのためにこそ、目的地なく歩み続けるということ。これは悲惨という性質の事実でしょうか？　[…]　人間とは、常にいま自らがそうであるものよりも大きく、自らが作り出した以上のものへ向かって、自らを逃れ出ようとする無限なのです。[*46]

事実の次元における人間の有限性は、その道徳が目指すべきところを示してくれる兆しでもある。人間性が不足と欠乏に支配されたものとして自らを見出すということは、つまりは人間性が実際に要求の源であるということであり、従って、価値を定める力能だということである。

本書が扱うこの第一の時期〔一九二六―一九三四年〕の最後の時点において、カンギレムの哲学が次第に構築されていく過程に、反省的「思考様式」が大きな役割を果たしていたことが明らかであるとして、しかし壮年期におけるカンギレム哲学が、この「思考様式」に対して、ある確かなずれを示しているというのもまた間違いないことである。確かに、判断に関するカント主義的側面が、両者にある共通の素地をもたらしてはいる。しかしながら、カンギレムのカント主義は、アランの場合のように、悟性の哲学に向かうことはない。従って、ここから目指されるべきこととは、いかにしてこの反省という遺産が、ことカンギレムにおいて、生命の哲学というものに至るのかを明らかにしてゆくことである。

＊46　J. Lagneau, *Discours de Sens, op. cit.*, p. 20-21.

訳注
1 ――ラニョーの教え子であるポール・デジャルダンが主宰した知識人同盟。ラニョーはその結成に参加し、同盟の理念を宣言する憲章を執筆した。憲章の執筆と脱退の経緯については、川口茂雄「一九世紀フランス哲学の潮流」『哲学の歴史　八　社会の哲学　一八―二〇世紀』中央公論新社、二〇〇七年、二五一―二五三頁を参照。
2 ――アランの原文は次のようなものである。« Qu'est-ce donc que dormir ? C'est une manière de penser ; dormir, c'est penser peu, c'est penser le moins possible. Penser, c'est peser ; dormir, c'est ne plus peser les témoignages. »（「では眠るとはどういうことか？　それは一つの思考

の仕方である。眠ること、それはもう殆ど思考しないこと、できる限り思考しないことだ。思考すること、それは吟味すること だ。眠ることとは、もはや証拠を吟味しないということだ」）ここでのpeserは、temoignages（諸々の証拠）という目的語との関係から考えれば、「吟味する」という意味と理解できる。但し、本書第一章で引用されたサルトルの言葉「思考することは測定することである」（« Penser, c'est mesurer » 原注49参照）が示す通り、この「吟味」にはpeserの持つ「計測」の語感が伴っていることは、意識に留めておく必要があるだろう。そのため、本文では『生命の認識』の邦訳を踏襲し、「測る」という語を用いることとする。

3——Hermann Keyserling (1880-1946) ドイツの哲学者。一九一九年に世界遍歴の中での思索を記した『哲学者の旅日記』を発表、これが同時代的に広く読まれた。神秘主義的な生と知の合一を主張し、二〇年にはダルムシュタットに「知恵の学校」を設立した。

4——アランの『ラニョーの思い出』では、「『先生』は、『神』は存在するとは言えない［…］と結論するところまで行った」と語られている（五九頁）。

移行のために——〈コギト〉の消尽

それまで擁護してきた判断の哲学を深く問い直さなければならなくなるほどに、カンギレムが直面した重大な哲学的問題とは、いったい何なのだろうか。これを見定め、説明を試みることが、この移行のための章の目的となる。

但し、まず初めに、一つのことを確認しておきたい。精神の哲学から生命の哲学へと向かう、この謎めいた移動の歩みが真に重要な主題となるのは、それがカンギレムの知的伝記に対する関心の範囲を、大きく超え出る意味を持つものだからである。すなわち我々は、この移動の歩みとは、一九三〇年代のヨーロッパ哲学の大部分によって体験されたある危機を徴候的に表現するものだと考えている。この危機はやがて、多くの者が——その是非はともかくとして——フランス哲学の「黄金時代」と見なしているもの、つまり、フーコー、〔ルイ・〕アルチュセール、〔ジャック・〕デリダ、そしてブルデューといった人々の世代に対し、重大な影響を与えることとなった。

事実、一九三〇年代にカンギレムが体験した危機を検討することは、六〇年代の哲学者たちの世代、つまり換言するなら、その多くがカンギレムの教育を受けた世代における構造主義的方法の成功について、多くのことを説明してくれる。この世代において、そしてそれはとりわけ六〇年代前半のフーコー(『狂気の歴史』、『臨床医学の誕生』、『言葉と物』)およびアルチュセールによるマルクスの「徴候的読解」において明白となることであるが、二〇世紀の前半を支配したフランス哲学の観念論（たとえば、カンギレムが「私たちが最も尊敬していた哲学者」[*1]だったと語ったブランシュヴィックを思い起こそう）は、もはや主体を対象とするのではない哲学を前にして、姿を消すこととなる。ここではもう一度、一九八〇年代半ばにフーコーがカンギレムについて記した、あの有名な描写を繰り返しておこう。

> だがカンギレムを消し去ったら、アルチュセールもアルチュセール主義もよく理解できないし、フランスのマルクス主義における一連の議論もすべて理解できなくなってしまうだろう。またブルデュー、カステル、パスロンといった社会学者たちの特殊性も、社会学の分野で彼らの影響を際立ったものにしているのが何であるのかもわからなくなるだろう。[*2]

フーコーが言うように、もしカンギレムが知識人たちの一世代すべてを覆う天空のアーチの要のような存在であったとすれば、それは我々がここから論じていくように、彼がこの世代にとって、ある種、そ

＊1　G. Canguilhem, « La problématique de la philosophie de l'histoire au début des années 30 », dans J.-Cl. Chamboredon (dir.), *Raymond Aron, la philosophie de l'histoire et les sciences sociales*, Paris, Éditions de la rue d'Ulm, 1999, p. 9-21, p. 20.　一九八八年三月一二日に高等師範学校で開催されたレイモン・アロンを記念したシンポジウムでの、カンギレムによる発表。

＊2　M. Foucault, « La Vie, l'Expérience, et la Science », *op. cit.*, p. 1582-1583.〔『フーコー・コレクション六　生政治・統治』四二一頁。但し、フーコーの八五年の原典「生命――経験と科学」ではこの箇所は修正が加えられており（「アルチュセールとアルチュセール主義」の文言が削られ、マルクス主義の「すべて」ではなく「多くの部分」と変えられている）、ロートの引用、邦訳ともに、この部分については七八年の「フーコーによる序文」の方に基づいたものとなっている（« Introduction par Michel Foucault », *Dits et écrites II : 1976-1988*, Paris, Gallimard, « Quarto », 2001, p. 429）〕

の土壌を準備するものとなったからだ。アルチュセールにおいてもフーコーにおいても、思考の主体とは、主体なき思考である。そしてここにこそ、カンギレム彼自身の歩んだ道程との類似がある。『正常と病理に関するいくつかの問題についての試論』で、その哲学的な省察の核心を占めるのは、もはや反省的アプローチの基軸であった超越論的主体ではない。その核心に置かれるのは、生物学的な意味において理解されるべき「生命」というものである。もう一人の教え子であるフランソワ・ダゴニェの言葉を借りるならば、「生命が、この哲学にとっての、まさしく〈コギト〉であるように見える」[*3]。それはもはや古典的な意味での主体ではない。なぜなら、もし我々が主体性それ自体について語ることができるとすればだが、生命とは、自ら自身についての意識を持たない〈主体性〉だからである。この点において、カンギレムは後に来る哲学の運動を予示しているように我々の目には映る。そしてだからこそ、それまでに主張されていた精神の哲学との、この断絶という問題を説明する必要が生じるのである。なぜそれが問題となるのか？　なぜなら、ここまで見てきた青年期の哲学的源泉（カント、アラン－ラニョー、さらに加えて〔オクターブ・〕アムラン）[*4／訳注1]を考慮すれば、やがて壮年期のカンギレムが、一九四〇年代フランスのスピリチュアリスムの流れ、すなわちルイ・ラヴェル（一八八三―一九五一年）や、とりわけルネ・ル・センヌ（一八八二―一九五四年）といった、オービエ社の「精神の哲学〔Philosophie de l'Esprit〕」叢書[訳注2]の創設者たちに代表されるような潮流に加わることを予期することもありうるだろう。事実ル・センヌは、カンギレムが深い敬意を示していた、極めて限られた同時代の哲学者たちのうちの一人であった。一九三三年二月、カンギレムが『方法』誌に〔ル・センヌの〕三年前に出版された『義務』を絶賛する書評を発表したことを、心に留めておきたい。カンギレムによれば、同書においてル・センヌが〔ジョン・ウィリアム・ストラット・〕ライリー[訳注3]と〔ウィリアム・〕ラムゼー[訳注4]による〔希ガス〕アルゴンの

発見を論じた箇所は、

その解説の厳密さにおいても、そして研究者の意識が体験したドラマを感じ取らせる技においても、傑作である。これは要約することができないので、ただテクストを参照していただくしかない。これらの紙葉は古典となるにふさわしい。哲学を学ぶ者たちは、そこに〔クロード・ベルナールの〕『実験医学序説』と同じ光を見出すことだろう。[*5]

ル・センヌによる普遍的義務への責任という主張に、若き「反省哲学者」カンギレムが、自らの判断への責任という主張との重大な一致を見出したことはよく理解できる。両者いずれにとっても、価値という「事実」は、現実の不十分さを露わにするのである。しかしながら、一九四〇年代の「哲学者＝医学者」であるカンギレムが、もはやル・センヌによって主張された観念論的パースペクティブに立つ者でないことは、それによっても変わるものではない。ならば、この方向転換、あるいはより正確に言えば、この支点の変更というものを、どのように説明することができるのだろうか。この問いに答えるために、

＊3　F. Dagognet, *Georges Canguilhem. Philosophie de la vie*, *op. cit.*, p. 78.

＊4　カンギレムとプラネが分析に対する総合の先行性を主張している『論理・道徳概論』における、*Essai sur les éléments principaux de la représentation* (Paris, Alcan, 2e éd., 1925) の著者〔アムラン〕の影響は明白なものである。

＊5　G. Canguilhem, « R. Le Senne. *Le Devoir* (1 vol., 602 p., Alcan, 1930) », dans *Méthode. Revue de l'enseignement philosophique* (février 1933) ; repris dans *Œuvres Complètes*, tome 1, *op. cit.*, p. 441-444.『論理・道徳概論』では、科学の進歩の条件という問いに関して、特に *Devoir* におけるル・センヌの分析が参照されている。*Cf. Traité de logique et de morale*, *op. cit.*, p. 698.

我々はここで三〇年の時間を跳躍して、カンギレムがいかに『言葉と物』を読んだかについて論じてみたいと思う。なぜなら、ひと言で言うならフーコーとはカンギレムにとって、彼自身が一九三〇年代に哲学の次元において遭遇した問題に、初めて明確に診断をもたらした人物として現れたものと考えられるからである。さらに、より周縁的な意味から言えば、この『言葉と物』への迂回は、今日まだ議論されている一つの問いに答えることを可能にもしてくれる。すなわち、カンギレムとフーコーの間にある系譜という問いである。[*6]

「個人的な問い」

一九六七年、つまり『言葉と物』刊行の翌年、カンギレムは『クリティーク』誌に、このフーコーの複雑な書物についての極めて美しい書評を寄せた。この書評は「人間の死、すなわち〈コギト〉の消尽?」[*7]と題されていたが、これは人間の「間近い終焉〔fin prochaine〕」[*8]を告げる、同書の予言的な最後の数行を出典としている。今日までこのテクストは、当時、称賛とともに大きな非難を浴びていた教え子のための、恩師による介入として理解されてきた。それはたとえばフーコーについての長大な伝記の中で、ディディエ・エリボンが以下のように論じている通りである。

一九六七年一月に『レ・タン・モデルヌ』誌は『言葉と物』にかんする、ミシェル・アミヨならびにシルヴィ・ル・ボンによる手厳しい論評を載せている。カンギレムがいつもの慎重な態度を捨てようと決心したのは、このようなサルトル側の人々の動員に対処するためである。[*9]

それは間違いではない。たとえば、一九六六年に「フーコーはひどく埃まみれ」[*10]だと断じていたシモーヌ・ド・ボーヴォワールを言外に参照しつつ、その翌年にカンギレムによって投げ返された次の言葉のように。

「埃」について語った者もいた。それは正しい。但し、家具に積もった埃が掃除婦の怠慢を示すように、本に積もる埃は、女流文学者の軽率を示している。[*11]

サルトル派との論争の論点とは、『言葉と物』における「歴史」の取り扱い方に関わるものである。異なる様々な〈エピステーメー〉の間に、歴史的思考の方法＝モード〔le mode de penser historique〕では捉えきれない非連続性や断絶の存在を認めることによって、フーコーは意味という問いを消し去ったのだと

＊6　*Cf.* P. Macherey, « De Canguilhem à Canguilhem en passant par Foucault », dans *Georges Canguilhem. Philosophe, historien des sciences, op. cit.*, p. 286-294 ; F. Delaporte, « Foucault, Canguilhem et les monstres », dans *Canguilhem. Histoire des sciences et politique du vivant, op. cit.*, p. 91-112.

＊7　G. Canguilhem, « Mort de l'homme ou épuisement du *Cogito* ? », *Critique*, n°242, juillet 1967, p. 599-618.

＊8　M. Foucault, *Les mots et les choses*, Paris, Gallimard, 1966, p. 398.〔『言葉と物』四〇九頁〕

＊9　D. Eribon, *Michel Foucault* (1989), Paris, Flammarion, édition revue et enrichie, 2011, p. 282.〔『ミシェル・フーコー伝』田村俶訳、新潮社、一九九一年、二四三頁〕

＊10　Beauvoir citée par Eribon dans *Michel Foucault, op. cit.*, p. 280.〔原著増補の際に追加された部分のため、邦訳には該当の箇所は含まれていない〕

＊11　G. Canguilhem, « Mort de l'homme ou épuisement du *Cogito* ? », *op. cit.*, p. 610.

言えるだろう。考古学という手法はまさしく進歩という概念に解雇通知を突きつけるものであり、フーコーは諸々のエピステーメーを呈示する際に、その継起に関して何らかの価値判断を可能とするような、いかなる規範も参照することはないのである。

一九世紀における〈歴史〉とは、一八世紀における〈進歩〉であり、これは一七世紀の〈秩序〉にとって代わったものである。但しこの〈進歩〉の出現が、〈歴史〉にとっての一歩の進歩であったのだと理解してはならない。そして、もし〈人間〉の顔が「波打ちぎわの砂の顔のように」知から消えるのだとしても、フーコー氏においては、彼がその可能性を、何らかの衰退の可能性と見なしていると考えさせるような理由は何一つ存在しない。我々がここで向き合っているのは、近代文化の宣教師ではなく、一人の探検家なのである。[*12]

しかしそうすることによって、フーコーは同時に、〈歴史〉を葬り去ったのではないのだろうか？　カンギレムによれば、そのようなことは断じてない。実存主義者たちよりも厳格に、この知の考古学者は、歴史という手続きを、彼らよりももっと先にまでおし進めるものである。というのも、彼は歴史的思考の方法＝モードの歴史性こそを問題化するところにまで進むからだ。

ある意味では、次のように書く者に対して、歴史性という関係性について、これ以上何を尋ねることがあるだろうか。すなわち、「このように、われわれの経験にあたえられるすべてのものの存在の様態＝モード〔mode d'être〕として、〈歴史〉は、われわれの思考にとって回避しえぬものとなった」（原著二三二頁）[訳注5]。しかし、一方では言説、他方では経験性における存在の様態＝モードとしてのこの歴史の出現が、一つの断絶のしるしと見なされるときには、そこからは次のことが結論されることとなる。つまり何らかの別の――あるいは既に進行中の――断絶が、やがて歴史的思考という方法＝モードを、我々にとって無関係の、思考不能なものにすることもありえないわけではない、ということである。[*13]

フーコーによって近代のエピステーメーの産物と呼ばれた歴史的思考という方法＝モードが、それ自体、ある日消えゆくように運命づけられることがないと保証するものは全く存在しない。一九世紀以来「われわれの思考にとって回避しえぬ」カテゴリーである歴史は、これから来る幾世期においても、そのようなものであるのだろうか？　独断論に陥らない限りは、それを確証できるものなど何もない。

「人間の死、すなわち〈コギト〉の消尽？」が、事実としてフーコーがサルトルとの間で引き起こした論争でフーコーの側に立つものであることを確かめるために、これ以上さらにカンギレムの言葉を読み進める必要はない。しかし、ではこの一九六七年のテクストは、ただ一方の陣営から他方に向けられた反撃であったとだけ、理解されるべきなのだろうか。我々はそうは考えない。

我々としては、カミーユ・リモージュがその存在を教えてくれた一点の未刊行資料を読むことを、議論の拠りどころとしたいと思う。それは一九六六年一〇月六日、モントリオールでなされた講演の原稿

＊12　*Ibid.*, p. 604.
＊13　*Ibid.*, p. 603.

であり、今日から振り返ってみれば、これが『クリティーク』誌のよく知られた書評の初稿であることは明らかである。この資料は、一九六六年四月の『言葉と物』刊行の時点、つまり一九六七年一月の『レ・タン・モデルヌ』誌でサルトル派との論争が開始される以前に、カンギレムがどのようにこの本を読んでいたのかを教えてくれるという点で、貴重なものである。この講演は「哲学は〈コギト〉を断念できるか」と題されている。その冒頭から、カンギレムは次のように宣言していた。

ここにあるのは、個人的〔personnelle〕であると同時に状況的〔circonstancielle〕な問いであり、そしてもとよりそれは、ただ一つの問いでしかない。個人的なものであるとはいえ、この問いが道理にかなったものなのだと証明するには、この問いが今日いかなる哲学的状況においてその表明を促され、あるいは恐らく、催促されさえしたのか、それを説明すれば十分だろう。[*14]

テクストを読み進めてゆくと、「今日」においてこの哲学者に〈コギト〉の断念という問いを呈することを催促した「哲学的状況」とは、ほかならぬ『言葉と物』の刊行であることが理解される。「個人的であると同時に状況的な」問いに、ただ道理のみならず、それが正当であるという証明を与えるのは、この書物なのである。この告白には、どこか不可解なところがある。つまり、フーコーによって呈された問いのどの部分が、カンギレムから見て、個人的な性質を帯びるものだったのだろうか。簡単に述べるなら、我々の仮説としては次のようになる。〈コギト〉の断念とは、カンギレムにとって「個人的な問い」なのであり、それは彼自身の哲学的道程の一部分とぴったりと重なるものであったのだ。カンギレムが「いつもの慎重な態度」を捨てたのは、彼が『言葉と物』の核心をなす問題だとみなした事柄、すなわちこの書物が、彼自身が一九三〇年代に体験したある思想のドラマに対し、初めて診断をもたらすものだということを論じるためだったのだと考えられる。そしてこのドラマこそ、カンギレムが「〈コギト〉の消尽」と名づけたものだったのである。

〈私は考える〉解体の歴史

フーコーによって展開された議論を、簡潔に振り返っておこう。カントに至るまでは、真理は主体性に属するものであり、「認識一般を可能にする表象の諸特性と諸形態」[*15]の分析に属するものであった。ところが、一八世紀と一九世紀の転換期に、あるエピステーメーの交代が生じるとフーコーは指摘する。すなわち、〈私は考える〉に真理の基盤が置かれていたパラダイムから、それ以降は真理が人間の有限性に属することとなるパラダイムへの交代が生じる。そしてそこでは、人間はもはや主体としてではなく、文献学・経済学・生物学（言語・欲望・肉体）の交差するところに現れる実定性として、理解されるものとなるのである。

分析の場所が、もはや表象ではなく、有限性のうちにある人間となったいまでは、「フーコーによれば」問題は、認識の諸条件を、認識のうちに与えられている経験的諸内容から出発してあきらか

＊14　G. Canguilhem, « La philosophie peut-elle renoncer au *Cogito* ? », Conférence prononcée à la Société de philosophie le 6 octobre 1966, Fonds Canguilhem, Caphès.

＊15　M. Foucault, *Les mots et les choses*, *op. cit.*, p. 329.〔『言葉と物』三三八頁〕

にすることなのである。[*16]

従って、フーコーが「近代の思考」と呼ぶものの到来とは、経験的な場と超越論的な場が重複することによって特徴づけられる。

経験的ないかなる認識も、人間にかかわりさえすれば、ありうべき哲学的［つまり超越論的］場としての価値、すなわちそこにおいては認識の基盤とその諸限界の規定、そして最終的には、すべての真理の真理があきらかにされるはずである哲学的場としての価値をもつだろう。[*17]

近代のエピステーメーは古典主義的エピステーメーと断絶する。なぜなら、認識を可能にする条件とは、もはや諸表象の主観的総合――『純粋理性批判』第二版において、「統覚による根源的‐総合的統一」であるとされた〈私は考える〉――にではなく、フーコーが「経験的‐超越論的二重体」と呼ぶ、ある装置の側に求められるからである。

有限性の分析論において、人間とは奇妙な経験的‐超越論的二重体である。なぜならそれは、あらゆる認識を可能にするものについての認識が、それによって得られるような存在だからだ。[*18]

そこから次のことが生じたとフーコーは続ける。「そのとき、二種類の分析の誕生が認められた」。[*19] 第一の種類は、認識の根拠を人間の有限な本性に置くという点において、実証主義的と呼ぶことができるものであり、そして第二の種類、すなわちマルクス主義的分析は、認識の歴史性、つまり認識がその可能条件として歴史的、経済的および社会的要素を要するのだということを明るみに出すものである。

ところで、『言葉と物』の議論のこの段階において、フーコーはある操作に着手するのであり、そしてカンギレムは決してそのことを見逃さない。一九六七年の『クリティーク』誌の書評、そしてとりわけ一九六六年のモントリオールの講演はこれを証言するものであり、この後者については、その文言のすべてがこの操作を論じているのである。フーコーによってなされたこの有名な操作とは、次のようなものである。すなわち、カント的パースペクティブにおける古典主義的エピステーメーを、近代的エピステーメーによって置き換えることである。カンギレムがフーコーの仕事に関して「〈コギト〉の消尽」を論じることができたのは、一八世紀と一九世紀の転換期において、古典主義時代の〈私は考える〉が二つの異なる方向に向かって分解したのだということをフーコーが明らかにしたからである。一方の側には、次のような分析がある。すなわち、

身体の空間に宿り、知覚や、感覚器官のメカニズムや運動神経の図式や、事物と有機体に共通する連結・構成などの研究をつうじて、ある種の超越論的美学として機能してきた分析だ。[*20]

＊16 *Ibid.*〔同箇所〕
＊17 *Ibid.* p. 352.〔同三六三頁。［ ］内はロートによる注記〕
＊18 *Ibid.*, p. 329.〔同三三八頁〕
＊19 *Ibid.*, p. 330.〔同三三八―三三九頁〕
＊20 *Ibid.*〔同三三九頁〕

つまりフーコーによれば実証主義は、認識を可能にする条件とは、人間の解剖学と生理学に関わる条件なのだということをはっきりと示してみせた。他方で、古典的主体の主権を掘り尽した分析こそがマルクス主義であり、それは「おおかれすくなかれ古く、おおかれすくなかれ克服しがたい、人類の諸幻想の研究をつうじて、ある種の超越論的弁証法として機能してきた」[*21]。マルクスは、認識の諸形式の歴史性というものが存在すること、よってそれらの形式が普遍的なものではなく、歴史的、社会的および経済的な諸条件によって決定されているということを示したのである。フーコーはさらに続ける。

ところで、これら二種類の分析は、たがいにたがいをまったく必要としないように見えるという、独特の点を持っている。それどころかこれらの分析は、何らの形式論理学(すなわち主体の理論)にまったく依拠しないですますことができる。つまりこれらの分析は、それ自身にもとづくことしかできないと主張するのである。それというのも、諸々の内容それ自体こそが、超越論的反省として機能するものだからだ。[*22]

カント的パースペクティブに立ち戻るならば、このような思考の図式において姿を消したものこそ、まさしくアランや反省的方法の伝統にとってその哲学全体の鍵となるもの、すなわち悟性の諸形式であり、主観的総合であるもの、つまり悟性という〈超越論的分析論〉にほかならない。なぜなら近代的エピステーメーにおいては、統覚による根源的-総合的統一(主体、〈私は考える〉)は自然=本性〔une nature〕に求められるか――実証主義的パースペクティブ――、あるいは自らに先立つ歴史一般に溶けこまされるか――マルクス主義的パースペクティブ――になるからだ。これ以降はフーコーが説明するように「諸々の内容それ自体こそが、超越論的反省として機能する」[*23]のであり、そこで機能するのはもはや、起源としての主体ではないのである。

こうして、あの『言葉と物』の有名な結論に至ることとなる。超越論的なものを経験主義的なものへと引き下げることによって——つまり、カントにおいて超越論的分析論に属するものとされたすべてを、分析の場から消し去ることによって——、思考はもはや独断論的ではないが、しかし人間学的な「新しい眠りをねむるのだ」[*24]。従って、フーコーにとって目指されるべきすべてとは、思考をその人間学的眠りから醒ますこと、言い方を換えれば、もう一度、超越論から経験論を引き離すことである。但し、それはカントのやり方によってではない。いまや認識の可能条件が、非歴史的主体の悟性と感覚におけるア・プリオリな形式に属するものではない以上、もはや主体性に再び超越性を置き直すことが問題なのではないのだ。フーコーが批判ではなく考古学というものを、すなわち主観的ではなく構造的・歴史的な認識の条件を明らかにすることを目指す考古学を試みるのは、そのためである。人文諸科学の考古学は、もはや認識と経験の可能条件を超越論的主体には置かず、これを生物学と経済学と言語学の交差する点に生じる諸々の言説的実践に置くものである。そしてフーコーによれば、これらの実践についての研究こそが、その当の実践の生み出した奇妙な「経験的－超越論的」装置たる、人間というものの間近い終焉を告げるのである。

＊21　*Ibid.*〔同箇所〕
＊22　*Ibid.*〔同箇所。（　）はフーコーによる挿入〕
＊23　*Ibid.*〔同箇所〕
＊24　*Ibid.*, p. 352.〔同三六三頁〕

『言葉と物』を読むカンギレム

『言葉と物』の議論をここまで長々と見てきたのは、フーコーの分析の中に、カンギレム自身の思考道程と関わるものが存在しているためである。それというのも我々は、カンギレムによるフーコーへの称賛の一部は、フーコーがカンギレム自身の体験した、しかし――少なくとも『言葉と物』がそれに診断を与えてくれるまでは――十分にそれについて考えることができなかった思考の秩序における一つの転倒について、初めて説明したということに起因するものと考えているからである。

その哲学について考えるなら、我々はカンギレムが、カントの「超越論的分析論」に関する省察から展開された思想家たち（ラシュリエ、ラニョーそしてアラン）の伝統にその出自を持つことを見てきた。たとえば、カンギレムが「アランは真の哲学者である」[*25]という確信の根拠とした四つの作品の一つである『海辺の対話』が、その副題を「悟性の探求」としていたことを思い起こすことができるだろう。しかし壮年期におけるカンギレムの仕事は、判断する主体による遍在的な活動を反省的に辿ることを目的とするような主知的な哲学というものと、あからさまに多く関わるものとはもはや見えないのである。ここから、次の仮説が導かれる。すなわち、フーコーによって描かれた我々の生きる近代性の端緒における断絶に対して、カンギレムが殊更に注意を寄せたとすれば、それは西洋の思考が巨視的なレベルで経験したものと類似の断絶が、彼の個人的な道程のレベルにおいても生じていたからである。

従って、若きカンギレムの哲学の源泉となっていたものを念頭に置くならば、一九六七年の『クリティーク』誌の書評でも、一九六六年のモントリオール講演でも、彼がフーコーについて特に、古典主義的エピステーメーから近代的エピステーメーへの変移においてカントが果たした根本的な役割を突き止めたという点を称賛しているのは、驚くべきことではないだろう。実証主義とマルクス主義が超越論的分析論——つまり主体の理論——なしで済ますことができるのは、ある意味でカントが彼らにその土壌を準備したからなのである。モントリオール講演において、彼は次のように主張する。「カントとは、自らについての意識を持たない主体性というものに出生証明書を書いた哲学者である」[*26]。そして彼はこのことについて、翌年の『クリティーク』誌のテクストでかなり長い説明を行なっている。

悟性の諸概念の乗り物である〈私は考える〉は、経験をその理解可能性へと開く光である。しかしこの光は我々の背後に存在するのであって、我々はそちらの方へ振り向くことはできない。思考の超越論的主体も経験の超越論的対象も、どちらも未知数Xなのである。統覚による根源的‐総合的統一は、「表象‐以前」において表象を構成するものであり、この表象は自らの起源という段階に到達することができないという点で制限を受けている。従って、デカルトの〈コギト〉とは異なり〈私は考える〉は即自的なものとして想定されるのであり、対自に到達できることはない。〈我〉は、自らが〈自己〉であると認識することができないのである。[*27]

自ら自身を意識する主体の手前、すなわちデカルトが内省によって発見したと考えた〈私は考える〉な

＊25　G. Canguilhem, « Réflexions sur la creation artistique selon Alain » *op. cit.*, p. 186.
＊26　G. Canguilhem, « La philosophie peut-elle renoncer au Cogito ? », *op. cit.*
＊27　G. Canguilhem, « Mort de l･ homme ou épuisement du Cogito ? », *op. cit.*, p. 614-615.

るものの手前に、表象の場を逃れる、あるカテゴリーの構造というものが存在していることを、カントは明らかにする。それが表象を構成するものであるということによって、このカテゴリーの構造は、「経験をその理解可能性へと開く光である。しかしこの光は我々の背後に存在するのであって、我々はそちらの方へ振り向くことはできない」。そしてそれゆえに、とカンギレムは続ける。それ以来、かつて主体が占めた「玉座」が空になったために、いくつかの思想の潮流はその後を継ぐ可能性を持つものを、経験の場に求めることとなった。それこそが、既に指摘されている通り、実証主義の採った選択肢である。

このとき以来、哲学において、それとして機能している主体のない〈コギト〉の機能、という概念について思考することが可能となる。カントの〈私は考える〉は、それが常にこの力能の結果として得られる認識の手前に身を置く以上は、以下の一点において共通している様々の試みを妨げることがない。すなわち、基盤となるべき機能や、あるいは形式によって我々が得る認識の正当性とは、科学自体がこれらの認識を精緻化していきながら、それがよく作動していると証明することとなる諸々の機能や構造というものによって、確認・保証されうるものなのではないか、と問うような試みを、それは妨げないのである。[*28]

一八世紀から一九世紀への転換期において、超越論的主体の発見を経て、一群の非人称的構造がそれ以降は「それとして機能している主体のない〈コギト〉の機能〔la fonction du *Cogito* sans sujet fonctionnaire〕」を果たすようになる。言い方を換えれば、こうして、構造が主体の代わりに置かれることとなるのである。

ところで、我々が関心を置く問題について考えれば、上のカンギレムの言葉は、この〔構造と主体の〕置き換えを呈示するために、彼が受け継いだものである反省的方法の試金石となる文言、すなわち〈私は考える〉や「統覚による根源的 - 超越論的統一」が用いられているという点において、貴重な意味を持っている。ここから、以下の仮説が得られる。フーコーの議論に従うという形で、カンギレムが一九世紀における主体の悲劇的な――なぜならそれは消滅してしまったのであるから――運命を描写したとき、そこで彼が手短に辿っていたのは、ある意味では、彼自身が歩んだ哲学の道筋だったのである。アランから、そしてより根源的にはカントから受け継いだものである主体の哲学を出発して、カンギレムは独自にある哲学へと、すなわちそこにおいては生命こそが――言い換えれば「自らについての意識を持たない主体性」こそが――、主体によって空位のままに遺された玉座を占める哲学へと到達する。つまり、『言葉と物』への書評という形をとりつつも、「人間の死、すなわち〈コギト〉の消尽?」とは一つの自己分析の試みなのであり、そこにおいてカンギレムは密かに、自らが「観念論者」であった時代の終わりに彼自身で突きあたった困難について語っているものであると、我々には考えられるのである。

一九六七年の書評の続きは、この仮説を補強してくれるものであるように思われる。フーコーが「極めて鮮やかに、一九世紀の非 - 反省的な諸哲学が『批判固有の次元を経験的認識の諸内容にまで[訳注6]』引き下げようとした手続きと、そしてそれがある種の批判の使用を避けられていないということを[*29]」明らかにしたと称賛しながらも、続けてカンギレムは以下の、重大な意味を持つ留保を加えるのである。

---

*28　*Ibid.*, p. 615.
*29　*Ibid.*

フーコーはコントの名前を一度しか挙げていない（原著三三一頁）[訳注7]。しかしこの事例は、もう少し詳しく論じるべきである。コントは多くの点で、自らこそは形而上学的な主体と対象の関係を科学的な有機体と環境の関係において置き換えた、真のカントであると考えていたのだ[*30]。そして数行先において、カンギレムはこのように結論することとなる。

コントの哲学とは、経験論という手続きにおいて保存された超越論の試みの典型例である[*31]。

一九四三年の博士論文、そしてとりわけ「生体とその環境」を主題としたあの重要なテクスト[*32]において、有機体と環境という一対がどれだけ大きな意味を与えられていたかを考えれば、直ちに次のことを問うてみることが許されるのではないだろうか。すなわち、壮年期のカンギレムの哲学は、それ自身が、何らかの程度において——その微妙な差異はここでは大きな意味を持つが——「経験論という手続きにおいて保存された超越論の試み〔un traitement empirique du projet transcendantal conservé〕」なのではないのか。

これはある意味では、ジャック・ピクマルが既に一九八五年、『形而上学・道徳雑誌』によるカンギレム記念号刊行に際して、その恩師に対して呈していた問いである。彼の実体験を語った「G・カンギレム、リセ最終学年教師（一九三七—一九三八年）」[訳注8]において、ピクマルは、カンギレムが珍しくメタファーを用いたいくつかの場面について語っている。彼はとりわけ二つのイメージについて思い起こすのだが、それは両方とも、「意志〔la Volonté〕」についての同じ授業からとられたものである。

我々の熟慮に基づく決定〔nos décisions délibérées〕について、議会制の手続きが論じられた。つまり、法案の提出、長い審議、投票による量的な統括、採決結果の政府への伝達、等々。但し、このメタファーはただ「モデル」としてしか役に立たないのであって、それは却下すべき理論の基盤をなしているのである。〔…〕反対に、そして逆説的なことに、随意運動〔mouvement volontaire〕の生理学的側面について、主動筋と拮抗筋における「交差的神経支配」の構造を要約するのに、カンギレムは次のように述べたのである。「つまり筋肉に関して言えば、反対者の承認が必要なのである」。このイメージは確かに、まずは何よりも、教育的要約を提供するものであった。しかし、この時期にカンギレムの思想が経験していた転換を思えば、我々の先生にとって、精神に関わるものの生理学へのこの投影が、既にメタファー以上のものになり始めていたのではないかということが考えられる。[*33]

この証言は多くのことを教えてくれる。議会での討論（判断の優位）という「反省的」なメタファーに対して、カンギレムは生理学に属する（つまり身体に属する）イメージをその代わりに置き、そして随意的＝自発的運動の複雑さを説明するのである。そこには無意味なことは何一つない。ピクマルが言う

＊30　*Ibid.*

＊31　*Ibid.*

＊32　G. Canguilhem, « Le vivant et son milieu », dans *La connaissance de la vie*, *op. cit.*, p. 129-154.〔前掲「生体とその環境」『生命の認識』一四七―一七九頁〕

＊33　J. Piquemal, « Georges Canguilhem, professeur de Terminale (1937-1938) », *op. cit.*, p. 80-81.

通り、我々もまた、この「精神に関わるものの生理学への投影」は単なるメタファー以上のものであると考える。そしてこの「投影」こそは、一九三〇年代半ばからカンギレムの思想が経験していた一つの「転換」を証言するものだと考えられるのである。

哲学の実践とは、まさしくバシュラールがそうしていた通りのもの、すなわち「概念に労働＝作業を加えるということとは、その概念の外延と内包を変化させるということである[*34]」というカンギレムの有名な言葉がある。そうだとすれば、一九三五年から一九三六年にかけてカンギレムが取り組んでいたこと、それこそはバシュラール的な意味において、アランから受け継いだ反省的な「思考様式」に「労働＝作業を加える／加工すること〔travailler〕」であった。そしてカンギレムの壮年期の仕事を知る者であれば推察できるように、ほかならぬ生命こそにおいて、それまで精神の領域に限られるものであったこの判断の哲学は、もはや超越論的主体に求めることができなくなったその支点となるべき存在であり、かつ同時に、ある移動をもたらす契機ともなるものと出会うことになる。『正常と病理』において、カンギレムは次のように書くこととなるだろう。

擬人化におちいる傾向について、我々は誰にも劣らず警戒しているつもりである。我々は、生命の規範に人間的な内容を与えるものではない。我々は、人間の意識にとって本質的なものである規範性が、もし仮にそれが何らかの仕方で生命の中において萌芽的に生じるものでないとするならば、一体どのようにして説明されるのかと問うてみたいのである。[*35]

一九四三年以降、カンギレムにとっては、生命が〈コギト〉をその機能、特に価値を付与するという機能において、引き継ぐものとなる。対象についてのこの変更は、当然ながら、哲学の作業の再定義を必要とする。そしてこの点においても、フーコーはカンギレムにとって、哲学の現状に対する正しい診断を与えた者として映ったのである。一九六七年の『クリティーク』誌の書評で、カンギレムは以下のように述べている。

「コギトと思考されぬもの」〔原著三三三―三三九頁〕[訳注9]の短い章を書きながら、フーコー氏は恐らく自らがただ自分自身としてだけ語っているのではなく〔…〕、あらゆる伝統的な先入見を超えたところで、哲学にとっての今日的責務となる問いについて書いているのだということに気づいていただろう。近代の〈コギト〉とは、もはや思考することにおいて、自らの存在について考えている思考の同一性を、直観的に把握することではない。それは、「いかにして思考がここ以外の場所に、しかしそうでありながらなおそれ自身にもっとも近いところに、宿るのか、いかにしてそれが思考しないものという形相のもとに〈ある〉ことが可能なのか、それを知るためにつねに再開される問い」〔原著三三五頁〕[訳注10]なのである。[*36]

*34 G. Canguilhem, « Dialectique et philosophie du non chez Gaston Bachelard », dans *Études d'histoire et de philosophie des sciences*, *op. cit.*, p. 206.〔『科学史・科学哲学研究』二三九頁〕
*35 G. Canguilhem, *Essai*, *op. cit.*, p. 77.〔『正常と病理』一〇四頁〕
*36 G. Canguilhem, « Mort de l'homme ou épuisement du *Cogito* ? », *op. cit.*, p. 617.

「コギトと思考されぬもの」についての章を書きながら、フーコーは確かに、ただ彼自身としてだけ語っていたわけではない。彼はそれと知らずに、カンギレムの代わりにも語っていたのである。カンギレムが彼自身として通過したものであり、しかし『言葉と物』でのフーコーほどに鮮やかには特定できずにいた問いが、初めて説明されたのである。モントリオールにおいて、カンギレムはフーコーが「〈私は考える〉の優越性を回路の外におく、思考されぬものの存在論」[訳注11]という現象学の試みに言及している箇所を検討することで、その講演を閉じている。彼はそこで、次のことに注意を促した。

この一文には、重大な意味を与えるべき、ある言葉が含まれている。すなわち、〈思考されぬもの〉という言葉である。それが〈潜在的なもの〉に関わるものであれ、〈非充実態〉であれ〈無意識のもの〉であれ、哲学的思考がその固有の役目として把握しようと試みる意識を〈思考されぬもの〉が前以て、あるいは時代の背後からかどこからか、襲っているのだということは、今日において確かである。

カンギレムにとっての、右のように定義される「思考されぬもの」〔l'impensé〕とは、つまり生命それ自体なのではないだろうか。生命こそが、思考に「もっとも近いところに」ある「思考しないもの」、すなわち傲慢にも意識を超え出て、思考一般がそれ自体で把握できるような「意識を前以て、あるいは時代の背後からかどこからか、襲っている」ものであるのだと考えることはできないだろうか。我々の考えでは、これこそが壮年期のカンギレムが、特にその生命科学に関する哲学のテクストにおいて、明らかにしようとすることである。

反省的「様式」は断念されるべきなのか

フーコーとの対話を閉じるに当たって、次のことが言えるだろう。すなわち、従ってカンギレムにとって一九世紀の到来とは、知という場における、一つの転倒を確かに証言するものである。但し、彼の注意を引いたのは、フーコーによってその間近い終焉が予告された、人間諸科学の誕生ではない。そうではなく、それは純粋悟性以来の経験を統一するある特定の方法に関して、その死が証明されたということである。だからこそ、カンギレムは「人間の死」の代わりに「〈コギト〉の消尽」について語ることの方を選ぶのであり、そこにおいてはカントの後、〈コギト〉はその内容を全く失ったのである。フーコーにとっては、自然──実証主義の選択──あるいは歴史──マルクス主義の選択──への主体の解体こそが、至上権を持つ主体なるものにおいて経験の統一性を基礎づけることの、不可能をしるしづけている。要約するなら、フーコーにとってデカルト的〈コギト〉の終焉を告げるのは、〈理性〉の歴史性の発見である。しかしながらカンギレムにおいては、この点は異なるものとなる。すなわち、この後で見ていくように、一九三〇年代における彼の視点とは、歴史的であるというよりも、価値論的なものとなるからである。

彼によれば、悟性の哲学がただそれ自体で経験の密度を説明できるのだという考えは、一元的な価値の体系に従って経験を統一することの不可能性のために、修正されなければならない。この点について詳しく見ていくこととしよう。一九三九年の『論理・道徳概論』の定義に従えば、悟性の哲学のすべて──従って科学のすべて──の目的とは、「〈真〉、つまりある〈現実〉の正確で忠実な表象とされる、確証または判断」[37]を生み出すことにある。ところで、人間の経験から何かを切り落とすのでなければ、真理とは決して、判断にとって可能なただ一つの価値とはならない。カンギレムによれば、それは技術という現象を研究すれば確かめられることである。すなわち技術とは、反省的な種類の判断よりも、むしろ人類における生の歴史の、太古からの継承に基盤をもつものなのである。彼の主張は以下の通りである。もし判断が、ただ真実の確証に固定されるならば、技術の飛躍というもの、そしてつまりは人類の歴史が始まったことを理解することは、まさしく不可能となるだろう。なぜなら手短に言えば――この点にはまた後に立ち戻ることとするが――、技術的な発意を動機づけることができるのは、いまそうであるもの〔ce qui est〕についての科学的検証ではないからだ。技術的な発意は真実に促されて生じるのではなく、間違い、欠乏、ある種の不在という形式、つまり換言するならば、自らの置かれている状態に不満足な生きている存在によって、何らかの程度意識的に定められた、ある目的もしくは価値というものに促されて、生じるのである。従って、カンギレムがその生涯を通じて技術の問題に関心を注いだのは、科学史家としてであるよりも、むしろ価値の哲学者としてであると考えられる。事実、技術の発意の分析の中に彼が、ラニョーとアランにとって重要であった哲学的主張、すなわち事実に対する価値の優位というものについての、確実かつ明白な証拠となるものを見ていた可能性は高い。少なくとも、それこそが、我々がこれから明らかにしたいと考えている点である。

但し、技術という現象に関する哲学を検討することに進む前に、まず一点、極めて重要な意味を持つ留保について確認しておくこととしたい。一九三五年から一九三九年の間にカンギレムが発表した何本かのテクストが示す通り、あらゆる点から見て、それまで擁護してきた主知主義的な哲学の限界点を彼が批判するようになったことは疑いない。しかしながら、彼がやがて『言葉と物』を読んだ後、あらためて解釈することとなったこの知に関する危機が、彼に完全に反省という「様式」を断念させたというわけではない。むしろ、その反対なのである。この点において我々は、〔一九七八年および〕一九八四年、フーコーによって描かれたフランス哲学についての有名な図式、すなわち、とりわけカンギレムによって代表されるものである概念の哲学がサルトルや〔モーリス・〕メルロ＝ポンティによる意識の哲学に対立するという図式[38]については、賛同しない。我々の考えでは、カンギレムは一度として、主体なき哲学を主張したことはなかった。彼においては、構造のそのもう一方に、ある形式における主体というものが置かれていたのだ。主体なくして、カンギレムが人間性の最高の機能と見なすものである判断と選択という能力は、いったいどこにその基盤を置くというのだろうか。だがカンギレムはスピノザ主義哲学者カヴァイエスを崇敬していたではないか、そう反論されるかもしれない。しかし彼がカヴァイエスを崇敬したこと、それは彼が一九八九年に自ら述べているように、この友人が主体なき哲学の推進者でありながら周知の通りの英雄的行動に身を投じたまさにそのことによって、彼が抱え続けることとなった謎のためにこそなのである。「そこに秘められた説明を完全に明らかにすることができずにいること、我々にとっては、それこそは彼の偉大さへの敬意をなすものである[39]」。この哲学者にとって、たとえ〈コギト〉が消尽したと証明されたとしても、判断という最高位にある機能を保持すること、これこそ

＊37　G. Canguilhem, C. Planet, *Traité de logique et de morale*, *op. cit.*, p. 643.

＊38　*Cf.* M. Foucault, « La Vie, l'Expérience, et la Science », *op. cit.*, p. 1583.〔『フーコー・コレクション六　生政治・統治』四二二頁〕

＊39　G. Canguilhem, « Une vie, une œuvre 1903-1944, Jean Cavaillès, philosophe et résistant, France Culture (27 avril 1989) », dans J. Cavaillès, *Œuvres complètes de philosophie des sciences*, Paris, Hermann, 1994, p. 683-686, p. 686.

は一つの義務なのである。それゆえに、一九三五年以降のカンギレムの力のすべては、この判断の哲学を、非歴史的存在たる主体による総合というもの以外のどこかに位置づけ直すことに注がれることとなる。言い方を換えれば、判断の哲学の——従って、あらゆる主体の哲学の——終焉の鐘を鳴らすよりも、むしろ「〈コギト〉の消尽」とはなおいっそう、〈コギト〉の再建設を呼びかけるべきものなのである。そしてカンギレムの知的行程のこの先について知っている者であれば推測される通りに、もはや超越論的な形での主体というものが保証できなくなった支えを、判断の哲学は生命においてこそ見出すこととなる。繰り返すなら、我々は、カンギレムはその終生にわたって、彼の青年期を占めるものであった反省的「様式」を持ち続けたのだと主張する。それゆえに三〇年代の終わりにおいて、生命の哲学に根ざしつつ、この判断と価値の哲学をうち立て直すことが何よりも目指されるものとなるのだが、そこでは生命それ自体もまた、ある意味においては、判断と選択の一個の力能として捉えられるのである。

訳注

1——Octave Hamelin (1856-1907). ルヌーヴィエの弟子であり、ボルドーおよびソルボンヌ大学教授を務めた。ルヌーヴィエの表象主義を継承しつつ、相対立する表象の排除関係と、そこから導かれる第三項としての全体性を明らかにする総合的理論を呈示した。その主著『表象の基本要素についての理論』がバシュラールの一九二七年の博士論文「近似的認識試論」に与えた影響の重要性について、カンギレムは「ガストン・バシュラールにおける弁証法と否定の哲学」で強調している（邦訳『科学史・科学哲学研究』二三〇—二三三頁を参照）。また、次世代のラヴェルとル・センヌにも影響を与えた。

2——フェルナン・オービエによって一九二四年に創設されたオービエ＝モンテーニュ出版社。「精神の哲学」コレクションは三四年に開始された。

3——John William Strutt Rayleigh (1842-1919). イギリスの物理学者。次項のラムゼイと共に、元素アルゴンを発見した。「気体の密度に関する研究、およびこの研究により成されたアルゴンの発見」によって一九〇四年度ノーベル物理学賞を受賞。

4——William Ramsay (1852-1916). スコットランドの化学者。前項アルゴンの発見により、希ガスを発見した業績に対して、一九〇四年度ノーベル化学賞を受賞。

5——邦訳『言葉と物』二三九頁。

6——『言葉と物』三三九頁。

7——同三四〇頁。

8——カンギレムは一九三六年に「私が生涯において唯一本当に望んだ職」というトゥルーズのリセに着任し、翌三七年から最終学年の受験準備学級を担当していた（*Cf.* Bing, F. & Braunstein, J.-F., « Entretien avec Georges Canguilhem », *Actualité de Georges Canguilhem : le normal et le pathologique*, Bing, Braunstein & E. Roudinesco (ed.), Paris, Les empêcheurs de penser on rond, 1998, p. 121)。

9——『言葉と物』三四二—三四九頁。

10——同三四四頁。

11——同三四六頁。

第二部　行動することと判断すること（一九三五—一九三九年）

——行動の火急性が悟性を超え出るということ

第六章　判断について

判断するとはいかなることか

一九三〇年代前半とは反対に、一九三五年から一九三九年にかけて、カンギレムは比較的僅かな数しか仕事を発表していない。せいぜい一〇本に届くかというこれらのテクストは、大きく二つの軸にちょうど半分ずつ分けられることができる。その一つの軸とは、一九三〇年代の農民を対象とした社会学的なものであり、もう一方の軸とは、より直接に哲学的な、技術という領野において認識と行動の関係の問題を問うものである。たとえ一見ではこれらの主題が互いに交わるようには見えないとしても、しかしこの二つの軸の基底には、同じ一つの哲学的問いが横たわっている。すなわち、経験の統一性〔l'unité d'expérience〕という問いである。

カンギレムは、経験の統一性とは事実による所与ではなく、むしろ一個の問いなのだという思想を、カントから確かに受け継いでいる。彼によれば、そこにあるものこそがまさに、何よりも優れて哲学の問いなのである。人間は生きている限り必ず、それ自体ではカオスである世界を組織化し、そしてこれに価値という極性を与えずにはいられない。このことは、価値論的に決して中立ではないという人間理性の有限性に原因するものである。すなわちカントによれば、事実として「理性に固有な、ある現実的必要というもの」が存在するのだが、そうであるとして、「理性とは満足を求めるものである」[*1]。この人間精神と不可分な要求こそが、統一性の欲求〔besoin d'unité〕なのである。このような統一性の欲求とは、反省による階層化の活動によってしか満たされないものであり、この活動こそは、カンギレムにとって哲学まさしくそれ自体にほかならない。一九三九年の『論理・道徳概論』において、彼は次のように宣言している。「道徳的価値とは、つまり統一性が存在しないところに、それを創出することである」[*2]。それゆえに、彼によれば、哲学とはある技法として理解できるものとなる。それは判断の技法なのであり、そしていかなる独断的方法論によっても、我々はこの判断というものを免除されることはない。この点は根本的である。これについてカントが与えている定義によれば、「判断力は規則のもとに包摂する能力、すなわち、或るものが与えられた規則のもとに立つもの（与えられた規則の事例 *casus datae legis*）で

＊1　E. Kant, « Qu'est-ce que s'orienter dans la pensée ? » (1786), trad. fr. par A. Philonenko, Paris, Vrin, 1984, p. 78-79（二つの引用に関して）。「実際上の、かつ、それ自体が理性に固有にものである必要」「理性は満足を求める」〔「思考の方向を定めるとはどういうことか」円谷裕二訳『カント全集一三　批判期論集』岩波書店、二〇〇二年、七三頁。但し本訳では、原著で引用されている仏訳版に沿って訳出した〕

＊2　G. Canguilhem, C. Planet, *Traité de logique et de morale*, *op. cit.*, p. 824. 哲学とは本質的に判断による統一を実践することであり、全体性へと向かう精神の努力なのであるということは、カンギレムにおいて途切れることのなかった哲学的立場である。たとえば、彼は一九六五年、国立教育資料センターのためにテレビ放送された二つの対話〔「哲学と科学」と題されたアラン・バディウとの対話、および「哲学と真理」と題されたジャン・イポリット、カンギレム、フーコー、ポール・リクール、ディナ・ドレフュス、バディウによる議論〕でも、重ねてこの立場を表明している。本書三八九—三九〇頁を参照のこと。

あるかどうかを区別する能力である」[*3]。しかるに、いかなる悟性の規則も、判断力の介入を要さずには、何らかの個別の事例が何らかの一般的概念の下に含まれるものであるかを機械的に示すことはできない。これこそが、カントが想像力——悟性と感覚を媒介するものと彼が見なしていたもの——という難解な問い、すなわち悟性の純粋概念における図式論という問題に取り組んだ際に、まさに考えていたことである。「〔超越論的〕判断力一般について」と題された「原則の分析論」への短い序論において、カントはこう主張している。

一般論理学は判断力に対する処方をまったくふくんではおらず、またそれをふくむこともできない。一般論理学は認識のいっさいの内容を捨象するものであるがゆえに、一般論理学には認識のたんなる形式を、〔…〕分析的に分解する〔…〕仕事以外にはのこされていないからである。[*4]

もちろんこれは、認識にとって一般論理学が何らの有用性も持たないということを意味するものではない。悟性によって使用される形式的規則を決定するという任務は、一般論理学に帰されるのである。しかし、カントはすぐに以下のように付け加える。

ところでかりに一般論理学が、どのようにして或るものをこの規則のもとに包摂すべきか、すなわち或るものがこの規則のもとに立つものであるかどうかを、いかにして区別すべきかについて一般的に示そうとしたとすれば、それもまた、ふたたび或る規則によっておこなわれるほかはありえないことだろう。しかるに当の規則は、まさにそれがひとつの規則であるがゆえに、あらためて判断力の指令をあおがなければならない[*5]。

そうしてこの哲学者は次のように結論するのである。「判断力は特殊な能力であり、まったく学ばれることはなく、ただ行使されるのを望むものである[*6]」。

判断すること、それは意志すること＝望むことである

カントのテクストの厳密な解釈という領域を離れて、そこから我々にとっての問いに関わるいくつかの結論を引き出すこととしよう。我々は次のように言うことができるだろう。すなわち、こと判断に関する限り、即座に適用が可能ないかなる理路というものも存在しない。いかなる暗号解釈用の格子を用いても、たとえそれがどれだけ複雑なものであっても、我々自体において、かつ我々抜きで、規則の一般性を経験の単独性へ連結させることはできないのである。つまり、それは判断が、根本的に〈意志〉〔volonté〕と関係するものであるということを意味する。我々はこの点において、カントの判断についての学説に対する、反省的「思考様式」の独自の寄与というものが存在すると考える。カントとデカルト

＊3　E. Kant, *Critique de la Raison pure, op. cit., De la faculté de juger transcendantale en général*, A 132/B 171, p. 221.〔『純粋理性批判』一九八頁〕
＊4　*Ibid.*〔同箇所〕
＊5　*Ibid.*, A 133/B172, p. 221.〔同箇所〕
＊6　*Ibid.*〔同一九九頁〕

を調停することによって、ラニョーとアランは、判断を悟性と意志の総合によって生じるものとして理解する。しかも、この意志と悟性の間で行なわれる、判断へと向かう総合こそは、アランにとって、『純粋理性批判』と『実践理性批判』の連結を可能にしてくれるものである。つまり、判断が、決して無差別的＝無関心〔indifférente〕ではない意志というものによって支えられている以上、必然性の判断とは、常に既に価値に関する一つの判断なのである。判断する精神とは、すなわち優れた仕立人であろうと意志する＝望む〔*vouloir*〕精神であり、それは「理念の衣」がいかに概念の能力にとって快適なものであろうとも、その衣服が普遍的に価値＝意味を持つ〔*valoir*〕などということを認めないのである。もちろん、我々はここでフッサールの表現を、我々の都合のよいように流用している。[*7] このような使用が許されると我々が考えるのは、この表現が、カント、ラニョー、アラン、そして若きカンギレムよって理解されていた「判断すること」の意味を、極めて忠実に伝えるイメージを提供してくれるものだからである。判断することとは、客の個別の体格に応じて、その寸法と好みに合わせた衣服――概念――を仕立てることである。それゆえに、判断する精神は、仕立て職人に似たものとなるのである。つまり型紙の一般性は、常に客の体つきに応じて修正されなければならない。既に何らかの寸法に合わせて作られていた衣服がごく頻繁に引き裂かれ、作り直されるのは仕方のないことである。アランが言うように経験が常に「遭遇」である以上、哲学にとって、事物に当てはめられた「理念の衣」を絶えず作り直すことは義務なのである。良識を持ちながら我々の概念の能力を使用するということは、つまり世界の歴史性こそが世界を把握するための諸々の概念を連れて来るのであり、それらを我々にもたらしているのだということを認めることである。経験において、我々は決して一般的なものと遭遇するのではなく、常に我々は〈状況に応じた〉〔in rebus〕個別的なものと遭遇するのである。そして我々に固有のものである体験を切り落とすのでない限りは、判断という技法において、経験を満たしている場面の特異性に合わせ、概念の一般性を再調整するという活動をせずに済ますことはできないのである。まさしくそのことを、一九二九年の「先入見と判断」と題されたテクストで、若きカンギレムが見事に要約しているように。

言語は諸々の概念をもたらすが、これらはなにものに対しても虚偽である。なぜならそれらの概念は、なにものについての真実でもないからである。概念を現実の宇宙につなぎ留め、それによって概念を解体しながら言語を真実にするのは、ほかならぬ判断である。[*8]

この異種混交的要素の困難な総合、すなわち、この判断というものを、悟性は意志の何らかの支えなくして、それ自体のみによって生じさせることはできない。知性はそれのみでは、世界に秩序を与えることと、言い換えるなら、世界を判断することができないのである。三段論法には価値を生み出すことはできないだろう。これをアランは次のように要約している。意志のない悟性とは、想像力にほかならない。そして意志を基底とする悟性こそが、判断である。「判断における意志についての、たしかにラニョー

*7　E. Husserl, *La Crise des Sciences européennes et la Phénoménologie transcendantale*, Paris, Gallimard, 1976, §9, p. 27-69.〔『ヨーロッパ諸学の危機と超越論的現象学』細谷恒夫・木田元訳、中公文庫、一九九五年、四九―一〇七頁〕

*8　G. Canguilhem, « Préjugés et jugement », *Libres Propos (Journal d'Alain)*, 20 juin 1929 ; repris dans G. Canguilhem, *Œuvres Complètes*, tome 1, *op. cit.*, p. 240. イヴ・シュヴァルツの教示による。

から得たこの教義」[*9]。カンギレムはこの教義に、全く独自の意味において、取り組んだのである。

治療すること、それは判断することである

ここでは決して、カンギレムの思想が単線的な過程を展開したものであり、平和主義からの離脱を除けば、何らの危機を経験していないものであると主張しようとしているわけではない。しかしその上で、我々はカンギレムの知的行程の大部分とは、カント的な判断の概念、すなわちそれによって我々が概念の一般性を事例の特異性に——決して機械的にではなく、常にそれを問題として受け止めながら——連結させる活動というものについて、検討し、再修正することにあったのだという確信を抱いている。事実、哲学とは「〈悟性〉を〈判断〉に従属させることを目指す」ものであるという若きカンギレムがラニョーから受け継いだ理念と、一九四三年の『正常と病理』において述べられた医学についての定義、すなわち「字義通りの一つの科学というよりもむしろ、いくつかの科学の交差点に位置する一つの技術または一つの技巧」[*10]というものとの間にある一致とに、驚かずにいることができるだろうか？　哲学と同様に医学においても、臨床の実践者による判断、つまりある特異の病人がある一般病理学に包摂されうると判定するという決定段階を免除してくれるような、いかなる（その中枢に悟性が君臨する）規則、いかなる法、いかなる手続きも存在しないのである。従って、『正常と病理』の冒頭に言われる「未知の材料」と哲学の義務とを関連づけるために、カンギレムにとって医学こそは哲学のための特に優れた「未知の材料」となりうるものと考えられたとすれば、それは恐らく医学が、その支えとして判断と意志とを必要とすることが明らかであるような学問だからである。カンギレムの言葉をやや強引に流用し

て、我々は次のように言ってみることができるだろう。医学とは、判断に関するカントの教義にとっての、「人間の具体的な問題への導入」[*11]となるものである。カント自身もこれを否定しない。なぜなら、判断というものがいかに必要であるか、そしていかなる学知もその不在を補うことができないということを示すために、彼は公然と医学の例を用いているからである。

医者や裁判官、あるいは政治家は、それぞれの分野にあって自身じゅうぶん教師となりうるほどに、きわめてすぐれた病理学的、法律的、あるいは政治的な規則を頭に入れていることはありうるけれども、それにもかかわらず、その規則の適用にさいしては容易に過ちを犯すのである。その理由はつぎのふたつのうちのどちらかである。つまり、その者には(悟性がでないにしても)生まれつきの判断力が欠けていて、確かに一般的なことがらを〈抽象的に〉〔in abstracto〕見とおすことはできるが、ひとつの事例が、〈具体的に〉〔in concreto〕そのもとにぞくするかどうかを区別することができないか、あるいは実例と実務とによってこのような判断にならされていないか、なのだ。[*12]

そうしてカントは続けて、あらゆる徒弟時代において、実例を用いることを推奨する。彼に従えば、

*9　Alain, *Histoire de mes pensées* (1936), repris dans *Les Arts et les Dieux*, « Bibliothèque de la Pléiade », Paris, Gallimard, 1961, p. 1-213 ; p. 31.〔『アラン著作集一〇　わが思索のあと』五〇頁〕
*10　G. Canguilhem, *Essai*, *op. cit.*, p. 7.〔『正常と病理』一〇頁〕
*11　*Ibid.*〔同九頁〕
*12　E. Kant, *Critique de la Raison pure*, *op. cit.*, *De la faculté de juger transcendantale en général*, A 134/B 173, p. 222.〔『純粋理性批判』一九九頁〕

それら〔実例〕は、判断力を鋭敏にする。というのも、悟性の洞察の正しさと厳密さにかんしては、実例はふつうはかえって、そのためいくらか妨げとなるからである。その理由は、実例が規則の条件を十全に満たすことはごく稀だからである[13]〔…〕。

要約するなら、悟性の、そしてカンギレムが理解した意味において哲学の賭け金のすべては、多様から一への精巧な――すなわち、それは常に〈原生的環境において〉〔in situ〕なされるのだから――再更新というものに集約される。それによって我々が世界に秩序と価値を与えている一般概念とは、決して所与のものではなく、経験、すなわち純粋なる遭遇において出会われる諸々の特異性に応じて、常に構成され、再構成されるべきものである。アランは次のように書いている。「重要なこと、それは観念とはつくられたものであって、与えられたものではないということだ[14]」。しかるに、この永遠に続く概念の構成作業、決してできあがるということなく、常になされるべきものであるこの総合は、アランによれば、悟性ただそれだけによってはなされることがありえない。知性はただそれだけで機械的に、真の理念を生み出すことなどできるはずがない。なぜなら知性に意志が加わり、それによって悟性が想像力から判断へと移行するということがなければならないからだ。「存在するか、しないか、自らも、そして他のあらゆるものも、選ばねばならないのだ[15]」。ラニョーの「神の現実存在についての講義」はこのように結論し、毎朝目覚める度ごとに、自らが本来的に向き合うものである世界に対して、これを作り直し、これに秩序を与え直すという、精神に固有の義務を強調している。彼は、反省とは「精神の暁」であると述べた。一方でカンギレムは三〇年代の終わり、アランとラニョーよりもベルクソンに依拠しながら、哲学においては、事実によって与えられることのありえない「『完全な経験』というものへの熱望」[*16／訳注1]があることを認める。この全体化＝完全化とは一個の理想であり、実現すべき価値なのであって、我々において我々抜きに、すなわち言い換えるならば意志なしで、生じるということはありえない。これらの点から見たとき、一九三五年の小冊子『ファシズムと農民』は、哲学的な目的のために書かれたテクストではないにも関わらず、やはりこの判断と価値の哲学によって支えられたものであったと考えられる。カンギレムは、この哲学を追い求めることを止めなかったのであり、そしていまや、そこに新しい基盤を与え直そうとするのである。

＊13　*Ibid.*〔同箇所〕
＊14　Alain, *Les Dieux, op. cit.*, p. 1216.〔『神々』井沢義雄訳、彌生書房、一九七〇年、三〇頁〕
＊15　J. Lagneau, *Cours sur l'existence de Dieu, op. cit.*, p. 358.
＊16　G. Canguilhem, « Activité technique et création », *op. cit.*, p. 500.

訳注
1——カンギレムの原文では、「完全な経験」の語の後に、丸括弧に入れてベルクソンの名が注記してある。

第七章　『ファシズムと農民』――マルクス主義と「裁かれた」歴史

『ファシズムと農民』[*1]は、一九三五年、カンギレムが匿名で反ファシズム知識人監視委員会〔CVIA：Comité de Vigilance des Intellectuels Antifascistes〕のために書いた、およそ六〇頁の小冊子である。一九三四年三月、ブルボン宮前での暴動[訳注1]を受けて設立されたCVIAは、ヨーロッパにおけるファシズムの台頭に強く反対する知識人たちを集めた政治組織であった。同委員会はアランおよびミシェル・アレクサンドルの包括的平和主義を掲げるものであり、基本的には和解的な（とりわけ〔ヴェルサイユ条約をはじめとする〕諸条約の見直しという）対外政策を選択するものだった。この和解的姿勢は決してファシズムを容認するものではなかったが、やがて、一九三六年夏の委員会分裂を誘引することとなった。[*2]

CVIAの名において執筆している以上、カンギレムに哲学的な書物を執筆する意図はなかったと言ってよいだろう。『ファシズムと農民』とはまず第一には、政治的行動のための道具であった。つまり同書は、当時多くの悩みを抱えていたフランス農村部で反ファシズムのプロパガンダを進める任務を負っていた活動家たちに向けて、書かれたものであった。ところで、農民たちに農村地域でのファシズム組織（農民前線、農地党、火の十字架団、愛国青年団、等々）の危険性について喚起するためには、まずは彼らの耳を自分たちに傾けさせなくてはならない。そして自分たちに耳を傾けさせるためには、まず自分たちが話しかけている相手のことを知っていなくてはならない。これこそが、この小冊子に懸かっていた使命であった。すなわち、反ファシズム活動家たちに、彼らが語りかけたいと望んでいる農村社会についての、できる限り詳細な現況描写を提供することである。当時ベズィエ[訳注2]で教鞭を執りつつ、当地で活動を展開していたカンギレムは、この世界を熟知していた。彼自身がその出身だったからである。それゆえ、農村諸地域における社会主義の宣伝の失敗は、彼にとっては少しも不思議なことではなかった。彼はその失敗の理由を、活動家たちが掲げるマルクス主義の公認理論が、同時代の農村の現実に対応していないという点におく。この公認理論は、農民社会を労働者社会の枠に押し込めることによって、実際にはこの農民の社会の特異性を殺してしまっているというのである。従って期待される成果を得るためには、マルクス主義の概念的道具が現代化され、特異化されることが必要となる。

『ファシズムと農民』において、カンギレムは『ルイ・ボナパルトのブリュメール一八日』[訳注3]から引かれた、フランスの農民を「一袋分のジャガイモのようなもの」だとした「マルクスによる胸を突くような比喩」[*3]について言及している。「いかなる定義というものも、それが修正を受けいれることにおいてこそ価値を持つものであるのだから、我々は上述の定式のうちにマルクスが要約した状況から、何が変

＊1　Comité de vigilance des intellectuels anti-fascistes, *Le fascisme et les paysans*, Paris, 1935 ; repris dans G. Canguilhem, *Œuvres Complètes*, tome 1, *op. cit.*, p. 535-593.

＊2　CVIAおよびカンギレムによって書かれたこの意外なテクストについての詳細な解説は、次を参照のこと。L'introduction de Michele Cammelli, dans G. Canguilhem, *Œuvres Complètes*, tome 1, *op. cit.*, p. 516-533.

＊3　*Le fascisme et les paysans*, *op. cit.*, p. 546.

わった可能性があるかを確かめることとしよう」[*4]。では、何が変わったのか。それは中央集権化であり、言い換えるならば、農村部の都市に対する、技術的、行政的、および商業的な従属である。

このように、農村世界はもはや少しも一袋のジャガイモのようなものではない。ある関係の網がこの世界をまとめ上げており、そこにはある凝集力が姿を現している。革命的活動家や評論家の中には、時にそのことを喜ぶ者もいる。しかし、作用や効果というものについては、「何／誰によって？」、および「何のために？」を抜きにして、その価値も意味も認められないのだということを忘れてはならない。現状において、この作用の意味するところを嘆くことは、マルクスの哲学に反することにはならない。〔…〕しかるに、農村世界における技術的・政治的なオートメーション化、すなわち産業メカニズムと引き換えに農民の生活が失われることが、現在において、さらなる労働者の奴隷化を実現しているのである。フランスの農民はもはや、その生産手段の理論上の所有者であるに過ぎない存在となりつつある。[*5]

この数行だけでも、カンギレムが終生にわたってマルクス主義に対して結んだ――あるいは「結んだかもしれない」――この問いは開かれたままである――両義的な関わりについて問おうとしている者にとって、『ファシズムと農民』が特別な資料であることを理解するには十分である。「伝統的〔に知られる通りの〕」カンギレム」の教え子であり、近年になって初めて彼の青年期の著作を知った者として、イヴ・シュヴァルツは、六〇年代のフランスの知的舞台において、特にサルトルやアルチュセールといった人物によってその前面に置かれていた主題に対して、恩師が示していた「注目に値する慎重さ」と比べると、戦前期のテクストでの「マルクス主義的言葉遣いに対する極めて好意的な論調とその言葉遣いの内在的な使用」[*6]は驚くべき対照を示すものだと述べている。そうしてイヴ・シュヴァルツは一九三五年の『ファシズムと農民』を紹介するのだが、これはもっともなことである。ここでは、長大な研究を要するはずである問いに、僅か数ページで何らかの答えを出すことが目指されるわけではない。本論の中心主題に辿りつくために、我々としてはただカンギレムの擁護した判断と価値の哲学が、いかなる点においてマルクス主義と相いれないものであるかについて確認しておくこととしたい。この両立不可能性は、互いに深く結びついた二つの理由によるものである。

歴史的必然性の哲学

カンギレムが実際にテクストの中でそれについて明らかに述べたことは一度もないが、まず一つめの留保は、マルクス主義による歴史概念に対して向けられるものである。すなわちその概念は終末論的であるために、実際上、アランに倣ってこの哲学者が運命論へ向ける批判の対象に含まれることとなるのである。

事実、マルクスに従うなら、世界とは歴史であり、永続的な変化であるということを思い起こしてみ

＊4　*Ibid.*

＊5　*Ibid.*, p. 547.

＊6　Y. Schwartz, « Jeunesse d'un philosophie », *op. cit.*, p. 547.

よう。しかるに、この変化において人間性が果たすことのできる役割とは、極めて限られたものでしかない。つまり、この歴史過程の向かうべき先は、人間の支配を完全に超えたものなのである。資本論第一巻の末尾において、資本蓄積という歴史の傾向について論じながら、マルクスは次のように書いている。

資本制的生産は、自然過程と同じ運命的必然性によって自己自身の否定を生み出す。[*7]

「運命的必然性〔fatalité〕」。[*8] マルクス主義とは、歴史的必然性の哲学である。周知の通り、マルクスは「ヘーゲルを逆立ちさせる」ことを行なったのだと述べた。すなわち、彼にとって、弁証法とは精神の属性なのではなく、物質的現実それ自体の特性となったのである。様々な生産様式が、ある時点においては所与のものと見えつつ、やがてそこから発展し、結果としては必然的に消滅することとなるのは、諸々の矛盾の効果による。矛盾は、世界の最終原理なのである。歴史的現実の本質とは弁証法的であり、その最終目的は事物の自然のうちに刻まれている。従って歴史において人間の巧知が持ちうる射程は――それが適時に歴史に組み込まれるということがあるとしても――、結局のところ極めて制限されたものである。つまりせいぜいうまく行って、それは不可避の歴史過程を加速させるだけのものに過ぎない。『マルス――裁かれた戦争』の熱心な読者たるカンギレムにとって、これは同意しがたいことだろう。一九一四年から一九一八年の殺戮の記憶を刻み込まれ、三〇年代を通じて強まり続ける戦争への道筋に抵抗していた徹底的平和主義者として、この若い哲学者は歴史の方向を判断し、選択するという人間固有の使命を、運命に委ねてしまうわけにはいかなかったのである。アランが述べたように精神の名において、我々は何らかの仕方で歴史の流れを担っているはずである。カンギレムの立場がマルクス主義に対して完全に対立することとなるのは、この運命論という問題においてであると考えられる。

人間の社会が経験してきた様々に異なる生産様式の研究を通じて、マルクスは歴史の進展の最終的な原理を発見したと考えた。物理学と同じように、歴史はいわば法則というものを持つのであり、それらの法則がひとたび明らかにされるならば、歴史の展開を体系化することが可能となるだろう。カンギレムが疑問に付すのは、このマルクス主義による科学性への主張にほかならない。彼にとって、マルクスとその後継者たちによって展開された歴史的唯物論が、科学の名を主張することのできないものであるのは、歴史的唯物論が最終的にはそれ自身として気づかれていない、ある判断の哲学に立脚しているためである。言い換えるならば、マルクス主義とは恐らく一つの哲学ではあるが、科学ではない。そしてここにこそ、彼の批判の第二の局面は存在する。これは驚くべきことではないであろうが、それはすなわち、価値論に関わる批判である。

＊7　K. Marx, *Le Capital*, Livre I, section VIII, chap. XXXII, dans *Œuvres I*, tome 1, édition de la Pléiade, 1963-1976, tome 3, p. 1239-1240.〔マルクス『マルクス・コレクションV　資本論　第一巻』(下)、今村仁司・三島憲一・鈴木直訳、筑摩書房、二〇〇五年、五七四―五七五頁。但し、本文では後の議論へのつながりを考慮し、ロートが参照している「フランス語版」の語用（fatalité）を強調する形で、訳文をやや変更した〕

＊8　一九九三年にJ－P・ルフェーブルの監訳でPUFから刊行された『資本論』の訳においては、〔本書で参照されているLa Pléiade版（前注）の訳者〕リュベルの使った運命的必然性〔fatalité〕という語に対して、不可抗避性〔inéluctabilité〕の方が採られていることに気づく読者もいることだろう。「資本制的生産はそれ自体が、自然過程の不可避性によって、自己自身の否定を生み出す」。Cf. *Le Capital*, Paris, P.U.F., 1993, p. 856.「不可避性」と言われるか「運命的必然性」と言われるかは、マルクスに従えば人間性はそれが従うべき歴史的過程に組み込まれているのだという事実には、何らの違いを加えるものではない。

唯物論とはフェティシズムである

カンギレムにとって、マルクス主義は歴史の最終目的を事物の自然に置くという点において、やはり批判哲学以前の独断論的な実在論へ陥るものとなる。そうすることで、マルクス主義は実際のところ価値を事実に還元してしまうのであり、それによって本来は全く異なる二つの現実性の次元、すなわち道徳という次元と自然という次元とを混同してしまうのである。しかしながら、と、カンギレムはカントに倣って以下のように指摘する。「価値の二つの次元は一致するものではなく、自然は道徳ではないし、実在が善きものであるわけではない」[*9]。そして従って、歴史が常に道徳性にその正しさの承認を与えることができるわけではない。なぜなら道徳はその可能性の条件として、物質とは別のもう一つの現実というものを前提としているのであり、そしてカンギレムにとって、それは価値についての自由な立場表明として理解される、すなわち思考以外のなにものでもない。一九三一年、エマニュエル・ベルルの『ブルジョワ道徳の死』への書評の第二回目において、この若い哲学者は次のように書いている。

唯物論をただ一つの真の方法論として示すことの炯眼に、私は完全に同意する。しかし私には、唯物論が最終目的を示せるものであるとは考えられない。唯物論とは学説ではない。私は、学説と信条、つまり思考への信条以外は、理解することができないと白状する。[*10]

カンギレムがマルクス主義に対し、哲学的次元において異議申し立てをするのは、マルクス主義は自らの唯物論に基づく約束に関して、説明することができないという点による。なぜなら、唯物論は――

従ってマルクス主義は――、それと気づかぬままにある価値の哲学に立脚しているからだとカンギレムは指摘する。マルクス主義は物質の一元論を主張している。しかしこの選択について、マルクス主義は自ら述べていることと矛盾することなく、すなわち、別の異なる次元の現実性を仮定することなく、説明することはできないのである。この別の異なる次元の現実性とは、つまりカンギレムがラニョーとアランに従って、「思考」あるいは「価値」と呼ぶものである。

戦闘的唯物論というのはある本の題名であるが、これは見事な矛盾だ――私はこの見事という言葉を非難としてでは全くなく、ただ称賛として述べるものだが――。なぜなら、もし現実をただ一つの語に還元するというのであれば、戦闘を説明する不安や対立が、いったいどこから生じるというのか？[*11]

カンギレムにとって、唯物論とは自らが拠って立っている諸々の価値についての判断を自覚していない以上、物質に向けて無意識に採用された先入見を持つものである。唯物論はいかにして、その物質への価値づけを説明することができるのか。もし判断というものが、精神に対して独立の存在であるような

＊9　G. Canguilhem, C. Planet, *Traité de logique et de morale*, *op. cit.*, p. 800.

＊10　G. Canguilhem, « Humanités et marxisme. Plorétariat, marxisme et culture », dans *Libre Propos* (janvier 1931) ; repris dans G. Canguilhem, *Œuvres Complètes*, tome 1, *op. cit.*, p. 332-335, p. 335.

＊11　G. Canguilhem, « Alain, *Les Dieux* », *Europe* vol. 37 (15 mars 1935) ; repris dans G. Canguilhem, *Œuvres Complètes*, tome 1, *op. cit.*, p. 475-479, p. 478-479.

現実を承認する以外の可能性をいかなる形でも持たないのならば、〔ゲオルギー・〕プレハーノフ[訳注4]のような人物にとって「戦闘的唯物論」[*12]とは、実際にどれだけの射程を持つものでありうるというのか。このように考えるなら、唯物論とは約束されたものではなくなるだろう。なぜなら戦闘ということは、少なくとも、物質がその名前において戦っている、何か別の次元の存在を前提としているからである。その実在論的先入見によって、唯物論とはつまりフェティシズムとなる。唯物論は、物質の一元論を主張することを自らにとって可能なものとした生産活動――この場合には、価値についての判断――のことを忘却してしまっている。換言するならば、唯物論は自らが約束することを可能にした諸条件について、これを見ないままでいるのである。

上記は、少なくとも一九三五年、カンギレムがルネ・モーブラン[訳注5]の著書『マルクス主義哲学と公教育』で示した「全く支持できない見解」に対して投げかけた辛辣な意見から、理解することができるものだ。

観念論(デカルト、スピノザ、カント)とは、現実についての判断の条件となるものへの反省である。[…]唯物論について述べれば、それが弁証法的なものであるかないかに関わらず、そしてそれがあらゆる現実を説明できるとするのが、不活性の物質によってであるか、運動によってであるかに関わらず、それは自らの出発点、物質や運動というものについては説明しない。それはその出発点を採用した。そしてその出発点をそれに与えたのは、科学である[…]。従って、なぜ科学が自然の哲学というものに通じるのか、なぜ自然が自然についての思考へと続くことが当然であると考えられるのかを、説明しなければならない。つまり、そこでなされている選択(なぜ精神の哲学よりも、自然の哲学の方が好まれるのか？）の価値についての問いと、認識の意味（たとえ自ら自身について反省しているものが物質であるとしても、反省とは何なのか？）についての問いを避けることはできないのだと言ってもよい。〔…〕そして観念論こそは、これらの問いの意識なのではないだろうか。*13

唯物論的観点から見た場合、たとえ事実の帝国が不活性の王国ではないとしても（なぜならそれは矛盾の支配する王国であるのだから）、カンギレムにとってそれは間違いなく、無差別性＝無関心〔l'indifférence〕の支配する空間でもない。それゆえに、このテクストに関しては、そこで極めて強い調子で示されている価値論的批判について明らかにする以上に、正しい解説の仕方はないだろう。科学に自らをなぞらえながら、唯物論は唯一正当な判断とは必然性による判断だとするのであり、そしてこの判断とは、独立した存在たる現実を肯定するものである。しかし、独断論以外の方法で、この選択を説明することができるだろうか。独断論の本義とはすなわち、多かれ少なかれ、判断を存在へと従属させるということである。独断論者にとっては、判断とは事実と一致する限りにおいてしか、実際に価値を持つことがない。言い方を換えれば、現実こそが判断にその価値を与えるのである。唯物論の約束することに身を捧げることで、マルクス主義は科学と同じように振舞い、そして同時に、真実性〔la vérité〕を精神が身

＊12　G. Plekhanov, *Le matérialisme militant* (1908), repris dans *Les questions fondamentales du marxisme*, Paris-Moscou, Éditions sociales-Éditions du Progrès, 1974.〔邦訳としては、プレハノフ『戦闘的唯物論』川内唯彦訳、叢文閣、一九三〇年〕

＊13　G. Canguilhem, « La philosophie du Marxisme et l'enseignement officiel, par René Maublanc », *Feuilles Libres de la quinzaine*, 1re année, no 5 (10 décembre 1935) ; repris dans G. Canguilhem, *Œuvres Complètes*, tome 1, *op. cit.*, p. 482-484, p. 483-484.

を捧げるべき唯一の価値へとまつりあげる。それは結果として、価値論の次元において、あらゆる判断の可能性を、ただ唯一の必然性による判断に還元することへとつながる。すなわちその判断とは、科学的活動においては、当然のこととして行使されているものである。従ってマルクス主義とは、独断論なのである。なぜならマルクス主義は独断論と同じく、判断にとってのあらゆる価値の可能性を唯一の真実性へと還元する、すなわち科学から借用される価値へと還元する、実在論的先入見を抱くものだからである。真実性に対し、判断にとっての他の価値の可能性を凌駕する優位を認めるこのような思考図式においては、現実こそが判断の価値を最終的に決定する。しかるに、一九三〇年代末に至るまでカンギレムの擁護していた価値の哲学とは、まさにこの存在と価値の伝統的な独断論の関係を転倒させ、そうして必然性の判断をその価値についての再検討にまで差し戻すことに、その意義を持つものである。カントによって創設された批判という態度に影響を受けた者として、カンギレムにとって、判断にその価値を与えるのは現実ではない。そうではなく、むしろ判断こそが、現実に何らかの価値を与えるのである。言葉を換えるならば、数多ある価値の中から、精神が科学に固有の価値を選ぶということがあって初めて、現実は価値となるのである。そしてこの科学に固有の価値というものこそ、すなわち真実性である。ここには、「事実の崇拝者たち」への批判――事実が精神を決定するのではなく、諸々の事実を価値に向けて分極化させるのは、精神の側であるのだ――を再び見出すことができる。この「事実の崇拝者たち」への批判はアランから受け継がれたものであり、また、「我々の思考は事実へと向かうものであり、事実から出発するものではない」[*14]と見なしたバシュラールから受け継がれたものでもある。一九三八年一月、トゥルーズ哲学学会での、まさに観念論と実在論の論争について論じた報告の中で、カンギレムはこのバシュラールの言葉に、極めて印象深い形で言及することとなる。

純粋かつ単純なる実在論的視点から見れば、ある純粋な現実というものを肯定するために、判断を複雑化させるものである思考のいかなる努力をも、無視することが余儀なくされることとなる。厳格な実在論的態度とは、知性に対して、論理的に錯覚することと論理的に修正することとを、つまり誤謬を認めることとそれを訂正することとを、禁じてしまう。思考は事実へと向かうものであり、事実から出発するものではない（バシュラール）のだとすれば、現実とは判断にとって、可能である価値の一つなのだと見なすべきである。[*15]

一九三五年の明示的にマルクス主義を論じた何本かのテクストから少し遅れた時期になされた、この発言をここでとりあげるのは、カンギレムがそこに、彼のマルクス主義に対する批判を簡潔な形で総括しているためである。彼にとっては、マルクス主義こそはまさに「純粋かつ単純なる実在論的視点」であり、「厳密な実在論的態度」である。マルクス主義がその唯物論的な約束を一つの必然として呈示するとすれば、それは上記のような実在論的先入見に囚われたままに留まることであり、そしてそこでは判断にとっては、実在するもの以外に価値は存在しないこととなる。価値の哲学を信奉する者として、カンギレムはその反対に、唯物論にあるのは必然性ではなく一個の先入見であり、一つの選択であると見

*14　G. Bachelard, *La Valeur inductive de la relativité*, Paris, Vrin, 1929, p. 240-241.
*15　G. Canguilhem, « Observations de M. Canguilhem à la suite de l'intervention de Dominique Parodi sur « Idéalisme et réalisme », dans *Communications et discussions*, Société Toulousaine de Philosophie, Toulouse, Faculté des Lettres, 1937 et 1938, 2e série ; repris dans G. Canguilhem, *Œuvres Complètes*, tome 1, *op. cit.*, p. 498-499.

なす。実在とは具体ではなく、それは一個の抽出物なのだ。

具体への回帰としての実在論は、現実というものが原初的な経験による具体からの抽出物であるということを理解していない。認識とは、実在から何を取りこむかについての方法的な承認による経験的具体の体系化であり、つまりそれは、ひと言で言うなら一つの選択〔une option〕なのであって、その選択は他のもの（たとえば美学的な選択）をそこから排除する。この意味において実在とは、文字通りの意味で、一個の理想〔un idéal〕なのである。*16

これこそはまさしく、マルクス主義には説明することができないものである。なぜなら、科学からその実践上の諸規則を受け継ぐことによって、マルクス主義は実在を精神がその前に屈服すべき唯一の価値であると見なしているからである。しかしマルクス主義は、この選択がある価値判断にその根源を持つものであり、そしてこの価値判断が必然性についての判断――つまり唯物論の約束が唯一認めるべきものとしている判断――を多元的決定しているのだということを理解していない。従って、カンギレムがモーブランに対し、ある種の「観念論＝理想主義〔idéalisme〕」の代弁者を自任するのは、彼にとってはそれが現実による判断に還元されることのできない判断というもの、つまりそれらこそが現実を条件づけている以上は論理的に言って現実に先立つものであるはずの、すなわち価値による判断というものを認知するための、唯一の態度となるものだからである。一九三八年一月のトゥルーズ哲学会での発表において、カンギレムは「観念論」とは以下のように理解されるものであると述べている。

現実性についての理論としての観念論とは、恐らく語源的な理由のためだけに、反論を惹起するものである。それというのも、人はそこに諸々の観念や概念の哲学というものを理解するが、判断の哲学というものについては考えないからである。〔…〕価値論的主知主義。それが、現実性の理論に関わる観念論の名称となるだろう。[*17]

この「価値論的主知主義〔intellectualisme axiologique〕」は、マルクス主義的な「現実性の理論」と、完全に対立するものであると考えられる。なぜなら、マルクス主義的な「現実性の理論」とは、批判哲学以前の独断論的実在論を更新するものであり、経験における価値論的な多様性を、真実性というただ一つの価値に、無自覚のうちに還元してしまうものだからである。

価値の歴史性という問題——ストア派としてのアラン

マルクス主義とカンギレムの哲学的立場との間の根本的な両立不可能性についての検討を続けるに当たって、我々はこの両立不可能性こそ、カンギレムがまさしくアランの弟子であるのだと理解させてくれる、典型的な説明となるものだと言うことができると考える。すなわち、彼がマルクス主義に対して向ける哲学的批判は、彼の恩師が同時代の社会主義に対して、その政治的な意味での急進的立場から投

＊16　*Ibid.*, p. 499.
＊17　*Ibid.*, p. 498-499.

げた議論を、かなり忠実に反復するものだからである。『ジュール・ラニョーの思い出』において、アランは次のように書いている。

その〔社会主義の〕理論とは、すべての人は精神が目覚めて、結局は尊敬すべき人間となることができるが、それには先ず外的条件を変えて、精神を麻痺させる過度の労働や、奴隷状態や、不幸を和らげねばならぬということである。ユゴーは、この考えを精一杯考えた〔…〕。いずれにせよ社会主義の神髄は、カール・マルクスの考えに見てとれる如く、徳を情況に従属させることである。[*18]

アランがここでマルクス主義に向けている批判は、彼の歴史一般に対する批判と相関するものである――そもそも歴史とはマルクスの社会主義にとっての「方法論的道具」と考えるならば、これは少しも驚くに値することではない。アランに従うなら、学説としての社会主義は、価値――上記では徳であり、別の言い方をすれば善――を時代に従属させる点において、相対主義の一形式である。このような結びつけ方は、彼の目には、価値という観念それ自体を破壊することに帰着するものと映る。その一覧表を作るという点において、歴史家は我々に、事実に関して何らか語るべきところもありうるのかもしれない。しかし批判的観点を一切欠くという点において、歴史家は決して我々に価値について教えることはできないのである。

アランの解釈によれば、社会主義にとって歴史的な諸条件は、いわば価値の原因・質料となるのであり、それによって価値とはそれ自体では意義を持つことのない、ある空虚な形式・形相であることになってしまう。だとすれば、人間性の持つ賭け金のすべては、その形相を満たすこと、すなわちその変遷を取り囲む時代と場面の特異性に応じて、この形相に身体と意味とを与えることとなる。それは結果として、プラトンとカントにおける非歴史的な視野を無効化してしまう。なぜなら、〈善の理念〉、〈幸福の理念〉、〈美の理念〉が意味を持つためには、それらは諸々の歴史的特異性へと還元されるべきものとなるからである。諸事実についての歴史的な分析によって、ある時代において「正義」であるところのものが、次の時代ではもはや必ずしも「正義」ではなくなることが明らかにされるならば、『国家篇』におけるプラトンのように「永遠の正義」を探求するのは無意味な試みと見なされることになる。「『陰気なヘラクレイトス』[*19]の勝利！」がアランの応答だ。価値を時代に従属させることこそ、「事実の崇拝者」と「寝そべった思索家」の本義である。ラニョーの生き写したる「直立して思考する」者には、時代が諸々の価値を決定することができるなどと受けいれることは決してありえない。というのも、歴史的なものであれ文化的なものであれ、相対主義とはある重大な意味を持つ哲学上の混同に立脚したものであるからだ。すなわち、それは事実と価値とを同一視するということに基づいているのである。しかしアランにとって、価値というものは決して何らかの事実として見いだされるものではないのであり、そうでなければ価値それ自体が破壊されるしかない。価値とは、本質的に偶発的である歴史的事実を、超越するのである。

ここで、歴史に対するアランの敵意が、相対主義に関する議論の枠組みにおいて理解され、捉え直さ

＊18　Alain, *Souvenirs concernant Jules Lagneau*, *op. cit.*, p. 737.〔『ラニョーの思い出』五五頁〕
＊19　Alain, *Abrégés pour les aveugles, dans Les Passions et la sagesse*, *op. cit.*, p. 787-1067, p. 792.〔『小さな哲学史』橋本由美子訳、みすず書房、二〇〇八年、一三頁〕

れるべきものであることを明らかにしておきたい。あまりにも多くの場合において、この哲学者はその歴史意識の欠如を非難されているが、そこでは彼の歴史に対する拒絶が、決してただ一手で打ち払えるものではない、確固たる哲学的議論の上に立つものであることは理解されていない。アランが歴史を認めないというのは、すなわち価値の普遍性を場所と時間における特異性に還元することを拒絶するということである。プラトンがその対話篇を著してから二五〇〇年が過ぎた。しかしそこにはこの恐らく決して解くことのできない謎が残っているのであり、つまり今日においても二五世紀前と同じように、人類はソクラテスが求めたものと何一つ変わらない正義と真理と美を追い求めているのである。一九二九年に『ヨーロッパ』誌へ寄せた書評において、若きカンギレムは、恩師がその四年前に書いた『ジュール・ラニョーの思い出』から抜粋した一節を出発点として、アランの『プラトンに関する一一章』を読むことを提案する。

［アランは次のように書いた。］その就中有名なる作品には、どんな些細な非難すべき点も全く感じなかった。また難しいといっても、我々知覚する人間に共通の情況ではだれにも起る困難以外は、何の困難も一度も感じたことがなかった。[*20]

そしてカンギレムは、このアランのプラトンに対する評価を、彼が読んだばかりの『一一章』と次のようにつなぐのである。

この告白にほんの僅かでも驚くような斬新さを感じることがあるとすれば、それはつまり我々が未だにプラトンを、フェイディアスの胸像のごとく、折々に眺め、よそよそしく不変なままに置かれた、美術館の展示品のようなものと見なす習癖を失っていないということだ。そして恐らく、我々と同じように人間である、すなわち我々と同じように困難に満ちかつ喜びに満ちた人間たるプラトンの社会や交易というものが呈示されることを見て、我々は驚かされる〔…〕。我々は機械というものを有するが、その車輪・歯車というものの発明がいつであるのかを歴史は明らかにできないということを考えれば、人間として語ることのできるすべてをプラトンが科学と正義について語ったと述べることに、どうして抵抗があるだろう。「プラトンには正義の理論があるけれども、それはかなり古びている」、そのようなことは誰も言わない。しかしどれだけ多くの者がそう考えているか、我々はわかっているだろうか？[*21]

カンギレムは彼の書評に「プラトンの微笑」というタイトルをつけているが、これはアランが『思い出』で伝えているラニョーの言葉を参照したものである。そこでラニョーは、次のように述べた。「我々はプラトンの微笑を忘れている」[*22]。この、いきなりでは難解に映る警句は、現在我々が論じている問題、すなわち価値における歴史性という問題と関連されるならば、いくばくかその謎が解けるもので

＊20　G. Canguilhem, « Le Sourire de Platon », *Europe*, vol. 20, no. 77 (août 1929) ; repris dans G. Canguilhem, *Œuvres Complètes*, tome 1, *op. cit.*, p. 228-238, p. 233. 引用した原文の当初の文脈については次を参照。*Souvenirs concernant Jules Lagneau, op. cit.*, p. 745.〔『ラニョーの思い出』六九頁〕
＊21　*Ibid.*, p. 233.
＊22　Alain, Souvenirs concernant Jules Lagneau, *op. cit.*, p. 765.〔同一〇四―一〇五頁〕

ある。

プラトンの微笑を忘れるとは、つまりそれを死んだものと見なすことであり、そこにおいて彼の本質に関する言説は、彼がそれを表明した場面から我々を隔てる二五世紀にわたる時間につれて、その内容を失い、空になったものと考えられる。「『善〔le Bien〕』という言葉でギリシア人たちが言わんとしたところは、今日我々が求めている『善』とはもはやあまり関係のないものだ。諸々の価値は、人間性と関わるあらゆる事柄と同様に、普遍である歴史から逃れることはない。この点について、今日我々がプラトンから学ぶべきところをもはや持たないというのは、そのためである。このギリシアの哲学者が、今日我々が〈善〉、〈美〉、〈真実〉、〈幸福〉という語で意味するところの『最初期』に位置するものであるという原則から出発し、我々による諸価値の歴史を辿ることを目的として、古文書保管人の眼鏡をかけながら彼の作品を読むというのが、せいぜいのことだ」。手短に要約するならば、歴史的相対主義者の見解とは、このようなものとなるだろう。そして歴史的相対主義者に対しては――また歴史的相対主義者にとっては――、もはやプラトンは決して微笑むことはないのである。歴史的相対主義者にとって価値とは歴史に応じたものである以上、「プラトンには正義の理論があるけれども、それはかなり古びている」と結論することは容易である。しかしながら、若きカンギレムは決してこのような判断を共有するものではない――そして恐らくはこの点においてこそ、若きカンギレムと、相対主義に陥るということではないにしても、「デカルトと技術」(一九三七年)以降、我々の表象の基底となるものとしての歴史的諸条件にある決定的役割を認めることとなる壮年期のカンギレムとの間の、最も大きな違いというものがある。彼は、一九二九年には次のように書いている。「プラトンとは生きた存在であり、一人の人間であり、従って微笑を浮かべることができる[*23]」。プラトンが生きた存在であるということは、つまり彼の〈善〉、〈真実〉、〈美〉の諸観念の探求は少しも古びることなく、時代を貫くものだということである。そしてこの探求と、そこでプラトンがもたらした回答における現代性というものは、究極的には、プラトンがあらゆる人間存在と同様に「微笑を浮かべることができる」という事実、すなわち彼が過去において、今日における我々と全く同じように、何にも服従することのない人間的本性をもってその作品を書いたはずであるという事実にその論拠を置くものである。

我々はここで、アランにおける価値の哲学の根幹に触れることとなる。彼によれば価値の歴史が存在しないとは、つまりは、人間的本性の歴史というものが存在しないということを意味する。「私は歴史をも進歩をも、ほとんど信じていない」[*24]と、彼は『わが思索のあと』に記している。その根底において、アランはストア派である。すなわち、人間的本性というものは存在し、そして変転しない。これはストア哲学の〈永劫回帰〉説からの重大な教えである。つまり、今日においてもプラトンの時代においても、人類は同じ闘いを自ら自身の情念に立ち向かって戦わねばならないのだ。「義務、それは自ら自身を統べること」[*25]、言い換えるならそれは恐れや貪欲さ、怒りを支配することであり、そしてこれらは一つの時代に存在するのではなく、あらゆる時間において存在する。政治的なものに対するアランの警戒——あるいは敵意——は、ここから生じるものである。そこにおいて変化とは実際に、明白なものであるかのように見える。しかしそれはアランによれば、「人間の構造があらゆる政治的なものを支配すること、

＊23　G. Canguilhem, « Le Sourire de Platon » *op. cit.*, p. 230.
＊24　Alain, *Histoire de mes pensées, op. cit.*, p. 175.〔『アラン著作集一〇　わが思索のあと』二六一頁〕
＊25　Alain, *Propos d'un Normand*, tome IV, Paris, Gallimard, 1959, no LXXVIII.

この構造はこれまで少しも変化せず、これからも永久に変化しないであろうこと」[*26]を忘れることである。人間の本性については、期待したり恐れたりするべき、進歩も退化もない。それは不変なのである。我々を相対主義や運命論へと導くような、人間的本性の歴史なるものに対して、アランは「人間の諸段階」[*27]を対置する。すなわち、まさにプラトンが理解した通り、人間とは一個の「皮袋」であり、その中にはヒュドラとライオンと賢者がいる――それらはアランにとって、欲望と心と理性である。そしてそれは歴史を持たない。それゆえにこそ、プラトンは不死なのであり、彼は我々に対して微笑み続ける。そしてこのギリシアの哲学者が人間について語れた事柄は、大いに現在的なものであり続けているのである。そしてこれはアナクサゴラスについても、デカルト、カント、そしてコントについても同様に言える。このことこそが根拠となって、アランにとっては、哲学とは既に大思索家たちの作品において、その大部分が完成されているものなのだと考えられたということが理解できる。その体系のすべては、人間的本性というこの非歴史的な概念、すなわちストア派の〈永劫回帰〉神話に影響されたこの概念に、最終的には立脚するものなのである。

アランの方法における死角

これはカミーユ・リモージュが我々に指摘してくれたことであるが[*28]、上記の通りであるとすれば、ではアランの議論がどこに向かうかという問題が生じてくる。彼の哲学とは、もし我々が何をしようとも自らの本性を変えることには至らないだとするならば、事実としてある「死角」を含むものなのではないだろうか。言葉を換えれば、もしまず第一にアランが人間的本性というもの――つまり戦争の根底となる諸々の情念というもの――が不変であるという原則から出発するのだとすれば、戦争とこれを引き起こす情念に対するアランの激しい闘争をどのように理解するべきなのだろうか。歴史を否定することは、結局のところは、情念から叡智へと到達する道筋を歩むことは決して実現しないのだと認めることになるのではないのか。もしそうだとすれば、アランが哲学的実践に与えた方向性に関して、問いが生じることになる。なぜなら、物事から少し距離をとって見れば、このようなパースペクティブにおいては、要するに哲学はただ一つの効果しか持たないと認めることになるのではないだろうか。つまり、人間性に対して、それが自らの本性において従属している運命を呈示するという、ただ一つの効果をしか。

すぐになされる最初の――しかし我々から見れば不十分な――反応とは、以下のような考えを主張することだろう。すなわちアランにとっては、哲学的実践とは人間的本性を改良することよりも、情念と叡智との間の何らかの平衡を保つことにあったのだ、という考えである。そのように考えることは、逆説的な意味で、アランにとっては結局のところ、価値とは力動学的であるよりは平衡学的なものであったのだと認めることにつながるだろう。というのも、そこにおいては人間性の最終目的とはある種のホメオスタシスというもの、つまり対立的活動によって情念を抑え込む精神の能力によって成り立つ一つの〈現状〉〔statu quo〕へと帰されることになるからだ。従ってここには建設的なものは何一つありえず、

＊26 Alain, *Histoire de mes pensées*, *op. cit.*, p. 43.〔同六八頁〕
＊27 Alain, *Saisons de l'esprit*, *op. cit.*, XCI, 28 octobre 1933.
＊28 二〇〇九年にパリで〔カミーユ・リモージュと著者が〕交わした対話による。

目指されるのは保存することである。人間の構造とはこれまで少しも変化したことがなく、これからも永久に変化しない。何をしようとも、常に同じ情念と我々は対峙せねばならないのであり、そしてその対峙は我々の持つただ一つの武器、つまり判断の助けによってなされる。しかるに、もし第一に我々の本性とは矯正されることのありえないものだという考えから出発するならば、我々に残される唯一のなすべき使命とは、情念によって生じる損害(その最たるものが戦争である)を防止・抑制することであり、そしてそれは精神による情念に対する意志的で持続的な対立によってなされることとなる。アランのパースペクティブにおける理想とはつまり平衡学と縁続きであると我々が述べるのは、このためである。すなわち、彼の哲学に賭けられることのすべては、最終的には、ある平衡を保つということを意味するものとなるのではないだろうか。人間的本性の改良を望むのが幻想であるならば、人間性の理想とは全く限定的なものとなる。それはせいぜい情念と精神との間に一定の「平衡状態」を保つということになり、そしてこの「平衡状態」をさらに超え出ようとするなどとは無駄であることとなるだろう。

しかし、アランの最も優れたテクストの数々が言わんとしていることは、本当にこのようなことなのだろうか。「眠り悪徳商人」や「海辺の対話」はむしろその反対に、情念に対する精神の勝利を表明するものであり、そしてこれと相関するものとして、〈価値〉の〈事実〉に対する勝利を掲げることを目的としたものではなかっただろうか。我々は、そのようにこそ考えている。そうであるとすれば、この待望され声高に宣言された精神の君臨と、上記の、結局のところはあるホメオスタシス、つまりある状態の維持であることとなるような貧弱な妥協的理想とが、どのように両立するものであるのかは理解し難い。それゆえに、アランの方法における死角を取り除くことができるのは、このようなやり方によってではないと考えられる。我々はなお同じ暗礁に突き当たっている。すなわち、哲学者が人間の本性の非歴史性を主張するとすれば、彼はある〈事実〉の前に、つまり人間の構造の不変性という事実の前にまさに屈服しようとしているのではないのだろうか。ならば、我々はパラドクスに突き当たりかけていることになる。なぜなら、ここまでアランやカンギレムに関し、反省的な「思考様式」なるものについて論じることが可能だったのは、それがまさしく人間性が従うべき運命という観念こそに抗して、形成されたと理解できるものだったからである。ところが、人間的本性が歴史を持ちうることをアランのように否定するとは、つまりある種の運命論を認めることではないのだろうか。それは実際のところ、自らの本性を矯正しようという我々の闘いが、無駄であり絶望的な課題なのだと認めることになるのではないか。人間の本性に関するこの問いをめぐっては、明らかに一つの「死角」が存在しており、我々が知る限り、アランはこれについてきちんと説明したことはない。それは、最も鋭いアラン研究者たちについても同様である。[*29] 従って我々自身として、いくつかの答えの材料となるものを提案しなければならない。

カミーユ・リモージュの提起した問いの困難さを考えれば、我々は幻想を抱くことはできない。そこから見れば、以下で論じられる分析はいかにも不十分であるか、漠然としたものに映るだろう。しかしながら、我々が示す道筋は、〔いつの間にか森の中で途絶えてしまう〕杣径〔Holzweg〕[訳注6]ではないと確信している。ここからの議論が、我々が望むほどには先にまで到達することができないとしても、僅かばかりでも進めれば、それだけでもこのアランの方法における「死角」をいかにして回避できるかについての手がかりを示すことになる。これから見ていくように、この「死角」の基底にある哲学的問題が、哲学史にお

*29　ジョルジュ・パスカルの国家博士論文に基づく素晴らしい書物 Georges Pascal, *L'idée de philosophie chez Alain, Paris*, Bordas, 1940. において、この「死角」は意外なことに全く論じられていない。

ける重大な問いであるということに変わりはなく、我々はそれに対して決定的な答えを出すことなどできないだろう。しかしそれはいずれにしても、あらゆる哲学の重要な問いの宿命ではないだろうか？

アランの哲学における死角を取り除くための一つの方法とは、再び、カントへと回帰すること、そうして彼が自然と道徳の間にうち立てた規範的区別、すなわち、理論理性にとって〈価値を持つ〉ものと実践理性にとって〈価値を持つ〉ものとの間の区別へと回帰することにあるのではないかと思われる。とりわけ、カントが『純粋理性批判』における自由についての第三アンチノミーに与えた回答のことを考えたい。それはすなわち、アランが言及している人間性なるものを一つの（不変の）〈事実〉と捉える限り、彼の方法には盲点が存在しつづけることとなるが、しかしそこで目指すべきことのすべては、人間性を一つの〈価値〉として見ることにあるのだということである。換言すれば、「死角」を解消させる一つの方法とは、アランにとって、人間とは自らを人間として認識することはできないのであり、ただ人間でありたいと願うことだけができるのだということを確認することである。だからこそ、我々の本性を改良するという課題は永久的なのであり、それゆえに極めて厳密な意味において、「永遠の歴史」というものが存在するのである。アランが歴史というものを否定したとすれば、それはつまり、人間性のいかなる事実的な状態も、価値としての人間性を汲み尽すことができるものではない、ということである。このことについて、以下詳述していこう。

アランが人間的本性の不変性を主張するとき、そこで語っているものとは、いわゆる理論理性である。彼の議論においては、それはより劣った意味における悟性による見地であり、すなわち意志によって支えられていない知性となる。しかしこの見地は、さらにその先にまで越えて進むことを要求するものである。これまで何度も繰り返してきた通り、アランの目から見れば、「ラニョーの全哲学は、〈悟性〉を

〈判断〉に従属させることを目指している」[30]。しかるに、人間の本性が不変であるとの確証は、まさしく脆弱な意味での悟性による見地にほかならない。つまり、それはいかなる場合においても、アランが定義した意味での判断なるものではないのである。なぜなら判断することとは、いまそうであることを機械的に証明すること、すなわち〈事実〉を受動的に積み重ねることではない。そしてこのことは最終的には、アランにとって判断とは、根源的に意志と混じり合うものだということに由来している。アランがカントに従って「思考するとは判断することである」と主張するとして、他方で彼はそこに、ラニョーとデカルトの弟子として、判断することとは既に意志すること＝望むこと〔vouloir〕であるのだと付け加える。言い方を換えれば、いまそうであることに対する、そうであるべきことの優位を主張するのである。判断が価値において分極化された活動であるとすれば、つまりこれと混じり合うものである意志とは、決して〈存在〉へと向かうものではなく、むしろ〈価値〉へと向かうものだということである。

それゆえ、アランにとっては、あらゆる判断は既に「価値の判断」なのであり、それは必然性の判断についても同様である。その証拠に、いまそうであることを望むとは、つまり既にある事実を一つの価値に仕立てあげているということである。精神とは、価値を位置づけるものである。神でさえも抗うことのできない懐疑についての議論を通して、デカルトはいかなる概念も、それが意志され望まれない限りは存在しないのだということを明らかにした。だからこそ、ラニョーはデカルトに従って、「必然には二つある」[31]と結論することができた。アランの説明によれば、彼の恩師が言及した第一の必然性とは、

＊30　Alain, *Souvenirs concernant Jules Lagneau*, *op. cit.*, p. 738.〔『ラニョーの思い出』五六頁〕
＊31　*Ibid.*, p. 762.〔同一〇〇頁〕

事実による必然性であり、「我々が望もうと望むまいと、我々の喉もとをとらえている」必然性である。そして第二のものとは精神による必然性であり、「もし我々の望み方が適切なら、我々の立てる定義によって我々を支えてくれる」[*32]。事実、アランは直線が直線であり続けるのは、それが真直ぐであってほしいと望む精神によって、直線が絶えず構成され、再構成されているからであると考える。精神にとって、「直」は常に既に一つの価値なのである。意志がなければ、直線が真直ぐであることの必然性は失われる。そしてそのことは、「我々の喉もとをとらえている」ものである物体の落下法則については、同様ではない。ここで、プラトンの〈理念〉〔l'Ideé〕の本性に関する命題を思い起こしてみよう。すなわち、理念とは一つの価値であり、それは意志によって成立している〈当為〉〔*devoir être*〕である。ここから、次の考察が導かれる。つまり、カンギレムが述べた通り「アランは人間的本性を信じており、永遠の歴史を信じている」として、彼はそれ以上に「デカルト的高邁」を信じているのだ。『デカルト』において、彼はこう書いている。

> 判断とは自ずから生じるものであり、ただそれを待つだけでよいと本当に考えるような思想家とは、いったいどのようなものなのだろう。それはある種、明晰な狂人というものだろうが、しかしこの二つの語は互いを拒み合うものだ。〔…〕実際は、最も強力であり、そして最も厳密である理念も、望まない限りは明らかにはならないのだ。[*33]

「意志こそが、判断し、思考する」[*34]と、彼は別の箇所で主張している。そこで論じられているのは、アランが『盲人のための概説書』においてストア派のクリュシッポス[訳注7]のものとした思想である。

わずかに残された記録でしか判断できないが、かつてないほどに強靭な判断にかんするあの学説は彼のものであろう。真理は意志に属する、と彼は語った。〔…〕それゆえに意志こそが魂の本質なのである。[*35]

そして魂、すなわち精神とは「一つの存在を示すものではまったくない。それはいつも一つの行動を示している」[*36]。アランにとっては、それは人間性の唯一の義務に関わるものですらある。思考することとは判断することであり、判断することとは意志することである。そして意志することとは、経験について、価値を持つものとしたり、あるいは持たないものとすることである。

ここでこの考察を、アランの哲学における「死角」という我々の問いに結びつけるならば、次のように言えるだろう。〈事実〉において人間的本性が不変のものであるからといって、当然に我々がそれを改良することを望むのを止めねばならないということにはならない。後の箇所でもう一度立ち戻ることとなる、デカルトに関するカンギレムのある極めて根本的な考察を先取りするならば、カミーユ・リモ

*32 Alain, Entretiens, *op. cit.*, p. 1286.〔『海辺の対話』三八頁〕
*33 Alain, *Descartes*, dans *Les Passions et la sagesse*, *op. cit.*, p. 926-995, p. 963.〔『アラン著作集六 イデー（哲学入門）』渡辺秀訳、白水社、《新装復刊》、一九九七年、一七七頁〕
*34 Alain, *Correspondance avec Elie et Florence Halévy*, Paris, Gallimard, 1958, p. 92.
*35 Alain, *Abrégés pour les aveugles*, *op. cit.*, p. 801.〔『小さな哲学史』四六―四七頁〕
*36 Alain, *Définitions*, *op. cit.*, p. 1031.〔『定義集』神谷幹夫訳、岩波文庫、二〇〇三年、二五頁〕

ージュの重大な反論からアランの見解を救う方法とは、つまりアランにとって「意志すなわち自由とは、知性の制限を受けるものではない」[*37]のだということを明らかにすることではないかと考えられる。しかし、それは本当だろうか？　この問いには、後に再び戻ることとしたい。そして当座のところでは、アランの方法における「死角」を解消する手段とは、彼にとって人間性とは事実ではなく義務なのであり、言い換えるならば価値なのだということを、確かめることであると主張したい。

ここにおいて再度姿を見せるのが、「神の現実存在についての講義」である。ラニョーが「神が存在していると言うことはできない」と主張したのは、価値と事実との間の、還元不可能な二元論を強調するためであった。「神」という語によって理解されるべきこととは、つまりそれによって、そしてそれのためにこそ人間存在が働くものであるところの、究極的な価値である。そして神が存在しうることを否定するとは、次のように主張する一つの方法なのである。すなわち、人間性が精神に従って実現すべき使命とは、いかなる有限的な現実、つまり追い求めるべき価値の輪郭を明示的に描いてくれる何らかの事実というものにおいて、その最終目的を見出すことができるようなものではない。価値の無限性によってこそ、自らを改良するという人間性の使命の無限性が導かれるのである。この意味において、アランの方法とは、たとえそれが一見いかにそのように見えようとも、「人間的本性の運命論」ではない。事実的な観点、つまりは狭い意味における悟性の観点から見れば、我々は皆、自らが本性によって決定されているのだと考えたくなる。しかし、精神が判断するものであり、そうして意志によって事実の偶然性を凌駕するものである以上、我々は、無限であり事実によっては決定されることのない価値というものの名において、この決定論を問い直す力を持っている。そうであるからこそ、ラニョーは、絶対的価値という意味で理解される神なるものは存在することがありえないのだと述べたのである。それこそを目指して人間が働くところの理想とは、いずれにしても謎のままに留まるものなのであり、その形相の輪郭を辿ろうとしても、いかなる事実的な現実も、実際にこれを汲み尽すことはできない。それはある意味では、プラトンがその『国家篇』の第六巻[訳注8]で既に述べていたことである。「善は位においても力においても、その実在のさらにかなたに超越してある」[*38]。理想を実在の水準に合わせて引き下げることを抜きに、価値が存在と同化することはありえない。存在とは、これを価値と判断する精神にとってのみ、価値を持つのである。

ところで、マルクス主義に話を戻すならば、アランによればそれは全くの誤りを犯している。それは価値を特定の時代に従属させ、これを「事実化」させてしまうのである。

> 善を信じなければならぬ。それが存在しないからだ。正義にしてもそうだ。これも存在しない。正義は愛され望まれていると信じてはならない。そう信じたところで、なんの足しにもならない。でなくて、正義を自分で行なうと信じることだ。正義はわれわれを俟《ま》たずとも諸々の力によって生じると、あるマルクス主義者は信じている。だが、この考えをたどってみるがいい。ここに生じるだろう正義は、もはや正義ではなく、事物の一状態にすぎない。正義に関して私が抱く観念にしても同じことだ。そして、すべてがひとりでに生じるのであり、私の思考も同様であるのならば、いかなる思考もとくにすぐれているとは言えなくなる。だれだって、諸力によってもちうる思考しかも

＊37　G. Canguilhem, « Descartes et la technique », *op. cit.*, p. 497.

＊38　Platon, *République*, 509 b.〔「国家」藤沢令夫訳『プラトン全集一一　クレイトポン　国家』岩波書店、一九七六年、四八三頁〕

ちえなくなるからだ。そして、わがマルクス主義者は、ひとつの真理もまた他の真理にとって代わるということを、期待することになるはずだ。世の中には、生きるがままに生きている人たちがあるように、考えのおもむくがままに考えている思索家たちがいる。この連中からみれば、真の思索家が、自分の精神に入ってくるものを信じることなどは狂気のさたであろう。だが、こんな地獄からはい上がろう。治りたくない病人などは放っておけばいいのだ。[*39]

アランにとっては、社会主義者は歴史と価値を結びつけ、そして前者に後者を従属させることによって、取り返しのつかない誤りを犯している。なぜならそれは、二つの全く異なる現実性の次元を取り違えることだからだ。マルクスと社会主義者たちの「原理」とは、「住人を変えるためには先ずその家を変えることだ。結局それは、己が正しくあるために、周囲が正しくあるのを期待するのと同じことなのである」[*40]。それはつまり、要は、現実存在の物質的な諸条件の変革が、思考の次元における変化を結果として伴うと信じることである。ここで我々は、一九三〇年の「シャルルヴィル演説」に象徴される、若き弟子カンギレムのテーヌとバレスに対する闘いを思い出すことができる。議論されていることは根本において同じである。「人種、環境、時代」は、いかなる形でも思考を決定することなどありえない。そのような決定を認めることは、つまりは価値の事実に対する優位、そして精神の物質に対する優位という命題を否定することとなるだろう。ここにおいても再び、カントの影というものを推し量ることができる。断固たるカント主義者として、「内的なもの」を変革できるのは、「外的なもの」を変えることによってではないのだとアランは主張する。そのようなことを認めることは、実質的に、『純粋理性批判』がうち立てた「経験の対象としての事物と、物自体そのものとしての、そのおなじ事物[*41]」の間の重大な区別を無視することに行き着くものである。カントによれば、人間存在を含めたあらゆる思考の「対象」は、「ふたとおりの意味で、つまり現象としてか、そうでなければ物自体そのものとして」[42]、捉えられなければならない。ところで、カントがこの区別を確立するのは、まさしく運命論の根源となる思想――そして意識的にせよそうでないにせよ、社会主義によって伝えられているものである思想――に反論するためなのである。その思想においては、

因果性の原則、したがってまた自然のメカニズムが、作用する原因となるすべての事物一般にかんして、その規定作用の過程を通して、徹底的に妥当せざるをえないことになるだろう。[43]

『純粋理性批判』の重要な企図の一つとは、周知の通り、悟性とその諸カテゴリーが、経験、すなわち事実と結びつく限りにおいてのみ、その正当性を持つものであるのだということを論証することであった。それは従って、経験の枠組みの中に位置づけられない「対象」は、それら〔悟性と諸カテゴリー〕によって捉えられないということを意味する。しかるに、経験を条件づけるものであり、従って事実を条

＊39　Alain, *81 chapitres sur l'esprit et les passions*, dans *Les Passions et la sagesse*, *op. cit.*, p. 1071-1262, p. 1184.〔『アラン著作集一　思索と行動のために』中村雄二郎訳、白水社、《新装復刊》、一九九七年、二八〇頁〕
＊40　Alain, *Souvenirs concernant Jules Lagneau*, *op. cit.*, p. 738.〔『ラニョーの思い出』五六頁〕
＊41　E. Kant, *Critique de la Raison pure*, *op. cit.*, Préface de la deuxième édition〔第二版序文〕, B XXVII, p. 83.〔『純粋理性批判』二一頁〕
＊42　*Ibid.*〔同二二頁〕
＊43　*Ibid.*〔同箇所〕

件づけるものであることによって、思考とはまさにこのような「対象」、つまり因果性が成立する悟性の諸カテゴリーによっては確定することのできない「対象」としての性質を帯びるものとなる。決定論は事物についての我々の認識に対しては関与するが、物自体には関与しない。諸思考の超越論的主体とは未知数Xなのであり、それについて我々はほんの僅かな直観も得ることはないのである。従ってカント的視点から見れば、社会主義の誤りとは要するに、悟性の不当な使用ということにある。すなわち、生産の諸様式が思考を決定すると主張することによって、社会主義は因果性の原理を、経験という限定を超えたところまで進めてしまうのである。それはアランには受けいれることのできないものである。なぜなら、思考とは、それこそが経験を決定するものである以上は、自らは経験のうちに含まれることがありえないからである。

価値の唯一性という問題

上述のところを確認した上で、議論をカンギレムへ、そして彼が一九三五年にCVIAのために出版した小冊子へと戻すこととしよう。イヴ・シュヴァルツは『カンギレム全著作集』第一巻の解説において、以下のように述べている。

「経済的寡頭政治」、「利潤の無限説」、および搾取される「プロレタリアート」の擁護といった、資本主義的システム批判との一致やマルクス主義的概念化に特有の用語の使用が最も顕著に見られるのは、『ファシズムと農民』においてである。[*44]

しかしながら、ここまで論じてきたマルクスの実在論と当時のカンギレムが掲げていた「観念論」との間の両立不可能性を考えるならば、そのマルクス主義との接近は、にわかに矛盾に満ちたものとなる。だとすれば、この『ファシズムと農民』におけるマルクス主義的概念の使用をいったいどのように解釈できるのかという問いが、そのまま生じることになる。我々としては、このカンギレムのテクストを、彼自身によって提供されているその序言に照らしながら読んでみると、いくらか明らかになることがあるように思われる。この序言、より正しく言えば、その方法論とは次のようなものであり、そして我々から見れば、これもまたそれ自体がマルクスから借りたものと感じられる。すなわち「作用や効果というものについては、『何/誰によって?』、および『何のために?』を抜きにして、その価値も意味も認められないのだということを忘れてはならない」[*45]。

『ファシズムと農民』という小冊子は、「何/誰によって」そして「何のために」書かれたものであったのか。一九三五年において、カンギレムはCVIAの精力的な一員であり、アランとミシェル・アレクサンドルによる包括的平和主義を未だ断念していなかった。彼が『ファシズムと農民』を書いたのは、まず何よりもこの運動の活動家たちに、彼らがフランスの農民たちに反ファシズムの大義をよりよく理解してもらえるよう役立つ、適切な社会学的ツールを提供するためであった。従って、ここでカンギレムがあからさまに——そして他では見られないほどに——「マルクス哲学の精神」を持ち出していると

*44 Y. Schwartz, « Jeunesse d'un philosophe », *op. cit.*, p. 92.
*45 *Le fascisme et les paysans*, *op. cit.*, p. 547.

すれば、それは深い意味での哲学的な態度表明というよりは、むしろ修辞的な戦略によるものである。繰り返して言えば、『ファシズムと農民』とは、哲学的作品として発表されたものではない。そこで求められたのは、政治的活動のための小冊子である。しかしフランスの農民を「対象」とし、農村部のファシズムを「ターゲット」とする、この活動にまず必要となる条件とは、活動家が自らにとっての未知のものである農村部の論理を把握できるようになることであった。それゆえに、カンギレムには——農民の心理に通じた者として——活動家に彼の主張をよく理解させる必要が生じていた。この哲学者が、活動家にとって接近しやすい概念の枠組みを利用しながら、自らがより理解される可能性を増やそうと試みたのはそのためである。このことから、『ファシズムと農民』においては、他に例のない多くのマルクス主義的概念の使用がなされることとなった。そのような理由で、ここに見られるマルクス主義の参照は、その理論に対する留保抜きの同意を示すものであるよりは、修辞的戦略であると考えられるのである。

これは、マルクス主義に対するカンギレムの関わりが、ただ情況に応じた戦略の産物であるに尽きるということを意味するものではない。むしろ、そのようなことは全くない。実際には、この両者の見地には、深く共有されている目的が存在している。フランソワ・ダゴニェは、その恩師を論じた研究において、次のように書いている。

> カンギレムは秩序と進歩の理念——コントが等置した二つの理念——を断念するのであり、それよりもむしろ「西側のマルクス」に特権を与えることとなるだろう。すなわち、彼は搾取されている諸社会が、その抑圧者たちから自らを解放することを求めるのである。[*46]

この「西側のマルクス」というイメージには、極めて適切なものが認められる。カンギレムの哲学には、既存の秩序を承認しようとする保守主義は一切存在しない。既存の秩序を承認することは、事実こそが価値に合致するものと見なす運命論者の本質にほかならない。運命論者にとってはいまそうであることとそうであるべきこととは等価となるが、これはカンギレムにとっては全く受けいれ難い見方である。道徳が実在と合致することはありえない。そして人間性にとって尽きることのない使命とは、まさしく、自由なる判断の命じる価値の名において、自らを事実から解放することにあるのである。この自らを解放することの必然性、および、〈歴史〉〔l'Histoire〕に参入するために事物による状況から離脱するというこの人間固有の欲求にこそ、カンギレムとマルクス主義の最大の近接性がある。語の最も一般的な意味において、両者は互いに、ある観念論＝理想論〔idéalisme〕を主張するものである。[*47] すなわち、要するに両者とも、現実存在とは、人間の行動の総体を方向付ける理想〔idéal〕に応じてしか意味を持つことはないと見なしている。この意味では、ゴルトシュタインから借用された〈交渉〉の概念は、F・ダゴニエによって呈示された考えの完璧な例証であると理解できる。カンギレムが「西側のマルクス」なるものに近づくことがあるとすれば、それはつまり環境というものがそこに生きているものを一方的に決定するなどということは決してなく、むしろ生きているものによってこそ、環境は常にどこか再構成されているのだとすることによってである。「人間性とは決定されたものであるか」という問いに、従って

＊46　F. Dagognet, *Georges Canguilhem. Philosophe de la vie*, *op. cit.*, p. 12.
＊47　*Trésor de la langue française* によれば、現在の日常的な意味における idéaisme とは、「自らの思考や行動や生活をある理想〔un idéal〕に従って方向づけようとする、実践的あるいは知的な態度」を指す。

カンギレムは、「そうであり、そうでない〔oui et non〕」と答える。それは、制御することのできない絶対的な自由というものと、圧倒的な決定論というものとの間の、その狭間に踏み留まる解答である。

とはいえ、この二つの哲学的立場の間に、根源的な相違が残ることにも変わりはない。すなわち、カンギレムにとっては、人間性がそれに従って自らを解放しようと努めるべき諸々の価値は、決して前以て定められることのできないものである。従って、〔カンギレムの『全著作集』への〕解説においてイヴ・シュヴァルツがカンギレムの見地を「謎めいた人間主義〔humanisme enigmatique〕[*48]」と名づけるとき、彼はこのことを正しく理解している。たとえダゴニェの述べる通り、カンギレムにとって「搾取されている諸社会」の賭け金がまさしく「その抑圧者たちから自らを解放すること」であるとしても、彼はしかし、その解放が目指すべきである理想が独断的に決定されうるという考えは拒否するのである。マルクス主義という学説は、少なくとも部分的には終末論的性質を持つものであり、それゆえにこの理想というものに対し、何らかの完成した一個の形式を与えるものとなる。そしてそれは最終的には、価値を事実の次元に引きおろすことに帰着してしまうのである。

このように、カンギレムがマルクス主義に対して結んだ関係には、両義的なものが存在していただろうことが理解できる。一方では、彼はマルクス主義が見定めている人間主義的な目的を称賛している。しかし他方で彼は、人間性が向かうべき価値を決定しようとする点での、マルクス主義の独断論を批判するのである。ならば、カンギレムはこのディレンマを解決できたのだろうか?彼は解決できた、そう我々は考える。そしてそれは「西側のマルクス」へと向かうことによって、すなわちある仲裁によってなされたのである、と。

アランから受け継がれた判断の哲学とマルクスの歴史的パースペクティブとの間の、この困難な仲裁は、恐らく一九三〇年代半ばから端を発するものであるように思われる。この時期、カンギレムがマルクス主義に対して次第に関心を強めたことのしるしとして、カミーユ・リモージュは、この哲学者が一九三五年、恐らく彼が立案者となって『隔週自由雑誌〔*Les feuilles libres de la quinzaine*〕』上で「マルクス主義時評〔chronique marxiste〕」を開始した事実を辿っている。「経済学者あるいは理論家としてだけではなく哲学者として受け止められるマルクスの思想は、今日フランスにおいて、その正当性と方法論に対する関心を寄せられている」と確認した上で、カンギレムは次のように述べている。

> 極めて明らかなこととして、実際のところ、マルクス主義に傾倒する若き哲学者（フリードマン[訳注9]、モーブラン）や知識人（プルナン[訳注10]、ワロン[訳注11]）らがマルクスの著作に求めているのは、教義の大全というよりはむしろ、一つの方法論である〔…〕。[*49]

右の「若き哲学者」という言葉の下で直ちに問われるのは、この時代、マルクスの著作に「教義の大全よりも一つの方法」を求めたのは、カンギレム自身だったのではないのか、ということである。しかも、彼はやがて一九三九年の『論理・道徳概論』で、マルクスの方法論について、社会学がコントから受け継いだ唯心論的な方法とは反対に、科学の規範形成的な規律に倣って、「経済学的事実[*50]」を掘り起こし

＊48　Y. Schwartz, « Jeunesse d'un philosophe », *op. cit.*, p. 86.
＊49　G. Canguilhem, « Chronique marxiste — Actualité du marxisme », Feuilles Libres de la quinzaine, 1re année, nº2 (25 octobre 1935) ; repris dans G. Canguilhem, *Œuvres Complètes*, tome 1, *op. cit.* p. 480-482, p. 481.
＊50　G. Canguilhem, C. Planet, *Traité de logique et de morale*, *op. cit.*, p. 778.

たと称えることとなるのではなかっただろうか。それこそが、我々の理解するところである。
この学説［マルクス主義］から引き出されうる「実践的」帰結がいかなるものであり、またその規範理論としての影響の詳細がいかなるものであるにせよ、ここにおいて本質的である、その論理的な重要性に留意せねばならない。すなわち、コントの学説は精神の諸関係から客観的関係を生じさせたのであり、それによって科学的手続きの規範形成の方向性を逆にしてしまった。そしてマルクス主義における「唯物論的」公準と称される社会的決定論は、（少なくとも、あらゆる科学がそこにおいてきちんと審判を受けるべきである〈真理〉［la Vérité］の枠組みにおいて解釈するならば）まさにこの方向性を正しく発見し直したものであると考えられる。[*51]
この点から見れば、先に引用した「マルクス主義時評」でカンギレムによって論じられた、一人の思想家を「使用すること」と「延長すること」との間の区別は、絶対的に重要な意味を持つものであると考えられる。
延長することよりも使用することの方が、はるかに重要である。そしてそこには、プロパガンダの日和見主義に対するいかなる譲歩もない。使用することとは、我々の意味するところでは、彼の使命――それについて、もし彼が続けていたとして、どのようにして、どこまで果たして辿り着けたかを知ることは不可能である――を反復するためにではなく、我々の使命のために、彼の精神を理解することである。[*52]

この『ファシズムと農民』と同時期に書かれたテクストに、カンギレムによる、彼がマルクス主義に認めていた意味と価値についての論述を見ないでいるのは難しい。これらの数行を読むならば――そして、それが一九三五年のカンギレムの精神状態を明らかにしうるものと考えられるとするなら――、彼がCVIAのために書いた小冊子は、いかなる方法においてもマルクスを延長するものではない。そのようなことが可能であると主張するとは、マルクスがそれに向けて一つの応答を記した問題のすべてが、一九三五年においても一八六七年においても同じままなのだと見なして、結局のところ、歴史を無効化することに帰着するだろう。「ある思想家を延長するとは、つまり同時に怠惰であり不実であるということだ[*53]」、なぜならそれは、ある傾向をもって固定された哲学的遺産を時代が突きつける諸々の問題の個別性に結ぶ哲学者の判断について、これを無くても構わないことにしてしまうからである。問題というものが持つ歴史性は、独断論を禁じる。だからこそ、延長の代わりに、カンギレムは使用について論じることを選ぶのである。ある思想家を使用することとは、いわば思想家自身を読むこと、つまり「彼の精神を理解すること」であり、すなわち彼の思考の歩みの基底に存在し、かつ思想家がそれを定式化した時と場に対していかなる関係を持つものでもない、諸原理をつかむことである。カンギレムがマルクス主義と共有する価値とは、ある種の人間主義である。両者の哲学的立場の間の不一致とはむしろ、この理想を実現するために実践されるべき手段に関わっている。

＊51　*Ibid.*, p. 779-780.
＊52　G. Canguilhem, « Chronique marxiste », *op. cit.*, p. 481.
＊53　*Ibid.*

マルクス主義の最終的な目的とは、生産手段の社会による共有化であるよりも、人間的な状態への労働者の回復である。集産主義とは、「歴史における前史から」、つまり自己意識における自己疎外から、人間性を抜け出させるための一つの手段でしかない。しかるに、農村世界における技術的・政治的なオートメーション化、すなわち産業メカニズムと引き換えに農民の生活が失われることが、現在において、さらなる労働者の奴隷化を実現しているのである。フランスの農民はもはや、その生産手段の理論上の所有者であるに過ぎない存在となりつつある。農村の生産者の私的つまり匿名的でない所有を、一個の現実、そしてもはや単なる法的擬制ではないものにしようと戦うのは、社会主義の精神に反することであろうか？　農民たちへの社会主義と共産主義のプロパガンダから、彼らにとって今日に至るまで（そう言わねばならない）こけおどしでしかなかったもの、すなわち集産主義の語を消し去るべきであるのは、単なる日和見主義ではなく――従って意味も有効性もないものなどではなく――、極めて重要な理由のためである。[*54]

カンギレムにとって見直されるべきものとは、マルクス主義の人間主義的な目標ではなく、これを実現する手段の方である。そしてそれは、認識論的次元においては、マルクス主義のドクサが社会的現実を統合する際に用いている諸カテゴリー、つまり対立する諸階級というものの再検討によって開始される。それというのも、これらの階級のカテゴリーが大きすぎるものだからである。当時のカンギレムの表現を繰り返すならば、マルクス主義的カテゴリーは「何かを切り落とすことによってしか統一できない」[*55]。あまりにも多くの場面で、都市生活の分析を基盤として確立された解読用の格子を農村世界に当てはめ、満足してしまっている様子が認められる。その結果、農民は農村部における労働者の等価物であると見なされがちである。しかしそれは、農村世界の個別性と特異性を無意味化することと同じなのである。

農民階級というものは存在しない。そこにあるのは農村世界であり、そこにおいて利害は単一ではなく、生活の諸価値は同一ではないし、農民の尊厳は同一ではない。[*56]

つまり、『ファシズムと農民』の中心にある問題とは、ここにおいても再び、カンギレムにとって価値の問いに帰するのである。社会主義者と共産主義者による、農村部の人々に彼らの大義への関心を持ってもらおうという努力がここまで失敗に終わってきたのは、経験の厚みを一つの一元的な価値の体系へと還元するという、哲学上の誤りに起因するものである。調節や生命的なものと社会的なものの連関についての壮年期のテクストにおいても見出されることとなる同じ議論を展開して、カンギレムは、フランスの農民とはその構成員がすべて同じ唯一の目標を望むような均質的な全体などというものではないと主張する。そのようなものとして見なすことは、要するに各々の農民、そしてあらゆる男女が、生きるべき目的を選び、これを自らに対して定めるために用いている、判断の能力というものを無意味化することに帰着するであろう。判断という機能の普遍性があるとすれば、その反対に、農民の諸価値の特殊性というものがあるのであって、そこから何かを切り落としてしまうことなしには、これを都市部の

＊54　*Le fascisme et les paysans*, *op. cit.*, p. 547-548.
＊55　G. Canguilhem, « Activité technique et création », *op. cit.*, p. 502.
＊56　*Le fascisme et les paysans*, *op. cit.*, p. 549.

プロレタリアートの諸価値へと接続させることはできないのである。そのためにカンギレムは、社会主義とは別個に、マルクス主義の大きなカテゴリーによっては統合することのできない農民の特殊性を考慮に入れた、「農村社会主義」を認めさせるべく苦闘する。そしてそれゆえに、フランスの農民に関する限りは、擁護されるべきは集産主義であるよりも「事業の実際的な所有権[*57]」の方であるとカンギレムは指摘するのである。彼によれば、集産主義とはマルクス主義的観点から見て、「『歴史における前史から』人間性を抜け出させるための」一つの手段でしかないのであって、唯一の手段ではない。だからこそ、都市部プロレタリアートに応じたものである集産主義よりも、農民にとっては小規模所有の擁護が「労働全体の三契機、すなわち〈発議〉、〈実行〉、〈管理〉の意識的および人間的統一を彼が維持できる唯一の手段[*58]」であることが明らかになるのである。

『ファシズムと農民』においてカンギレムが提起していた主張が、一九三八年に彼が「価値論的主知主義[*59]」と呼んだ、あの判断の哲学に根ざすものであることを確かめるためには、同書の細部にこれ以上立ち入る必要はない。一九三五年から一九三九年にかけて、彼の思索の核心を占めていたのが、経験の統一性という問題であったことは明らかである。そしてその活動家としての、あからさまに行動へ向けられたものとしての外観に関わらず、『ファシズムと農民』もまたその例外ではない。ファシズムの危険に対して農民の意識を向けさせることにこれまで失敗していたのは、プロレタリアートと農民が同じ利害や同じ目的、つまりは同じ価値を共有しているものと信じこむという、哲学的な誤りに原因がある。しかしそれは事実ではないのだ。単一で均質の農民階級などというものが存在するという点についてだけでも、それは既に言えることである――たとえば穀物栽培に従事するフランス北部の大規模農家は、ブドウや果物を生産する南部の小規模農家とは異なる。このように、そこで論じられている主題の特殊性——フランス農民に向けた社会主義プロパガンダ——を超えて、『ファシズムと農民』は当時のカンギレムにとっての中心的な問い、すなわち経験の統一性という問題系のうちにあるものとして位置づけられるのである。

ある意味では、もし〈コギト〉の消尽に関する我々の仮説が正しいなら、これは全く驚くべきことではない。三〇年代半ばに至るまで、カンギレムはアランから継承した反省的伝統に忠実な立場に留まっていた。ところで、カントによって育まれたこの思考の潮流にとって、経験の統一性とは「統覚による根源的‐総合的統一」、すなわちカントが「いっさいの悟性使用の最上の原理」[*60]と見なしたものに、その条件を見出すものである。「〈私は考える〉が、私の表象のすべてにともなうことが可能でなければならない」[*61]のは、つまり〈私は考える〉が自らの抱く諸々の表象に対して、それら自体では全く持つことのない意味と統一性とを与えるからである。では、もし〈私は考える〉が消尽するならば、何が起こるのだろうか。カントの見地からすれば、それはただ単純に、経験の分裂を意味するものとなる。ここにおいて我々は、哲学を序列化と秩序形成の実践であると断定していたカンギレムが、いかなる苦境を経験したのかについて理解することができる。そのために我々がを所有する唯一の道具がもはや失われたのだとしたら、どうやってその使命を引き受けることができるというのか。

＊57　*Ibid.*, p. 548.
＊58　*Ibid.*
＊59　G. Canguilhem, « Observations de M. Canguilhem à la suite de l'intervention de Dominique Parodi sur « Idéalisme et réalisme », *op. cit.*, p. 499.
＊60　E. Kant, *Critique de la Raison pure*, *op. cit.*, B 136, p. 201.〔『純粋理性批判』一五〇頁〕
＊61　*Ibid.*, B 131, p. 198.〔同一四四頁〕

ここで、一点確かめておこう。我々の考えでは、カンギレムは決して完全に超越論の試みを断念したことはなかったのである。一九三六年の、バシュラールを論じた（そしてカミーユ・リモージュが我々に指摘してくれた）テクストにおいて、彼は次のように書いている。

> いずれにせよ、合理主義的エピステモロジーの語彙を全面的に構成しようというとき、それを理性に関する存在論的理論や、カテゴリーに関する超越論的理論に頼らずにやるということの難しさを、バシュラールがしっかりと見据えていたことは否定できないであろう。[*62]

コントについて発された言葉をカンギレム自身の思考にあてはめて、彼の生命の哲学こそが「保存された超越論の試み」に加えられる独自の手続きに関わるものなのだと我々が述べたのは、このためである。アランとラニョーに忠実に倣うものとして、カンギレムにとって経験とは、蜜蠟に押しつけられた刻印のように、精神がそれをただ受動的に受けいれることに甘んじるべき所与のものでは決してない。そのように見なすことは、精神を事実に従属させることである。経験とは、何らかの方法で、組織化され価値づけられなければならない――ここにおいてカンギレムは明らかに、哲学の〈義務〉について語っていると言えるだろう。だが、それならば、もはや「統覚による根源的‐総合的統一」がそのような総合の機能を保証することができないのだとしたら、この統一性の原理はどこに見出されるのであろうか。ここから先、その価値づけの力能は、どこに存在することになるのだろうか。

＊62　G. Canguilhem, « Dialectique et philosophie du non chez Gaston Bachelard », dans *Études d'histoire et de philosophie des sciences, op. cit.*, p. 196-207, p. 206.

訳注

1——一九三四年二月六日に国民議会が置かれるパリ・ブルボン宮周辺で起こった、退役兵士団体やアクション・フランセーズを筆頭とする反議会的極右諸連盟による大規模デモを発端とする暴動。組織化されたデモ隊と警察の衝突により多くの死者・負傷者が出たため、当時のダラディエ内閣は総辞職に追い込まれた。この事件は、これをフランス国内におけるファシズムの伸長の証しと認識した各勢力による反ファシズム運動の興隆も惹起し、人民戦線の成立へとつながる流れを生むこととなった。

2——南フランス・ラングドックの地中海に面した歴史的都市。ブドウ栽培とワイン生産が主産業である。

3——「一袋分のジャガイモがあれば、ジャガイモ一袋できるようなものだ。何百万もの家族が、その生活様式、利害、教育を、他の諸階級の生活様式、利害、教育から切り離し、他の諸階級に対立させるような経済的生活条件のもとで生活しているかぎりで、彼らは一階級を成している」。邦訳『マルクス・コレクション三　ルイ・ボナパルトのブリュメール一八日／経済学批判要綱／経済学批判／資本論第一巻初版』横張誠・木前利秋・今村仁司訳、筑摩書房、二〇〇五年、一二四頁を参照。

4——Георгий Валентинович Плеханов (Georgij Valentinovich Plekhanov : 1856-1918). ロシアの貴族出身の社会主義者。一八八〇年に国外へ亡命、八二年に『共産党宣言』のロシア語版を刊行し、ロシアでのマルクス主義の拡大に尽力した。一九一七年の二月革命後に帰国するが、革命を批判してレーニンと対立関係に陥り出国を余儀なくされ、翌年フィンランドで没した。

5——René Maublanc (1891-1960). フランスの哲学者。シャルル・フーリエ研究者であり、エコール・ソシエテールに遺されていたフーリエの草稿の編纂・刊行に寄与した。大戦間期は平和主義を唱え、フランス占領下ではレジスタンス闘士となった。大戦期・戦後を通じて、共産党員として活動した。

6——Holzweg はドイツ語で森の中の木材運搬用に作られた道を意味し、本来は人間用に作られた道ではない Holzweg を辿ることで森の中を迷ってしまうという意から転じて、「思い違い」を意味する比喩ともなる。『ハイデッガー全集五　杣径』（茅野良男・ハンス・ブロッカルト訳、創文社、一九八八年）の「題辞」には以下のようにある。「杣《そま》にはあまたの径《みち》があるが、大抵は草木に覆われ、突如として径無き所に杜絶する」（同三頁）。

7――Χρύσιππος (Chrysippus : B.C. c.280-c.270). 古代ギリシアの哲学者。ストア派の学頭となったが、その著作は引用された断片の形でしか残っていない。

8――原著では第七巻とされているが、該当箇所は第六巻。

9――Georges Freidman (1902-1977). フランスの社会学者。大戦後、産業的合理化と労働者の心身を論じ、フランスにおける労働社会学の創設者となった。本書本文中で後述されるように、機械化労働についてのフリードマンの分析にカンギレムは強い関心を寄せた。この引用に名前が挙げられているフリードマン、モーブラン、プルナン、ワロンの四者は、一九三五年に出版されたシンポジウムの記録 *A la lumière Marxisme* に講演が収録されており、カンギレムのこの文章は同書の書評である。

10――Marcel Prenant (1893-1983). フランスの動物学者、寄生虫学者。共産党員であり、フランス占領下ではレジスタンスに参加した。

11――Henri Wallon (1976-1962). フランスの哲学者、心理学者。戦中はヴィシー政権に大学での教育職から追放され、レジスタンス活動に参加。戦間期および大戦後のフランスの児童教育制度改革に携わり、フランス解放後の公教育の再建設において中心的な役割を果たして、「ランジュヴァン＝ワロン計画」を進めた。

第八章　超え出られる悟性

ここからは、カンギレムに「〈コギト〉の消尽」をもたらし、そしてその結果として、彼の受け継いだ反省哲学の修正を必要とさせたものがいったい何だったのか、これをより掘り下げた形で検討していきたい。

『言葉と物』でフーコーの裁定した診断に従えば、主権者たる主体を起点として経験を統一することの不可能性は、〈コギト〉が自然と歴史のうちに解消されてしまったことに起因するものとなるだろう。要約するなら、一九世紀に超越論的主体を葬り去ったのは、実証主義とマルクス主義という視座だったと言うことができるだろう。これに加えて我々は、しかしながらカンギレムについてはこの理解は当てはまらないのであって、それは彼が当時において、歴史主義的であるよりむしろ、はるかに価値論的な視点をとっていたことに関わるということを見てきた。但し、ある根本的な一点を確認しておくこととしたい。すなわち、たとえカンギレムがアランと同じく、判断と価値の哲学をこそ選択すべきものと認めていたのだとしても、それは彼が恩師と同じように歴史を無視していたということを意味するわけではない。むしろその反対である。アランにおいて、価値論が人間の「永遠の本性」に帰着するものであったとするなら、価値についての考察はカンギレムにおいては独自の形をとって、諸々の問題とそれを解くために人間性が行う選択についての、歴史性というものを考えることへ通じるのである。この意味において、カンギレムに反省的方法を再考させるよう導いたものとは、ほかでもない、哲学の領域への歴史の到来であったのだ。しかし、ではいかにして彼は、恩師たちによる判断の哲学を修正しなければならなくなったのだろうか。あるいは言い換えるなら、カンギレムの目に、〈コギト〉の消尽を開始させたものとして映っていたものとは、いったい何だったのだろうか。

〔後に起こった事柄から過去の出来事に遡る〕遡及型の歴史物語に陥って考えるのでない限り、カンギレムに彼の受け継いできた哲学的パースペクティヴの修正を迫ったものとは、決して〔フーコーによる〕人間諸科学の考古学ではない。彼の知的履歴を辿り直すなら、一九三七年から、技術に対する旧来の関心が次第に強くなって現れていることに気づくことができる。事実、一九三七年から一九三九年にかけて発表された四本の哲学的性格を持つ論文のうち、三本が明示的に技術を論じている。すなわち、「デカルトと技術」（一九三七年）、「技術的活動と創造」（一九三八年）、そして〔ピエール＝マキシム・〕シュル[訳注1]による『機械と哲学』の書評（一九三八年）である。一九三九年の『論理・道徳概論』（特に、〔「論理」〕第四章のBの二）での技術に関する重要な長い論述については言うまでもない。ここにおいて、ではこの次第に顕著なものとなった技術という現象に対する関心とは、カンギレムの思考の全体的構造から見て、何に対して応答しようとしたものであったのかという問いが生じることとなる。

我々の仮説とは以下のようなものである。つまり一九三〇年代終わりにかけてカンギレムが技術に対し強く関心を寄せたのは、彼にとって技術とは人間性による独創的かつ起源的な〔originale〕――そして全くの意味で本質的な――経験を意味するものであり、それは彼の恩師によって展開されてきた反省性のパラダイムでは捉えきれない部分を持つものと映ったからである。それをひと言で言うならば、技術の独創性＝起源性という問いを提起することとは、彼にとって、〈行動〉を必然性の判断によって説明することは不可能だと示すことに帰着する。そしてここで我々はそれを、創造を悟性の仕業に還元することの不可能性であるとさえ言ってみてもよいだろう。一九三八年のトゥルーズ哲学会でのカンギレムの報告のタイトル、すなわち「技術的活動と創造」が、その論拠となる。行動というものが常に何らかの程度において創造であるのは、つまり、カンギレムによれば行動というものは、客観的認識からの厳密な帰結として理解できるものではないからである。綿密に――そしてアランがするように一般的なものとしてではなく[*1]――検討するならば、技術的な行動というものは確かに、ただ悟性のみを起点にして経験を統一することの不可能性を証言する。反省的分析を技術的活動の細部にまで進み入らせることによって、カンギレムは悟性に、そこから先では一定の恭順が必要となるような閾が存在することを明らかにするのである。

一九三七年のデカルトについてのテクストでは、この先の箇所で見ていくように、この閾はカンギレムが「技術的生産の発意[*2]」と名づけるものに相当する。彼によれば、ほかならぬ悟性の論理――分析的方法の論理――が、技術的な「発意」によって追い越される＝超え出られる〔*débordée*〕ことがあるのであって、そこにおける「発意」は認識による判断にではなく、「生きているものの要求[*3]〔les exigences de vi-

＊1　たとえば、『思想と年齢』の「技術」と題されたプロポを参照。*Les Idées et les âges* (1927), repris dans *Les Passions et la sagesse*, *op. cit.*, p. 3-324, p. 292.〔当該のプロポは、*Les Passions et la sagesse* への再録の際に追補されたものであり、そのため邦訳には含まれていない〕
＊2　G. Canguilhem, « Descartes et la technique », *op. cit.*, p. 497.
＊3　*Ibid.*

vant]」に根ざした予見というものの独創的＝起源的な「力能」に属している。技術的「発意」という語で理解されるべきものとは、当座の表現を用いるなら、あらゆる実践的活動の端緒となる「最初の一撃」である。カンギレムの分析に従えば、それはつまり行動を支えるばね仕掛けの起動装置なのであって、この起動装置はどこかの部分で悟性を逃れ出るとともに、そのことによって、認識による判断を起点として人間の経験を統一することの不可能を教えるものになるのである。

〈技術〉と価値の哲学

カンギレムが明示的に技術を主題とする最初のテクストを書いた一九三七年において、彼がまだ後のような「〈生きているもの〉の哲学者」ではなかったということを思い起こすことは重要である。この時期、彼が担っていたのは、ラニョーとアランの判断の哲学であったのだ。一九三七年から一九三八年当時、トゥルーズのリセ・フェルマーでカンギレムの教え子だったJ・ピクマルはそのことについて、次にように証言している。

これらの講義の章立てにざっと目を通すだけでも、すぐに大戦間期フランスの哲学の主流として認識されているいくつかの思想潮流を確認することができる。そこでは「反省的分析」が、人間の経験において単に「所与」と見なされうるような事柄の条件としての、「判断」による遍在的活動の存在を明らかにするのである。[*4]

従って、「判断の哲学者」であるカンギレムが技術に関心を向けたとすれば、それはこの活動が反省的思考の次元において持つ意味のためであると考えられる。なぜなら、技術というもの――特に、その〈発意〉――を可能にする諸条件の分析は、技術的思考が科学的思考と比べて、動かしがたく起源的＝独創的であることを示すものだからである。技術者についての哲学的検討――あるいは、バシュラールのいう精神分析的検討――は、技術的活動の根底に、科学的・学術的活動によって追求される価値の体系では説明できない、それとは別個の価値の体系が存在していることを明らかにする。すなわち、一九三七年のデカルトについてのテクストにおいて、カンギレムは以下のように指摘するのである。

物質は科学にとっては均質であり無個性的であるが、技術者が「我々の利便に結びつけよう」とする物質とは、特殊なものであり、かつ多様である。[*5]

客観的には全く同一の対象と関わりながら、しかし学者と技術者とでは、そこに見出すものは同一ではない。そしてこのことは、次の人間学的なパラドクスに起因している。すなわち、たとえ人間性は一つだとしても、その経験は、複数の意味に自らを語るということである。物質を見る見方は、一義的ではない。科学的観点に身を置くか、技術的観点に身を置くかによって、物質は異なる結論へと帰されることになるだろう――つまり言い方を換えれば、それは一義的な形で価値づけられたり、分極化されると

＊4　J. Piquemal, « Georges Canguilhem, professeur de Terminal (1937-1938) », *op. cit.*, p. 66.
＊5　G. Canguilhem, « Descartes et la technique », *op. cit.*, p. 496.

いうことはないだろう。人間性が常に価値を伴うものである以上、物質とは必ず人間性に対して、何らかの価値として自らを示すのである。

学者にとっては、物質とはたとえば、認識すべき対象である。そして彼にとって目指すべきこととは、その物質についての普遍的で必然的な法則を明らかにすることであり、そのために、彼がその研究を行なっている環境に含まれる、あらゆる特殊なものを無意味化することである。だからこそ科学的分析は学者に対し、真理を探究しようという限りは、自らの欲望や欲求の圏外に身を置くようにと命じるのである。科学とは、いまそうであることを証明する機能を持つ、規範形成的な活動なのであって、普遍性のために特異性を無効化するものである――これは、それなくしてはもはや科学が真理について語ることが不可能となってしまう、議論の余地のない、必然的な手続きである。

これとは逆に、技術者にとっては、事情は全く異なったものとなる。そこでは、この活動は〈いま・ここ〉〔l'hic et nunc〕に全面的に従属するのである。技術者にとって物質は認識すべき対象というより、必要を満たすために使用すべき対象である。つまり、技術的判断において実現される経験の序列体系では、有用性の価値の方が真理の価値に勝っている。そして技術者にとっては、物質の本質的な法則を知ることが問題なのではなく、彼が目指すのは、彼の置かれた特異な状況が要求する差し迫った効果を生み出すことである。そのようなわけで、初歩的な認識――あるいはカンギレムが『哲学原理』第四部におけるデカルトを引いて述べたように、[*6]ただ真実らしく思われただけの〔vraisemblable〕認識――であっても、技術者が実践的な問題を解決するには十分に役立つことができる。科学的精神にとって物質が、それについての純粋なる認識以外のなにものとも関わりを持たないという意味で〈目的自体〉〔*fin en soi*〕であるとすれば、反対に、技術的精神にとって物質とは目的を叶える〈手段〉であり、その目的は場面と時の特異性に刻み込まれた火急性を帯びている。これを反省という視点において見るなら、では技術とは認識による判断にその起源を持つものではないのだと考えられる。言い換えれば、科学的精神と技術的精神とでは、それにとって価値をなすものが一致しない以上、この後者と前者を混同してはならないということである。人間的経験におけるこの「多義性」が結果として、経験を統一するという哲学固有の使命を極めて複雑なものとするのは明らかであろう。科学的な領域において価値を持つものに対して、もし本当に技術的精神が無関心なのだとすれば、人間的経験の総体を統一するために、カントが科学的精神の分析から導き出したものである悟性の諸カテゴリーを召喚することはもはやできないのである。

技術における価値論的場というものが、実際に科学におけるそれと異なるのだとすれば、つまりそこでは独自の規範形成に関わる分析が必要なのであって、その際には科学についての分析をなぞるわけにはいかない。これは一九三八年、シュルの書物について次のように述べながら、カンギレムが示唆していたことでもある。

> バシュラール氏が『科学的精神の形成』において「ホモ・サピエンス」の精神分析に寄与をなしたその同じときに、『機械と哲学』とは、「ホモ・ファベル」の精神分析に寄与するものであると考えられる。[*7]

＊6 *Ibid.*

＊7 G. Canguilhem, « P.-M. Schuhl, Machinisme et philosophie. Paris, 1938 », *Revue philosophique de la France et de l'étranger*, vol. 126, no 9-10 (septembre-octobre 1938) ; repris dans G. Canguilhem, *Œuvres Complètes*, tome 1, *op. cit.*, p. 510-511, p. 510.

哲学的な意味において「ホモ・ファベル」が「ホモ・サピエンス」から区別されるのは、前者にとっての諸価値が、後者にとってのそれとは一致しないことによる。従って我々はここで、二つの異なる価値論的体系を前にしているのであり、その二つの体系は、同じ一つの人間性の中に互いに矛盾し合う形で存在する、二つの還元不可能な経験を指し示している。すなわちカンギレムにとって、技術という現象は、人間的経験を純粋なる悟性によって包括的に統一することの不可能性を示すもの以外のなにものでもなかったのだ。

行動とは何か——崇高なるカヴァイエス

伝記的な観点から見れば、それまでの時点では判断というものに固く留まっていた哲学における、この技術の——そして、従って行動の——問いへ向けられた際立った強調は、偶然によるものではないと我々には考えられる。カンギレムは、彼がアランとミシェル・アレクサンドルによって導かれた包括的平和主義から離脱したまさにそのとき——一九三六年の終わり——、行動を可能にする条件の探究を行なっていたのである。そうであるならば、一九三七年、彼がデカルトの思想において技術的活動の原因と定められるものを検討するとき、このデカルトという名前——そして、より正確に言うならテクストの前半部におけるデカルト、つまり「機械と幾何学的物理学によって、実在についての知という問題を解決した[*8]」悟性の哲学者としてのデカルト——の陰に、何らかの程度においてアランの名前を読みとるべきなのではないかということは当然問われてよいだろう。

一九三四年以降、アランの死去に際して一九五二年に発表された追悼論文[*9]を除いては、若い時期のテクストに見られた数多くのあからさまな〔アランへの〕言及は、重い沈黙にとって代わられるようになる。当然ながら、そのことはいくつかの問いを惹起する。この沈黙は何の結果として生じたものなのか。それは単に、弟子の恩師からの解放を示すものであるのか。それは両者の間の、厳密に個人的な仲違いのしるしなのか。あるいはその反対に、もっと深刻な意味において、そこで問題となっているのは、恩師によって展開された判断の哲学からの離脱なのだろうか。明示的な証言が存在しない以上、推測に励む以外に我々にできることはない。

但し、一九三六年以降のテクストで突然に目撃されるアランへの言及の不在が、それまで擁護してきたものであり、そしてアランこそがその首領であった徹底的な平和主義からのカンギレムの離脱と時期的に一致することは確かである。ここから、次の問いが生じる。では、カンギレムが政治的次元において必要と判断した方向転換は、その影響として、概念的な次元での何らかの再編成を伴うものだったのか。この仮説について、以下では検討していくこととしたい。

カミーユ・リモージュによって発掘された資料に従えば、カンギレムにとって平和主義者としての活動の終わりを告げるものとなったのは、一九三六年七月一九日の〔フランシスコ・〕フランコによるクー・デタ[訳注2]だと考えるのが至当と思われる。CVIAによる対ファシズム防衛キャンペーンは、既にその

＊8　G. Canguilhem, « Descartes et la technique », *op. cit.*, p. 498.〔書評の対象であるシュルの著作の邦訳としては、『機械と哲学』粟田賢三、岩波書店、一九七二年〕

＊9　G. Canguilhem, « Réflexions sur la création artistique selon Alain », *op. cit.*

限界に達していた。トゥルーズで亡命イタリア人シルヴィオ・トレンティン[訳注3]の政治分析に学ぶことで、「留保なき平和」は彼にとって、もはやそれ以降は展望し難いものと考えられるようになった。[*10] はるか後になって、友人カヴァイエスの思い出を語るためにカンギレムが選ぶこととなるスピノザ的語彙を繰り返すなら、スペイン内戦の勃発は、自由な判断の哲学に対する「必然性」の容赦ない闖入となるものであったと言うことができるだろう。一九三六年において、時局はもはや〈事実〉を概念的に批判するのに相応しいものではなかった。それが運命論であれ否であれ、カンギレムにとって、もはや行動に移る以外に選択肢はなかったのである。

確かに、カンギレムは自らの包括的平和主義からの離脱について、詳しく説明したことは一度もない。ここでこの人物の慎み深さについて、再度述べる必要はないだろう。但し、カヴァイエスに捧げられたいくつかの追悼に関しては、彼が密やかに自らの抵抗運動の経験を語っているのではないかということがしばしば問われてきた。J－F・ブラウンシュタインは、自身の編纂したカンギレムについての論集への巻頭文において、次のように記している。

だがカンギレムは決して、抵抗運動における彼自身の行動については語らない。カヴァイエスへの追悼として捧げられたテクスト、すなわちそこで彼が簡潔に次のように記したテクストを通じて以外には。「彼について語るとき、恥を感じずにいることはできない。なぜなら彼の後に生き残ったということは、つまりは、彼ほどにはできなかったということを意味するからだ」。大言壮語することなく哲学を行なうこと、言葉ではなく抵抗すること、そこにカンギレムにとっての偉大さは存在する。[*11]

我々もまた、カヴァイエスに関するテクストの中で、カンギレムは密かに自身の抵抗運動について語っていると考える。これについては特に、一九六七年三月九日の「ストラスブール大学文学部ジャン・カヴァイエス講堂落成式」での演説から、次の一節を参照してみることとしたい。カンギレムはこのように述べている。

それ自体もそもそも十分に危険なことである、声明文や分析を書いたり、あるいは世論を動かすといった活動だけでよしとすることもできたのではないかと考えることは、カヴァイエスという人物について、思い違いをしていることになるでしょう。この種の活動が最終的に目指すのは、行動としての武装的な抵抗を喚起することです。話され、書かれる言葉が行動に、つまり手とその動作にまで〔à la main et à ses gestes〕到達せねばならないのであれば、まず自らの手こそが防御と攻撃による抵抗の動作を実現すべきであると、カヴァイエスは考えたのです。〈歩兵隊〉〔Cohors〕という名で彼が軍事組織を設立したのは、そのためでした。[*12]

ここに抜粋した箇所で、カンギレムは自らの名誉に関わる事柄として、真の意味では「手」と「その

＊10　*Cf.* G. Canguilhem, « Témoignage », dans *Silvio Trentin. Saggi e Testimonianze*, Gennaio, Marsilio editori, 1991, p. 176-178.
＊11　J.-F. Braunstein, « Présentation », dans *Canguilhem. Histoire des sciences et politique du vivant*, *op. cit.*, p. 13.
＊12　G. Canguilhem, « Inauguration de l'amphithéâtre Jean Cavaillès à la Faculté des Lettres de Strasbourg », repris dans *Vie et mort de Jean Cavaillès*, Paris, Allia, 1996, p. 20.

動作」による抵抗運動しか存在しないのだということを指摘している。精神における行動と動作について語ることは、最善の場合でも発見補助的な隠喩でしかなく、最悪の場合にはそれは簒奪となるのである。たとえ――そしてそれこそはカンギレムによって繰り返し強調される崇高な逆説であるのだが――カヴァイエスが、数学的経験を「動作」の言語で定義していたとしても。「経験という語によって、私は動作の一つのシステム、つまりある規則に支配され、かつそれらの動作とは独立した諸々の条件に従うものであるシステムのことを考えている」[*13]。数学的「動作」とは、主体‐行為者なるものの動作と同一に扱うことはできないのだとする哲学を展開したカヴァイエスが、そうでありながらも彼の魂と意識においては、すなわち彼の命を奪ったものとしてよく知られている通りの、その手による動作を実行したのである。

一九六七年においては、包括的平和主義の問いはカンギレムにとって、既に三〇年前に落着した問題であったと考えられるだろう。カミーユ・リモージュが我々に指摘した通り、このときカンギレムの言葉が向けられていた先とは、もはや決してアランやCVIAのメンバーたちではなく、あまりにも彼らの抵抗が「ささやかなものだった」ために、カヴァイエスの死後も生き残ることとなった「これらの抵抗知識人たち」[*14]だった。しかしそれと同時に、このカヴァイエスの英雄的行動の想起の中に、カンギレム自身が考えていた真正なる行動というものを見出すことはできないだろうか。そしてもしそれが事実であるとすれば、行動とは何よりも「手とその動作」を指し示すものであるとするこの理解を足場として、三〇年前、アランの周囲に集っていた平和主義たちに対してカンギレムが向けたかもしれない批判を辿ってみることができるのではないだろうか。我々としてはこの道筋を、以下に探ってみたいと思う。

（一）カンギレムにとって、カヴァイエスは自らの生を賭して、真の行動には手によるものしか存在しないのだということを証明したのである。この命題こそが、彼の青年期における恩師たちによって主張された主知主義的立場と、根源的に道を分かつものとなる。なぜならアランにとっては、判断と行動の間に厳然たる連続性が存在していたということを思い起こそう。彼の目から見れば、判断することとは、労働することやスポーツをすることと同じ資格において、一個の行動なのである。「この美しい言葉〔魂〕は一つの存在を示すものではまったくない。それはいつも一つの行動を示している」[*15]。ところで、もしこのカヴァイエスに対する称賛の言葉が、カンギレムによる「行動」の語の意味を教えてくれるものだと認められるなら、そこから我々は、以下の仮説を提起してみることができるのではないだろうか。すなわち、カンギレムが恩師アランへ向けた批判とは、若きマルクスが『経済学・哲学草稿』において当時の自らの恩師ヘーゲルに対して向けていた批判だったのではないか[*16]。つまり、それは活動をただ知的な次元にのみ還元することへの批判だったのではないのか。事実アランにおいては、行動は常

＊13　J. Cavaillès, *Œuvres complètes de philosophie des sciences*, *op. cit.*, p. 601.

＊14　G. Canguilhem, « Commémoration à l'ORTF, France-Culture, 28 octobre 1969 », *op. cit.*, p. 678.

＊15　Alain, *Définitions*, *op. cit.*, p. 1031.〔『定義集』二五頁。なお原書でのロートによる引用では、« l'esprit ne désigne nullement un être… » とされているが、アランの原文は « Ce beau mot ne désigne nullement… » であり、この文は「魂＝精神」（« Âme »）の定義の一節である。その定義では、身体の恐怖や欲求に反する行為＝判断こそが「魂」とされる（「度量の大きいこと。魂とは、すなわち大いなる魂」、同箇所）。本訳ではアランの原文に従い、邦訳から引用した〕

＊16　K. Marx, *Manuscrits économico-philosophiques de 1844*, trad. fr. par F. Fischbach, Paris, Vrin, 2007, no XXIII.〔『マルクス・コレクション Ⅰ　デモクリトスの自然哲学とエピクロスの自然哲学の差異／ヘーゲル法哲学批判 序説／ユダヤ人問題によせて／経済学・哲学草稿』中山元・三島憲一・徳永恂・村岡晋一訳、筑摩書房、二〇〇五年、三七三頁〕

に抽象的かつ一般的な仕方で考察される。技術についてもそうであったように、彼は決して行動の細部には関心を示さないのだ――このことについて、カンギレムはやがて『正常と病理に関するいくつかの問題についての試論』の冒頭で「まさに、人間の具体的な問題への導入を、医学に期待していた」[*17]と述べることで、あらためて間接的な形で批判することとなるだろう。この細部への関心の不在のために、アランは最終的に、認識に対する行動の独創性＝起源性に気づくことのないままとなるのである。『わが思索のあと』において、そもそもアランは次のように断言していた。「判断における自由を論じながら、私はほとんど行動の自由そのものを手中にしていた」[*18]。アランにとって行動とは、認識の応用の問題に還元されるものだったのだという以外に、言えることがあるだろうか。少なくとも我々はそのように主張する。そしてここから、カヴァイエスについての上記の証言に関連して、第二の考察が生じることとなる。

（二）　我々にとっての問題、すなわちカンギレムによってなされた反省的「思考様式」からの方向転換を考えるならば、次の一文は根本的な重要性を持つものであると思われる。

まず自らの手こそが防御と攻撃による抵抗の動作を実現すべきであると、カヴァイエスは考えたのです[*19]。

この一文が我々にとって重要と思われるのは、カンギレムがその青年期を通じて擁護していた判断の哲学とは全く反対の命題を、それがはっきりと語っているからである。その命題とはすなわち、行動が、認識を「傲慢に乗り越えること〔*dépassement présomptueux*〕」という命題である。[20] デカルトが『方法序説』第二部において断罪し[21]、そして一九二九年にはカンギレム自身も否認していた「速断と偏見」[22]について、それらはある観点から見れば絶対的に必要なものとなるのだということを、彼はここで確かに認めているように見える。フィクション＝擬制〔fiction〕とは、科学的精神の規範を命じる規律が当然のことながら排除しようとするものであるが、しかし実際には、それは技術的精神を動かす原動力であると言える。要するに、ここにおいてカンギレムは、反省的思考の伝統が認識と行動の間にうち立ててきた従属関係を転覆させるべく、格闘していると考えられるのである。

　しかしながら、それこそはアランや反省的思考の伝統には受けいれられないことである。アランにとっては、身体に根ざした想像力によるフィクションを、悟性による認識で順に置き換えてゆくこと、言い換えるなら、我々の恐れや欲求の付け加えたものを事物の自然から取り除く反省の操作によってこそ、我々は情念から叡智へと上昇することができる。精神はいつでも先に立つものなのであり、それは悟性の想像力に対する勝利、そして精神の情念に対する勝利を意味する。情念について、デカルトが

＊17　G. Canguilhem, *Essai, op. cit.*, p. 7.〔『正常と病理』一〇頁〕

＊18　Alain, *Histoire de mes pensées, op. cit.*, p. 114.〔『アラン著作集一〇　わが思索のあと』一七二頁〕

＊19　G. Canguilhem, « Inauguration de l'amphithéâtre Jean Cavaillès à la Faculté des Lettres de Strasbourg », *op. cit.*, p. 20.

＊20　この表現は以下の文献における科学イデオロギーを論じたテクストから借用したものである。*Idéologie et rationalité, op. cit.*, p. 38.〔『生命科学の歴史——イデオロギーと合理性』三八頁〕

＊21　Descartes, *Discours*, Alquié I, p. 586 ; AT VI, 18.〔『方法序説』山田弘明訳、ちくま学芸文庫、二〇一〇年、三八頁〕

＊22　G. Canguilhem, « Préjugés et jugement », *op. cit.*, p. 241.

「情念の効用」[*23]を語ったのに対し、アランの方ではより進んで「情念の療法」[*24]を語ったということは、ここで繰り返すまでもないだろう。アランにとって哲学の目的とは何らかの生の技法に到達することであり、だからこそ彼は、よく生きるためには法則によって我々を取り巻いている世界について認識することが必要なのだという事実を強調する。そうすることによってのみ、我々は自らを、運命決定論から救い出すことができるのである。我々の知覚において、欲求や怖れのために含まれうるあらゆるものを無効化することによって、世界をいまそうである通りの姿で、つまり一つの機械的な宇宙として理解することができる。その機械的宇宙は我々のことを必要としないが、しかし我々の方ではその機能を知ることによって、これを自らの目的のために利用することができるのである。これこそ、アランがそのテクストに頻繁に用いた「泳ぐユリシーズ」の隠喩の意味することにほかならない。

波が何も欲していないと知り、それは他の波や風や天の星よって、押され、揺らされているのだと知れば知るほど、彼はそのことにより安心し、より勇気を持ち、より力を尽くすことができる。[…] この何一つ欺くところのない機械的な仕組みに対して、彼はこれを超越し、そこから自らを救い出すのである。[*25]

ユリシーズが「波が何も欲していないと知る」ほどに、よりいっそう、彼は世界の機械的構造を利用しながら、自らを救うことができるようになるだろう。ここでは、明らかに『方法序説』の第六部におけるデカルトの議論が、アランに影響を与えている。つまり、自らを「自然の主人にして所有者」[訳注4]とすること、言い換えれば客観的な認識の次元において進歩することによってこそ、我々は想像力によるフィクションに根ざした運命論から、自らを救い出すことができるのである。このことは、アランがなぜ真理こそに、判断にとっての唯一の正当な価値を求めようとしたのかを説明するものである。そこからは、根底においては「科学から予見が生じ、予見から行動が生じる」という実証主義の格率と近接するものである、行動は認識に根ざしたものであらねばならないという理念が生じる。これに対して、カヴァイエスを記念した一九六七年の講演において、カンギレムはまさしくその逆となることを示唆しているように見える。すなわち、もしカヴァイエスがただ悟性による判断だけに留まっていたなら、彼は決して抵抗運動に踏み入れることはなかったであろう。それほどに、悟性の規範に照らして、あの行動と身の投じ方とは、不条理であり非合理的なものであるように見えるのである。

　我々の作業仮説を要約するために、次のように言うことができるだろう。すなわち、カンギレムとアランを分かつ分岐点は、哲学においては伝統的な、認識と行動の関係性についての問いという水準に位置づけられるものである。『方法序説』第三部のデカルトとともに、「よく行うためにはよく判断するだけで十分であり、自分の最善をなすためには、できるかぎりよく判断すれば十分である」[*26] とアランが主張したのは、正しいことだったのだろうか。この、状況的でもあり哲学的でもある背景を念頭に置きな

---

*23　Descartes, *Les Passions de l'âme* (1649), Alquié III, deuxième partie, p. 997 *sq.*; AT XI, 371 *sq.*〔『情念論』谷川多佳子訳、岩波文庫、二〇〇八年、五二頁以降を参照〕

*24　Alain, *Descartes* (1927), repris dans *Les Passions et la sagesse*, *op. cit.*, p. 926-991; 特に「情念の療法〔Remèdes aux passions〕」と題された最終章を参照のこと。〔『デカルト』桑原武夫・野田又夫訳、みすず書房、一九七一年。最終章「情念の療法」（一六九―一七九頁）を参照〕

*25　Alain, *Saisons de l'esprit*, *op. cit.*, XXIII.

*26　Descartes, *Discours*, *Troisième partie*, Alquié I, p. 595; AT VI, 25.〔『方法序説』五〇頁〕

がら、一九三七年の重要なテクスト「デカルトと技術」は読まれる必要がある。このテクストにおいてカンギレムは、今日ではもはや古典的とも言える、科学に対する技術の先行性という命題を唱えているのである。

「デカルトと技術」──転換点となるテクスト

「デカルトと技術」は、カンギレムの最初の学術報告である。この報告は『方法序説』刊行三〇〇周年の際にパリにおいてなされたものだが、多くの点で、壮年期のカンギレムの特質である哲学者の〈責務〉としての「未知の素材」の方法論の端緒を示すものとなっている。ここにあるのは、若きカンギレムの哲学的道程が見事に総合されたものと考えられる一つの転換点であり、そして区切りともなるテクストである。かの哲学者本人も、この作品に大きな意味を認めていた。ミシェル・カメッリが指摘してくれたように、このテクストはカンギレムがあえて自ら参照したこともある数少ない事例の一つである。[*27] 我々はまず、以下の二つの点について注目することとしたい。

反省的「思考様式」との二つの連続性

（一）一九三七年が、アランから受け継いだ反省的「様式」との完全な断絶を意味する年だというわけでは決してない。カント主義者である恩師たちから引き継いで、カンギレムは経験の統一性という問いに対する強い関心を持ち続けた。彼にとってそれは、まさしく哲学の重大問題そのものであった。一九三八年の「技術的活動と創造」において、ル・センヌの議論を引きながら、彼は『統一の教師』

としての哲学者」と定義し、直後にこう付け加えている。「上記については皆が合意することだろう。でなければ自らを理解することができない」[28]。この翌年には、彼は『論理・道徳概論』において、以下のように述べている。「道徳の価値とは、統一の存在しないところに、統一を創出することである」[29]。この統一の探究という問題は、まさしくカントの歩みを踏襲するものである。「超越論的分析論」の目指したところの一つとは、まさに、経験的直観と「それらにとってまったく異種的である」[30]悟性の純粋概念との総合――多様なものを統一性へ更新すること――を可能にする条件を明らかにすることなのだから。「このひどく当然で重要な問題こそが、さてがんらい判断力の超越論的教説を必要なものとする理由である」[31]。カンギレムにおいては、哲学における総合の問題とは、価値論の問題である。つまりそれは調整の問題なのであり、あるいは、何らかの程度において互いに対立し合う諸価値の体系‐系統化の問題なのである。これこそが、このとき以来、カンギレムが判断という学理として理解することとなるものの応えるべき問題にほかならない。すなわち、我々の真理に対する熱望と民主主義への欲求を、または我々の道徳的要請と我々の美的渇望とを、いかにして系統づけることができるのか、という問題である。

＊27 この自己参照は次のテクストにおいて見られるものである。« Machine et organisme », *La connaissance de la vie, op. cit.*, p. 124-159.〔「機械と有機体」『生命の認識』一一四―一四六頁〕

＊28 G. Canguilhem, « Activité technique et création », *op. cit.*, p. 501.

＊29 G. Canguilhem, C. Planet, *Traité de logique et de morale, op. cit.*, p. 824.

＊30 E. Kant, *Critique de la Raison pure, op. cit.*, « Du schématisme des concepts purs de l'entendement », A 137/B/176, p. 224.〔『純粋理性批判』二〇二頁〕

＊31 *Ibid.*〔同箇所〕

統一が精神のすべての機能をただ一つの機能に還元することや、あるいはそれらの機能の調和によって得られるものなのだとすれば、統一とは何らかのものに対する他のものの従属においてしか、存在しえないということだ。それぞれが独特かつ異なる価値を持つものと判断される諸機能の不安定な妥協によらないとすれば、それこそが唯一の調整法である。[*32]

一九三七—一九三八年にかけてカンギレムが専心していた問題は、カントの問題と根本的に異なるものではない。どちらにとっても、そこに賭けられている目的とは、存在しない統一性を創出することである。両者ともが確かに、判断において、そして「不安定な妥協によらない」仕方で、真理、幸福、正義、美を、有機的に連接させることを追求しているのである。但しカンギレムにおいて、経験を統一するというこの問題は、拡張を加えられることとなる。「デカルトと技術」で、技術と科学の間における規範形成的関係が問われるとき、そこで検討されることとなるのは、もはや単に経験的直観と概念の間の総合という問題だけではないのである。一九三七年以降、異種的な諸要素を体系‐系統化する調整という問題は、行為一般の問題へと拡張されることとなるのであり、それはただ反省的な判断にのみ関わる問題ではなくなる。従って、若き「観念論者」たるカンギレムと壮年期のカンギレムの間に何らかの連続性を探すならば、それは「デカルトと技術」で使われた表現である「総合的〔=総合するものとしての〕行動〔d'action synthétique〕」[*33]という概念において生じているのであり、そしてこの概念こそが、カンギレム哲学の総体を密かに構成するものなのである。

（二）反省的「思考様式」との第二の連続性は、アランにとって非常に重要であった命題、すなわち

〈コギト＝私は考える〉は常に既に〈ヴォロ＝私は意志する／望む〉〔Volo〕なのだという命題にあると言えるだろう。

私はストア派に教えられ、また私の師であるラニョーに教えられて、観念を作り支えるのは意志であることを、かなり早く理解し得た。[*34]

アランにとって、「判断し考えるのは意志である」[*35]。この判断における意志という学理こそによって、彼は『純粋理性批判』と『実践理性批判』とを、必ずしも原典に忠実ではない彼独自の解釈において、連接させることができたのである。まさしくデカルトが理解した通り、[*36]意志とは決して無差別的ではないのだから、アランにとって判断とは、すなわち常に価値判断である。それは必然性の判断についても同様なのであり、必然性とは意志によって支持されない限り、価値を持つことはない。

＊32　G. Canguilhem, « Activité technique et création », *op. cit.*, p. 501.
＊33　G. Canguilhem, « Descartes et la technique », *op. cit.*, p. 497.
＊34　Alain, *Les Idées et les âges, op. cit.*, p. 242.〔『思想と年齢』原亨吉訳、角川文庫、一九五五年、三三八頁〕
＊35　Alain, *Correspondance avec Elie et Florence Halévy*, Paris, Gallimard, 1958, p. 92.
＊36　Descartes, *Discours, Troisième partie*, Alquié I, p. 598.〔『方法序説』五〇頁〕を参照。意志とは中立には程遠いものであり、本性的に〈善〉へと向かうものだとするスコラ派の学説を再検討しながら、デカルトは従って「よく行うためにはよく判断するだけで十分」だと主張している。一六三七年四月二七日付けメルセンヌ宛の手紙も参照のこと。AT I, 363-365.〔『デカルト全書簡集　第一巻（一六一九―一六三七）』山田弘明・吉田健太郎他訳、知泉書館、二〇一二年、三五九―三六〇頁。なお、同邦訳では Adam & Millhand 版に基づき、このメルセンヌの書簡については一六三七年五月の日付が付されている〕

判断が意志によって支持された悟性から生じるという観念は、「デカルトと技術」の議論の中心をなしているものであると我々には考えられる。しかもそれは議論の出発点からそうなのであって、カンギレムはデカルトが技術の歴史にもたらした転回を強調しながら、以下のようなものに立ち向かうのである。

神の諸々の属性について、これこれの属性を他の属性と区別して、一方を他方に従属させる、とりわけ意志を悟性に従属させるような、あらゆる解釈[*37]。

この点については、ヴァンサン・ギランの研究が、これまでは見過ごされてきたものであった、カンギレムと一九世紀末フランスの観念論の伝統との系譜関係を明らかにしてくれた。デカルトに関するテクストにおいて、神の意志による神の悟性からの独立という命題を主張した際、カンギレムはエミール・ブートルー、すなわち反省的「思考様式」のもう一人の重要人物の命題を復唱していたのである[*38]。V・ギランが指摘する通り、実際ブートルーは「デカルトにおける永遠真理」を論じた彼のラテン語の――一九二七年に若きカンギレムが翻訳した――博士論文の銘句として、一六四四年三月二日付のデカルトからメラン神父への手紙を掲げているのである。そこで哲学者〔デカルト〕は、神について、我々は次のようなことをしてはならないのだと述べている。

その悟性とその意志のいずれかの方を好ましく思ったり、優位に置いたりすること〔を考えてはなりません〕。なぜなら、神について私たちが抱く観念は、神においてはただ一つの、簡潔にして純粋なる行動というものしか存在しないのだということを教えるからです。聖アウグスティヌスの言葉がそれを実によく教えてくれます。あなたがそこに見るがゆえに、それらは存在するのである〔Quia vides ea, sunt〕等々。なぜなら、神においては、見ること〔videre〕と意志すること〔velle〕は、同じ一つのものでしかないのですから。[*40]

悟性に対する意志の独立というデカルトの命題を再検討した上で、この〔「デカルトと技術」という〕テクストの末尾部分において、カンギレムは「科学から行動への全面的かつ連続的な変換の不可能性」とは、「神においてと同様に人間の意識において、意志すなわち自由とは知性に制限されるものではないのである」[*41]という事実に帰されるものだとする。それはつまり、カンギレムがいかにこの判断における意志の存在という学理を重視していたかということを示している。なぜなら、要するに、ほかならぬこの学理こそにおいて、彼は今日では広く共有されることとなった命題、すなわち科学に対する技術の先行性という命題の基盤を得たからである。

＊37　G. Canguilhem, « Descartes et la technique », *op. cit.*, p. 492.

＊38　カンギレムとブートルーの関係性についての分析は以下を参照。V. Guillin, « Les études cartésiennes de G. Canguilhem », *Les Cahiers philosophiques*, n° 114, Paris, CNDP, 2008, p. 65-84, p. 67.

＊39　E. Boutroux, *Des vérités éternelles chez Descartes*, Paris, Vrin, 1927 ; repris dans G. Canguilhem, *Œuvres Complètes*, tome 1, *op. cit.*, p. 935-978.

＊40　Descartes, « Lettre au Père Mesland du 2 mai 1644 », Alquié III, p. 75.〔『デカルト全書簡集　第六巻（一六四三―一六四六）』倉田隆・山田弘明他訳、知泉書館、二〇一五年、一五七頁〕

＊41　G. Canguilhem, « Descartes et la technique », *op. cit.*, p. 497.

反省的「思考様式」との二つの断絶

但し、たとえ「デカルトと技術」が反省的「様式」との一定の連続性を証言するものであるとしても、このテクストを検討することによって、いくつかの断絶についても明らかにすることができる。それらの断絶の主要なものについて、注記しておくこととしよう。

（一）アランからの第一の断絶と呼べるものは、カンギレムが技術についてのデカルトの考察に関し、その〈歴史的ア・プリオリ〉を強調しようとする箇所において、まず直ちに姿を現している。

レオナルド・ダ・ヴィンチやベーコンやその他の者たちに倣って、デカルトは機械の制作や、それらの機械による自然を人間性へ近づける改変を、原子論者を除く古代の哲学的思考がこれを位置づけていた軽視から解き放った。[*42]

ここには、厳格に師に従っていたアラン主義者からすれば、極めて驚くべきことが言われている。先に見た通り、アランは歴史的意識というものを採らず、歴史家を事実の崇拝者と見なして軽視していた。アランはこう述べている。「二種類の人間というものが存在する。すなわち、知者と歴史家である」[*43]。アランにとっての哲学的野心とは人間性の歴史的展開を発見することではなく、人間の本性それ自体を記述することである。要するに、過去において彼の関心の対象となるのは、ある一時点を独創的にするものではなく、むしろその反対のもの、すなわち展開と変化の只中に恒久的に存在するものの方なのである。一九三七年の『精神の季節』で、彼は次のように打ち明けている。「私は変化よりも、変わることのない人間の本性の方を見出す」[*44]。そこから、哲学者たちを彼らの置かれた歴史的場面を無効化しつつ読むという、アランの有名な態度が生じる。

私は彼らを完全に生きたものとして読む。彼らは私とともに考え、彼らは私の生きる時代を私に説明してくれる。時代が変わることは何の意味もなさない。プラトンは常に先にあり、プラトンは道を照らす〔…〕。[*45]

それは、ジョルジュ・パスカルが「アランによる哲学的観念」を主題とした博士論文において、次のように要約した通りである。

アランにとって、我々がプラトンやアリストテレス、デカルトあるいはヘーゲルにおいて発見するものとは、すなわちいかなる場所にもいかなる場面にも属さず、しかし常にいたるところに現前するものであるような諸々の問題と、格闘する人間的精神である。[*46]

＊42　*Ibid.*, p. 491.
＊43　Alain, *Cahiers de Lorient*, tome 2, Paris, Gallimard, 1964, p. 176.
＊44　Alain, *Les saisons de l'esprit*, Paris, Gallimard, 1937, p. 124.
＊45　Alain, propos inédit du 28.01.1911〔未発表のプロポ〕; cité par O. Reboul, *L'homme et ses passions d'après Alain*, Paris, P.U.F., 1968, p. 20. に引用。
＊46　G. Pascal, *L'idée de philosophie selon Alain*, *op. cit.*, p. 360.

恩師の非歴史的態度と袂を分かつ形で、カンギレムはまず一九三七年のテクストにおいて、デカルトにとっての技術の問題とは、ストア派――およびギリシアの哲学者全般――におけるのと同じ言葉遣いで論じられることはできないという点を強調する。それというのも、「ストア派哲学は神の摂理を主張すると同時に、人間の進歩を頑なに否定したのである」[*47]。首尾一貫した、神による道理が浸透し支配する、いかなる改良の可能性も残さない宇宙には、確かに技術の思想などというものの余地は全く存在しない。V・ギランが要約するように、「すべては既に、最もあるべき世界のうちに置かれているのである」[*48]。そしてそのような状態では、いかにして技術的な行動が最終的に何らかの価値を獲得しうるものであるのか、理解することはできない。しかるに、カンギレムは以下のように指摘する。

この学説に関して、デカルトの思想が一つの転回をなそうとしていたことは疑いない。[…]必然性をして徳となすということを放棄し、デカルトは自ら自身と我々とに対して、必然性についての認識を力へと転じさせることを提案するのである。[*49]

人間を「自然の主人にして所有者」[*50]とすること、それは確かに、〈コスモス〉の概念に結晶した古代世界の価値体系と根源的に断絶することである。それゆえにこそ、

デカルトの学説においては、原子論者たちの学説におけるのと同様に、実質なき質料、目的論なき宇宙が、技術の創造という力に対する信奉の形而上学的な理由となる。本性的な合目的性の断固た

る否認は、デカルトの哲学において、自然についての機械論的理論と、技巧についての技術論的理論の、基礎条件となるものである。[*51]

不動であり完璧なものである構造がいかなる進歩の可能をも排除するような、完成された世界においては、真正に技術論的な思想は生じることができない。目的因と技術的行動とは、互いに相容れないのである。だからこそ、カンギレムはデカルトと原子論者に続いて、それ固有の意図を持たない物体の衝突によってすべてが説明される機械論的宇宙が、あらゆる技術的思考を準備する条件となるのだと述べたのである。実はこのことこそ、カンギレムが引用する『物の本質について』第五巻で、ルクレティウスがはるか古くに失われた黄金時代の神話に対して進歩の神話を対置した際に、まさしくそこで考えられていたことなのである。「宇宙についての神の摂理によるあらゆる計画の否認[*52]」においてこそ、以下のことは可能となる。

それによって、常により巧妙で、より多くの知識を得る人間性が、自らと外界との関係を改変し、

＊47　G. Canguilhem, « Descartes et la technique », *op. cit.*, p. 491.
＊48　V. Guillin, « Les études cartesiennes de G. Canguilhem », *op. cit.*, p. 67.
＊49　G. Canguilhem, « Descartes et la technique », *op. cit.*, p. 491.
＊50　Descartes, *Discours*, Sixième partie, Alquié I, p. 634 ; AT VI, 62.〔『方法序説』九三頁〕
＊51　G. Canguilhem, « Descartes et la technique », *op. cit.*, p. 492.
＊52　*Ibid.*, p. 491.

与えられていなかったものを自らに与え、そして労働を通じて、あらゆる神学的哲学において自らがそこから下ってきたものとされている完全状態にまで上昇することとなる、技術の進歩を主張すること。[*53]

確かに、世界は人間性のために作られているわけではない。しかしその歴史を通して、人間性は自然を利用し、事物の本性に刻まれているわけではない自らの目的に合わせて、自然をたわめることを学ぶのである。この点に関して、『方法序説』第六部におけるデカルトは、まさしく同じことを述べているとしか考えられない。

要約すれば、従って「デカルトと技術」において、反省的「様式」との第一の断絶とは本格的な歴史の考慮という点に確認できるものであり、それはもはやアランにおけるように、「人間の本性、〈永遠の歴史〉[*54]」を指し示すことはないのである。

(二) 反省的方法との第二の断絶とは、先にも述べたものである、〈行動が認識を傲慢に乗り越えること〉という命題において見出される。「デカルトと技術」は、その標題が示す通り、デカルトの哲学における技術の位置づけを論じるものである。それは、決して単に哲学の歴史に関わる問題だというだけではない。それというのは、デカルトにおける技術の問いを問うこととは、つまりは「諸々の技巧の効力は、その条件として認識における真実性というものを前提とする[*55]」と主張する哲学において、行動というものにいかなる位置づけが与えられるかを問うことになるからである。換言すれば、それはつまり行動の問題を認識の応用の問題へと結びつける哲学において、行動の位置づけを問うということである。「デカルトと技術」でカンギレムが示すこととなる回答は、我々が論じている問題——すなわち、判断に基盤を置く主知主義の哲学と、規範および健康という概念に関して展開される生命の哲学というものの間で、カンギレムによっていかなる連接がなされたのかを理解するという問題——の総体にとって、根本的な重要性を持つものである。ここからは、「デカルトと技術」の論証構造を検討していくこととしたい。

客観的認識に対する行動の従属

先に述べてきたように、カンギレムはごく初期より、哲学的実践の目的とは経験に秩序を与えることにあると考えていた。従って、技術に関するこのテクストもその例外ではなく、そこで彼が目指していたこととは、行為することと知ることとの間の従属関係の矢印の方向性を見定めることである。すなわち、行動は認識に依存するのか、それとも反対に、認識こそが何らかの形で行動に従属するものであるのか。カンギレムが論じた問いとは、このようなものである。その問いに答えるために、彼はまず、認識が行動に対して結ぶ関係性という問題を、価値の哲学の観点から置き直すことから始める。

「デカルトと技術」の議論が価値論的射程を持つものであることをカンギレムは隠していない。その冒頭の部分から、彼は確かに次の点を注記しているのである。すなわち、たとえデカルトが科学の目的とは「生にとって有用である」ことなのだと繰り返し述べているとしても、

＊53 *Ibid.*

＊54 G. Canguilhem, « Réflexions sur la création artistique selon Alain », *op. cit.*, p. 181.

＊55 G. Canguilhem, « Descartes et la technique », *op. cit.*, p. 490.

しかしながら、だからと言ってデカルトの哲学を、今日の、様々な目的と方法によって、判断におけるあらゆる価値をプラグマティックな価値に還元しようとする諸々の哲学と、同一視してよいということになるわけでは一切ない。[*56]

ここで、その名前を挙げられてはいないが念頭に置かれているのは、〔リュシアン・〕ラベルトニエール神父[訳注5]による、一九三五年に死後出版として刊行された『デカルト研究』[*57]である。但しカンギレムが目指していたのは、デカルトにとって科学の価値とはその有用性に比例するものだったのだとする主張に、異議を唱えることではない。むしろそれよりも重要だったのは、次のことを指摘することである。すなわち、デカルトがはっきりと科学とは「生にとって有用である」べきだと認めているとしても、それは決して、判断にとって可能である価値のすべてがただ有用性の価値に還元されると見なしていたことを意味するものではない。これに関しては、『精神指導の規則』においても『哲学原理』においても、認識による判断、すなわち真理という価値に対して、技術的成功における極めて決定的な役割が認められているということが、論拠となる。

デカルトが、自らの利用している対象や現象についての知識を全く欠いた職人的習慣の脆弱さを主張したり、自らの射程について自覚的である行動とはすべてそれに応じる科学の後に可能となるものだと断言しているテクストは、数知れなく存在する。[*58]

そしてその中でもカンギレムは、すなわち機械学とは自然学の一項目であるのだから、従って自然の法則に関する知識はあらゆる人工物の目的の実現に不可欠なのだとする『哲学原理』の見事な確証[*59]を掲げている。それゆえに、と彼は述べる。

いかにして自然が習慣的に向かうわけではない諸々の効果を持って応用されうるかを示すためには、まず、自然の法則がいかなるものであり、通常では自然がいかに振舞うものなのかを説明することが必要なのである。[*60]

このような思考の枠組みにおいては、行動は認識に対して、緊密な依存関係に置かれる。あるいは、価値論的な語彙を用いるならば、有用性という価値は、真理という科学に固有の価値に対して、厳格な従属の関係にあるのである。これをカンギレムは以下のように解説している。

理解することなく作ること、これが、そのようでしかありえない技術者に固有の特性であり［…］原因に関する知性によって望むままに諸々の効果を得ること、これがデカルトの望みである。可能

＊56　*Ibid.*
＊57　L. Laberthonnière, *Études sur Descartes*, 2 vol. Paris, Vrin, 1935.
＊58　*Ibid.*, p. 494.
＊59　*Ibid.*
＊60　*Ibid.*

的なものに関する意識は、論理的必然に関する認識によって、我々に与えられるのである。[*61]

テクスト半ばにおけるこの解説は、冒頭部での科学の価値に関する言葉を繰り返すものである。デカルトにとって可能的なものが論理的認識に比例するとすれば、デカルト哲学を判断が認めることのできる価値をただ有用性のみとするようなプラグマティズムと同一視することはできないとした、カンギレムの主張は正しいものである。なぜなら、ここまでカンギレムによって挙げられたデカルトのテクストのすべては、その反対に、最高の価値としての役目を務めるのは有用性ではなく真理であることを示すものと考えられるからである。真なるものについての認識、すなわち表象と世界の適合こそに、まさしく行動の成功のみならず、――そしてむしろ何にも増して――行動が可能であるという意識の獲得は、前提的な形において依存している。人間の意識において、可能的なものの領野とは、結局のところ科学による獲得物によって決定されるのである。ゆえに、このような視点に従うならば、デカルト主義とは原初的プラグマティズムの一つの形式というより、明らかに純粋悟性の哲学――「原因に関する知性によって望むままに諸々の効果を得ること」[*62]と通ずるものである。

カンギレムはこのデカルト読解を、我々にとって極めて重要と考えられる、次の一文にまとめている。

> あらゆる真理の獲得は一定の秩序を示す尺度となるのであり、真理を真理として理解した思考は、行動に安全と有効性を保証することができるようになる。[*63]

この一文が我々の強い関心を呼ぶのは、これが明らかに、オーギュスト・コントの『実証哲学講義』第二講義から引かれた有名な格率、つまり「科学から予見が生じ、予見から行動が生じる」[*64]を参照させるものだからである。カンギレムが「よく知られるとともに、人を惑わすものである」[*65]と述べたこの決まり文句は、繰り返しこの哲学者によって考察されることとなる。「デカルトと技術」のすぐ後に続く二つのテクストは、はっきりとこの文言に言及しており（一九三八年の「技術的活動と創造」および一九三九年の『論理・道徳概論』）、さらに一五年経って科学史研究所で行なった「近代科学の社会的地位」に関する講義は、再びこの主題のために用意された場面となるだろう[*66]。一九三七年、技術が科学から生じるという主張からカンギレムが議論を始めた際、そこで示唆されていたのは、デカルトを実証主義的に解釈することであった。それは彼自身が明らかにしていることでもある。デカルトが有用性という価値を真理という価値に従属させていること、すなわち行動を認識に従属させることをまず最初に示してから、彼は暫定的に、以下のように結論する。

　ダ・ヴィンチから、百科全書派とコントを経由してマルクスに至るまで、今日では古典的なものと

＊61　*Ibid.*
＊62　*Ibid.*
＊63　*Ibid.*
＊64　A. Comte, *Cours de philosophie positive, deuxième leçon*, repris dans *Philosophie des sciences, présentation*, chois de textes et notes par J. Grange, Paris, Gallimard, 1996, p. 90.
＊65　G. Canguilhem, « Activité technique et création », *op. cit.*, p. 504, et *Traité de logique et de morale*, *op. cit.*, p. 685 et 794.
＊66　*Cf.* P. Macherey, « Georges Canguilhem : un style de pensée », repris dans *De Canguilhem à Foucault, la force des normes*, *op. cit.*, p. 110-123.

なった一連の展開の動機となった探究の主題が、近代哲学にとっていかに長く近しいものであったかを論拠とするなら、ここまでのところ技術に関するデカルトの哲学において、我々にとって明白に理解できないものは何一つない。*67

実証主義にとって、行動とは厳密な意味で、客観的認識の帰結以外のなにものでもない。行動とは本質的に、あらかじめ立証された──すなわち、科学的活動を統御する規則に従って思考され、省察された──議定事項＝プロトコルの実地適用である。「科学から予見が生じ、予見から行動が生じる」という格率における演繹の形式は、まさしくこのことを意味している。すなわち、行動の「条件」を客観的に形成するものについての認識が、行動の展開を全面的に決定するのである。論理的次元での認識が、実践的次元での成功を保証する。実証主義者にとって、経験におけるいかなる存在も事物の辿るべき道筋をゆがめることはできないのであり、言い換えるならば、いかなる存在も悟性による決定論的論理を免れることはできないのである。論理の次元での原因の特定は、経験的次元での諸々の効果の支配を意味している。だからこそ、実証主義者にとって実践とは、本質的に前提的知識の応用に関わる問題なのである。思考において真理を握る者が、行動における成功を確かに摑むこととなるわけである。

しかしながら、テクストの後半部において、カンギレムはこのような行動の認識に対する従属に関し、これにいくつかの限界があることを示すことへ議論を向けていく。なぜなら、彼によればそのことこそは、まさに実証主義のような、精神の機能の総体をただ認識の機能のみに還元するいかなる哲学にも捉えることのできない、行動というものを生じさせる第一の条件だからである。ここから先で見ていくように、カンギレムによれば、行動の根源に見出されるのは、必然性の判断ではない。行動とは、原因と結果についての認識とは別のなにものかによって成り立っているのである。従って、一見するところデカルトにおける技術という主題に限定されているかのような研究を通して、カンギレムは実はまさしく純粋悟性の哲学——そして、何にもまして彼の若き日の恩師たちによる反省的方法——に対する批判を、展開しているのである。

技術的行動という謎

まず初めに、「原初‐実証主義的」な、つまり実践を事前に確立されたプロトコルの応用でしかないものと見なすようなデカルト像を描いてみせた上で、カンギレムは次のことを指摘している。

技術的行動に変換される認識というこの命題は、デカルトの思考において、必ずや重要な留保を伴うこととなる。理論から実践への移行過程における、完全と見なされた知性がそれ自身で解決できない「困難」というものについて、デカルトは極めて明晰に気づいていたのである。[*68]

そうしてカンギレムはデカルトのテクストから、デカルトの自身の表現によると「実践が理論を恥じ入らせた」[*69]三つの場面について並べてみせる。アルキメデスの鏡、天秤、そして眼鏡のいずれに関しても、

---

*67 G. Canguilhem, « Descartes et la technique », *op. cit.*, p. 494.
*68 *Ibid.*, p. 494-495.
*69 Cité par Canguilhem, *ibid.*, p. 495.

これらの技術的物品を通常とは異なる規模において制作しようとすると「完全と見なされた知性がそれ自身で解決できない『困難』」[*70]と遭遇することを、デカルトは確かに認めているのである。この確認は、以下のことを考えるならば、よりいっそう驚くべきものとなる。

この鏡、天秤、眼鏡という三つの事例における、光学的な反射と屈折、および梃子に関する比較的単純な理論とは、デカルト科学の成功の基本をなすものである。[*71]すなわちデカルトは、彼が語っているものについては、よく知っていたのだと言ってよい。ここで我々は明らかに、つまりコントが主張したこととは反対に、そこにおいて科学が予見を保証しておらず、技術的行動が悟性の分析を逃れる何らかの不透明な部分を持ち続けている事例を目の前にしていることとなる。ならば、『方法序説』で「よく行うためにはよく判断するだけで十分」[*72]であることに疑いはないとしたとき、デカルトはその「偏見と速断」を露呈してしまっていたということなのだろうか。先に見たように、テクストの前半部においてカンギレムはまず、決定論的分析を担う科学の推進者たる原初‐実証主義者としてのデカルトという像を再構成してみせた。しかし、そのような枠組みにおいて、デカルトが一方では「直観的に認められた原理から経験を演繹することができる」[*73]と主張し、しかし他方では「個別の結果については、これらをまず証明しなければ考慮の対象とすることはできないものと見なす」[*74]ことができていたことを、どう解釈すべきなのだろうか。これこそが問題となるところである。しかるに、カンギレムは次のように指摘する。

> デカルトの哲学が我々に均質で互換可能なものと考えるよう推奨する、人間における科学という機能と構成という機能の間にあるこのずれについて、デカルトは説明していない〔…〕。[*75]

換言するなら、デカルトは不可解にも、カンギレムによれば哲学の第一の問題となるもの、すなわち経験の統一性という問題について、沈黙を保ったままであったのである。だとすれば、そこでは極めて大きなパラドクスに向き合わねばならないということなのだろうか。つまり、最も偉大な哲学者の一人が、哲学における最も重大な問題の一つを本当に無視したということなのだろうか。この問いのためカンギレムは、デカルトがいくつかの場面においては学者が「結果から原因に達する」[*76]ことをせねばならないのだと認めつつも、しかし別の箇所ではこれと矛盾して、何らかの原理から経験の全体性を演繹することが可能であるのだと主張していることを指摘する。そしてその上で、実践と理論との間のずれについて、彼自身の説明を示すのである。

＊70　*Ibid.*

＊71　*Ibid.*

＊72　Descartes, *Discours, Troisième partie,* Alquié I, p. 598 ; AT VI, 28.〔『方法序説』五〇頁〕

＊73　G. Canguilhem, « Descartes et la technique », *op. cit.*, p. 495.

＊74　*Ibid.*

＊75　*Ibid.*〔傍点は訳者による〕

＊76　Descartes, *Discours, Sixième partie,* Alquié I, p. 637 ; AT VI, 64.〔同九六頁〕

「生きているものの要求」

「デカルトと技術」の後半部で、カンギレムは、デカルトにおける行動の認識に対する還元不可能性については、二つの水準で説明できるのだと述べる。その第一の水準とは、我々の考えでは、一九四三年の『正常と病理に関するいくつかの問題についての試論』が「環境の不正確さ」[*77]という言葉で示したものに関係している。

実践が多くの事例で「理論を恥じ入らせる」のは、「諸々の感知可能な物体の互いに対するあらゆる適用」、つまりあらゆる技術的総合が、その全体を演繹することのできない異なる種類の物体に作用するために、通常において、予見不可能性や不測性を含むべきものであるということのためである。[*78]

世界とは、無限に異なる大きさと形を持つ、無限の数の物体によって構成されているのである以上、極めて当然のことながら、学者には「原理、すなわち第一原因」[*79]に基づいて、これらの無限の物体の衝突から生じる可能的な結果のすべてを〈事の前から〉〔ex-ante〕計算することなどできない。『方法序説』において、デカルトは次のことを認めている。

私がさらに個別的なもの［である事物］に下りて行こうと思っていたとき、私の前にはあまりにも多様なものが示されたので、地上にある物体の形相ないし形質を、もしそれらを地上に置くことが神の意志であったなら、地上にありえたであろう他の無数のものから区別することは、人間精神にとっては不可能だと思われた。したがってまた、もし結果から原因に達するようにし、多くの特殊の実験を用いでもしなければ、それらをわれわれが利用できるようにすることも、不可能であると思われたほどである。[*80]

従って、経験についての全体的な演繹という命題を覆すためにカンギレムが「予見不可能性」や「不測性」[*81]という言葉を用いたとすれば、ここで彼の議論の主題となっているのは、一九四三年の『試論』が「環境の不正確さ」[*82]と呼んだもの以外のなにものでもない。あるいは少なくとも間接的には、と言うべきかもしれない。一九三七年においては、先に見たように問いは判断の哲学の領域に置かれていたのであり、ここで目指されていたのはむしろ、その哲学の限界を明らかにすることだったからだ。

我々はそこから、行動の認識に対する還元不可能性に関して、第二の説明の水準へと辿りつくことになる。そしてこの水準こそ、カンギレムが明らかに最も重要視しているものである。彼は次のように述べている。

＊77 G. Canguilhem, *Essai*, *op. cit.*, p. 130.〔『正常と病理』一七六頁〕
＊78 G. Canguilhem, « Descartes et la technique », *op. cit.*, p. 496.
＊79 Descartes, *Discours*, *Sixième partie*, Alquié I, p. 636 ; AT VI, 64.〔『方法序説』九五頁〕
＊80 *Ibid.*, p. 636-637 ; AT VI, 64.〔同九六頁。〔〕内はロートによる注記〕
＊81 G. Canguilhem, « Descartes et la technique », *op. cit.*, p. 496.
＊82 G. Canguilhem, *Essai*, *op. cit.*, p. 130.〔『正常と病理』一七六頁〕

読み進めていくと、デカルトの著作においては、認識と構成の関係の一つの形式、すなわち、たとえ留保つきにせよ後者を前者に依存させるようなそれとは別の、ある関係の形式に向けられた意識が発見されるのである。[*83]

デカルトにおいて、「科学から行動への全面的かつ連続的な変換の不可能性」[*84]を露わにする「困難」は、最終的には「ある『力能』の独創性・起源性についての確証」[*85]へと帰結することになる。そしてこの力能とは、悟性にではなく、「生きているものの要求」にこそ、その根源を持つものである。

この技術というもの、科学はこれに対して意識的に法則を規則へ変換することを提案して、爾来これを支配するものと自任してきたが、しかしその技術の跳躍は、理論家の許可を待つものではなかった。この技術というものの発意を、どこに求めるべきなのだろうか？　この発意は悟性のうちには存在しない［…］。発意は生きているものの要求のうちに存在する。[*86]

要求することとは、権利を主張することである。そして権利を主張することとは、欠如や欲望を、すなわち環境に対する価値的な関係性を表明することである。ここにおける議論こそを基盤として、これ以降カンギレムは価値なるもの、つまり反省的な「思考様式」がこれまでただ精神の領域にのみ留めてきた価値を、生へと組み込んでいくのである。カミーユ・リモージュはその近い刊行が待たれる研究報告で、[*87]一九四一年六月、クレルモン＝フェランに退避中であったストラスブール大で行なわれた価値を主題とする講義において、カンギレムが〈欲求〉〔*bessoin*〕の概念を拠りどころとしながら価値を生のうちに位置づけ、そうしてアメーバにある種の判断というものを認めるところにまで議論を展開した様子を辿っている。

生きているもの——なおかつ人間として

ここで一つの問題が生じる。すなわち、〈生きているもの〉〔*vivant*〕とは何を意味するものであるのか？ 果たして、一九三七年において、カンギレムは既に、五年後「正常と病理」という領域で戦うこととなる闘いの渦中にあったのだと考えてよいのだろうか。つまり、まさしくこの「生きているものの要求」とは、「規範性」として理解される生命なるものへと正当に結びつけられてよいものなのだろうか。より正確に言うならば、ここで問題となっている「生きているもの」において、これこそを価値づけの力能として、すなわち、判断というもう一つの価値づけの力能の後を引き継ぐこととなるものとして理解するべきなのだろうか。それはいささか性急に過ぎることである。一九三七年において、「生きているものの要求」とは、必ずしも規範と価値を設定するものとしての生命を指すものではなかった。むしろそれらの要求とは、欲望や欲求、あるいは意志を意味しているのである。

＊83　G. Canguilhem, « Descartes et la technique », *op. cit.*, p. 496.
＊84　*Ibid.*, p. 497.
＊85　*Ibid.*
＊86　*Ibid.*
＊87　C. Limoges, « Le vivant et les vivants avant *Le Normal et le pathologique* », intervention au colloque *Georges Canguilhem avant le Normal et le pathologique (1943) : quel engagement philosophique ?*, Aix-en-Provence, 15 juin 2010.

欲望や欲求、そして意志においてこそ、技術的製作の発意は求められるべきである（〔アダン・タヌリー版デカルト全集〕第九巻、『哲学原理』一二三頁参照）[*88]。

「デカルトと技術」に――時系列的にも、哲学的な意味においても――直接に続くテクストである「技術的活動と創造」を参照するなら、カンギレムはそこでも再び、要求という概念を用いている。但しこの場面では、彼は「要求」の語によって理解されるべきことを、以下のように説明している。

まず特異的である諸々の欲求によって強制された律動を伴う、遺伝的構造に従った有機体の心理－生理学的諸衝動[*89]。

「心理－生理学的諸衝動」。ひとまず当座の表現を用いれば、一九三七年において、「生きているもの」とは生きもの全般を指すのではなく、デカルトが「真の人間[*90]」と呼んだ、つまり魂と身体の合一として理解されるものである、特定の生きものを指しているとしか考えられない。

デカルトが、その魂と身体の合一の理論においては情動の還元不可能性、そしてその誤謬の理論においては意志の独創性を注意深く主張したということは、恐らく、それをよく生きたいということに哲学の目的が存するものである生について、これを純粋悟性の哲学、つまり認識による判断の純粋な体系において統一することが不可能だと、彼が見なしていたことを示している。それゆえに、技術の科学に対する、および構成することの認識することに対する、最終的な還元不可能性というもの、そして科学から行動への全面的かつ連続的な変換の不可能性は、ある「力能」の独創性・起源性の確証へと帰結するものと考えられる。[*91]

デカルトにとって、「真の人間」とは、一個の魂と一個の身体の合成体ではない――人間は、認識しようと求める悟性に関わってのみ、一個の合成体となるのである。「真の人間」とはまず根本的に「合一」なのであり、そしてそこではこの合一の総体は質的に魂と身体の単なる合算とは異なるものとなるのだという意味において、我々は「総合」と述べたいと思う。だからこそ「真の人間」は、生の欲求（「生きているものの要求」すなわち身体の要求）と切り離せないのと同時に、認識による判断（思考の要求）とも決して切り離せない。しかるに、カンギレムは次のように指摘する。日々の生活、つまり「それをよく生きたいということに哲学の目的が存するものである生」において、言い換えれば、そこにおいて重要なのはもはやただ認識することではなく、魂と同時に身体を持って行動することこそであるようなとき、[*92] 生の要求の火急性は、分析的方法による規範的要求に従って判断する時間なしに決定することを、我々に強いるものである。そのときには、我々は先取りしなくてはならない――これこそ

＊88　G. Canguilhem, « Descartes et la technique », *op. cit.*, p. 497.
＊89　G. Canguilhem, « Activité technique et création », *op. cit.*, p. 502.
＊90　Descartes, *Discours, Sixième partie*, Alquié I, p. 632 ; AT VI, 59.〔『方法序説』八九頁〕
＊91　G. Canguilhem, « Descartes et la technique », *op. cit.*, p. 497.
＊92　この点に関しては、デカルトの一六四三年六月二八日付けエリザベス王女宛書簡を参照のこと〔『デカルト全書簡集　第五巻（一六四一―一六四三）』持田辰郎・山田弘明他訳、知泉書館、二〇一三年、三〇〇―三〇四頁〕。

が、上に引いたテクストにおいてカンギレムの言及した独創的な「力能」である——、すなわち、自らの知らないものを知っているかのように振る舞わなければならないのである。

分析的方法による規範との関係における、この「不合理な推定＝傲慢〔présomption absurde〕」[*93]という水準にこそ、恐らく反省的方法に対する、最もはっきりとした隔たりが発生する。すなわち、行動の次元においては、認識による判断は、悟性を追い越すある種の高邁さや無謀さに対して、場所を譲らねばならないときがある。このように述べる思想を、カンギレムはアランに対して申し立てたのである。

*93　G. Canguilhem, « Descartes et la technique », *op. cit.*, p. 494.

訳注

1――Pierre-Maxime Schuhl (1902-1984). フランスの哲学者。プラトン研究者であり、『機械と哲学』では、西洋史全体を通じた人間の構築への傾向として「機械」の歴史を論じた。カンギレムのリセ赴任の時期にトゥルーズ大学で教鞭を執っていたが、ユダヤ系であるために大戦中は収容所へ送られた。戦後はソルボンヌ大学哲学講座教授を務めた。

2――スペインにおいて、一九三六年二月にアサーニャ大統領の下で成立した人民戦線内閣に対し、同年七月に本土およびモロッコで発生した軍部によるクー・デタ。これによりスペイン内戦が起こり、一〇月にはフランコは反乱軍総司令官としてスペイン国家元首を自称することとなる。最終的には、独・伊の両ファシスト国家の援助を受けた反乱軍の前に人民戦線側勢力が敗北し、フランコの独裁体制が確立した。

3――Silvio Trentin (1885-1944). イタリアの法学者であり、戦間期にはヴェネツィアから議員として選出され、ムソリーニのファシズムに強く対立したが、一九二六年フランスへの亡命を余儀なくされた。トゥルーズに「トレンティン書店」を開き、同書店はトゥルーズにおける反ファシズムおよび知識人社会の重要な拠点となった。カンギレムはトゥルーズに着任した一九三六年に、高等師範学校の同級生であるルイ・エルランの紹介でトレンティンと出会っている（*Cf.* Roth, « Présentation — Traité de logique et de morale », in Canguilhem, *Œuvres complètes*, tome I, p. 598-599）。四二年にトゥルーズがドイツの侵攻を受けると、トレンティンは対独レジスタンス組織「自由と連合」を率い、ゲシュタポに負われる身となった。潜伏生活の後にイタリアに戻り、反ムソリーニの運動に従事するが、逮捕・投獄され、四四年獄中で死去した。

4――邦訳『方法序説』山田弘明訳、ちくま学芸文庫、二〇一〇年、九三頁。

5――Lucien Laberthonnière (1880-1932). オラトリオ会の司祭であり、神学者、哲学者。『キリスト教的実在論とギリシア的観念論』（一九〇四年）に代表されるように、知性によって把握される観念に対して、行動によって表現される人間的意志による慈善の優位を論じた。一九〇五年からは雑誌『キリスト教哲学年報』を主宰したが、同誌は教皇庁から禁書に指定された。

第九章　必然性の判断に対する行動の還元不可能性

アラン――それは「失効した哲学」か「承認された哲学」か[訳注1]

反省的方法は、行動というものを自らの考察に組み入れるときに、どうしてもそこから何かを切り落としてしまうのではないか――この不可能性に関わる議論の分析を進める前に、我々としては決して目を逸らすわけにいかない、ある困難な問いについてまず確認することとしたい。すなわち、哲学的な次元において、果たしてカンギレムはどこかの時点で、アランと根本的に断絶したのだろうか？

確かに、そこには医学への移行、言葉を換えれば、「具体的なもの」と専門化への関心というものが存在している。それは明らかに、戦争なるもの、科学なるもの、技術なるものについて一般的にしか語ることのないアランの抽象性と、対照をなすものである。このことについて、ジャン＝フランソワ・ブラウンシュタインは以下のように述べている。

ベルクソン、ポリッツェル、あるいはジャン・ヴァール[訳注2]や同時期の他の人々が「具体へ〔vers le

concret〕」向かう意志を声高に叫んでいたとき、実際にカンギレムもまた彼自身として、限定されており具体的である一つの対象、つまり彼の思索に「未知の材料」を提供してくれる医学なるものに身を投じることになる。それによって彼は、これという特定の技術ではなく「技術」一般をしか論じないような、アランやベルクソンの抽象性を免れることとなるのである。[*1]

本質的に机上のものである、自らの恩師たちの哲学の実践との切断を自覚しながら、カンギレムは『正常と病理に関するいくつかの問題についての試論』の冒頭において、確かにこう打ち明けている。

哲学の課程を終えてから数年後に、哲学を教えることと並行しながら、医学を学ぶことに着手したことについて、その意図をいくらか説明しておかなくてはならない。哲学の教師が医学に興味をもつことがありうるのは、必ずしも精神病をよく知るためではない。さらにそれは、必ずしも何らかの科学の一分野を修めたいというためでもない。わたくしは、まさに、人間の具体的な問題への導入を、医学に期待していた。[*2]

さらに、もう一つの極めて明白な境界線が存在する。それは、アランが注意深く退けたものであった、

＊1　J.-F. Braunstein, « Introduction. À la découverte d'un "Canguilhem perdu" », dans G. Canguilhem, *Œuvres Complètes*, tome 1, *op. cit.*, p. 101-137, p. 130.
＊2　G. Canguilhem, *Essai*, *op. cit.*, p. 7.〔『正常と病理』九頁〕

歴史なるものに向かうカンギレムの情熱である。実際、壮年期における彼の著作の大部分は、我々の経験を構成する諸々の特定の概念が、そこから出発して形成され、また変形されているものでもある、〈歴史的ア・プリオリ〉を辿り直すことに主題を置いている。このような方向性を、アランに求めることはできないだろう。その意味において、科学史家になるということは、恩師の〈永遠の哲学〉〔philosophia perennis〕との、真の切断を示すものとなる。しかしその一方で、カンギレムは、彼にとってアランの哲学の本質をなしていたものについては、これに関する自らの姿勢を変えるということは一度もなかった。すなわち、判断というものについては、である。

我々が詳しく読んできた一九三七年のテクストは、この点に関して証言するものである。我々の考えでは、このテクストは一つの断絶であるというより、むしろカンギレムが決して完全には断念することのなかった判断の哲学について、その成立条件と意味とを問うための、長い省察の端緒であるように映る。彼にとって、反省的思考による、存在を価値に従属させるというその企図は、常に何らかの現在性を保持し続けるものであった。この企図について、カンギレムがその限界を明らかにすることに努めたとしても、それは破壊というよりは、むしろ補修を展望したものであって、そこで目指されていたこととは、この反省的思考の企図がそれまで看過してきた人間的経験に関するいくつかの側面と突き合わせながら、その欠如を補修することだったのである。

判断の哲学が持つ限界について、確認しておくこととしよう。ここまで我々がアランについて論じてきたことに従えば、彼とカンギレムの間で食い違う点とは、まさしくこの判断の限界という問題にあり、そしてそこで恩師の哲学が、ただ悟性のみが人間の経験の全体を説明できるのだという立場をはっきりと示し続けていたことにあるのだと考えられる。但し、物事はそれほどには単純ではない。確かに、アランは悟性の哲学によって人間の経験の総体を理解したいというその意志を、決して隠すことがなかった。それこそが『海辺の対話』の目指すところだったのであり、彼はそれに「悟性の探求」という副題を与えていたのである。悟性が常に探求されるべきものであり、すなわち（判断における意志に関する、我々のよく馴染んだ学説の通りに）意志され望まれるべきものであるのは、経験に寄り添ったものであろうとする意志こそが、精神を、それが常に陥る危険にさらされている弁証法の論理から守るからである。

なぜなら、抵抗する自然から切り離された悟性は理性となり、証明しか見出さなくなるが、物に密着し、常にこれを抱き込んでいる理性は悟性となり、結果そのものの中に理由を見出すのだから。*3

アランにとって、悟性の哲学はこのようにして、彼が「精神の統治〔police de l'esprit〕」訳注3と呼ぶもの、すなわち精神による意志的で持続的な経験との接触によって、精神を二つの危険から守る態度と結びつくのである。精神の二つの危険とは、（一）ただ専ら論理的連結にのみ関心を注ぐ、弁証法的理性へと移行すること、（二）欲望と怖れに従って判断し、再び想像力に堕すること、その二つである。だからこそ、アランにとって悟性の哲学とは要するに一種の禁欲なのであり、これによって人間は、情念から叡智へと上昇することができるのである。

周知の通り、もしこの点にのみ留まるならば、批判は容易いものとなるだろう。つまりアランの哲学とは、多かれ少なかれ、純粋なる主知主義でしかないということだ。これはとりわけ、メルロ＝ポンティ

＊3　Alain, *Entretien au bord de la mer*, *op. cit.*, p. 1275.〔『海辺の対話』二二二頁〕

がやがて『知覚の現象学』において下すこととなる判断である。[*4] しかしながら、主知主義はアランの思想の一つの側面でしかない。彼の思想をただ悟性の哲学に帰してしまうのは、彼が非常に重要視していた、想像力に関する彼の学説を軽視することである。しかもその学説とは、アランがただ一度だけある種の独創性を自任した場面なのであって、[*5] 彼は想像力についての——換言するなら、身体／精神関係についての——自らの分析を、「奇矯な新説[*6]」をもたらすものと考えていたのだった。従って、この哲学者は決して一方的に、悟性に対して想像力の価値を低く見積もっていたわけではないと言うことができる。むしろその逆なのであり、アランは何よりも想像力こそに、絶対に無視することのできない人間的経験としての、宗教と芸術の根源を置いたのであった。そして若きカンギレムほどに忠実な教え子が、この事実を知らずにいたなどとは到底考えられない。壮年期の論文「アランにおける芸術的創造についての考察」は、まさしくそのことを証明するものである。そこでカンギレムが称賛を捧げているのは、彼の初期の著作が多くを負っていた恩師の判断の哲学ではなく、むしろ恩師の美学論、すなわち想像力の学説なのである。

ここまで論じてきたところを考えれば、一九三七年の「デカルトと技術」のテクストを読む際には、最大の慎重さが必要だということが理解できる。このテクストにアランとの決定的な断絶を見ようとする性急な結論は、絶対に避けられねばならないのである。我々はこの留保を二つの議論によって論拠づけたい。アランを丁寧に読むならば、これらの議論に触れずにいることなどありえないだろう。

高邁さ

まず第一の議論である。我々は繰り返し、カンギレムはデカルトにおける技術と科学の規範形成的な関係性を詳細に検討しながら、ただ悟性のみを起点として経験の全体を統一できると主張する、主知主義的哲学の限界を明らかにしようとしたのだと論じてきた。

デカルトが、その魂と身体の合一の理論においては情動の還元不可能性、そしてその誤謬の理論においては意志の独創性を注意深く主張したということは、恐らく、それをよく生きたいということに哲学の目的が存するものである生について、これを純粋悟性の哲学、つまり認識による判断の純粋な体系において統一することが不可能だと、彼が見なしていたことを示している。[＊7] 逆説的な方法で、カンギレムはまさに「工学と幾何学的物理学によって、実在に関する知識の問題を解決した」[＊8] 哲学の只中に、純粋悟性の哲学によって経験を理解しようという望みを覆すべき議論を発見したのである。しかしここでカンギレムの議論を辿ってみるなら、デカルト彼自身こそが、この種の逆説的な解釈の土壌を準備していたのではなかっただろうか。「第四省察」で誤謬の出現における意志の役

＊4　M. Merleau-Ponty, *La Phénoménologie de la perception* (1944), Paris, Gallimard, 1976, p. 41-44.〔『知覚の現象学』中島盛夫訳、法政大学出版局、《新装版》、二〇〇九年、七四―九五頁（〔判断と反省的分析〕）〕

＊5　*Cf.* Alain, *Histoire de mes pensées*, *op. cit.*, p. 108-110.「この観念［想像力の学説］は私が教えたもののうち、おそらく最も実り豊かなものである」〔『アラン著作集一〇　わが思索のあと』一六三頁〕。

＊6　*Ibid.*, p. 108.〔同箇所〕

＊7　G. Canguilhem, « Descartes et la technique », *op. cit.*, p. 497.

＊8　*Ibid.*, p. 498.

割を強調しながら、デカルトは最終的に、人は〈知性〉によるより、むしろ〈高邁〉〔générosité〕によって誤るのだという考えを主張したのではないのだろうか。事実、限度のない高邁というものの顕現が先だっていなければ、いかにして「第二省察」の懐疑は可能でありえただろうか。恐らくはここにこそ、カンギレムにおいて極めて重要な概念である「推定＝傲慢〔présomption〕」[*9]の源泉の一つが存在する。用心深い知性の産物である懐疑は、論理的に考えるなら、まず最初に登場するものではありえない。ある事物について理解することとは、それに境界線を与えることである。但し、境界線を引くものである知性はそのとき必然的に、そこから超え出る他性のことを想定している。この他性こそが、デカルトが〈高邁〉と名づけるものである。

人間が正当になしえる限りの極点にまで自己を重視するようにさせる真の高邁とは、ただ次の二つにおいて成り立つ、とわたしは思う。一つは、上述の自由な意志決定のほかには真に自己に属しているものは何もないこと〔…〕を認識すること。もう一つは、みずから最善と判断するすべてを企て実行するために、意志を善く用いる、すなわち、意志を決して捨てまい、という確固不変の決意を、自分自身のうちに感得すること。これは、完全に徳に従うことだ。[*10]

アランにとって、高邁とは「自由意志〔libre arbitre〕を決して捨てまい、という固い決意」[*11]であり、カンギレムとプラネにとってそれは「人間各人のうちにある、自らの自由な意志〔vouloir libre〕の無限性についての直観的感得」[*12]である。しかるに、周知の通り〔デカルトの〕『情念論』によれば情念とは魂と身体の合一に根ざすものであり、従ってそれ自体は純粋悟性に還元されない。それゆえに、カンギレムがしたように、「デカルトが、その魂と身体の合一の理論においては情動の還元不可能性、そしてその誤謬の理論においては意志の独創性を注意深く主張したということ」については、いくら強調してもし過ぎることはないのである。デカルトの高邁に関する学説は、合一の理論よりもさらに、彼を純粋な主知主義に結びつけることを禁じるものであると考えられる。そしてそのことは、ここまで何度も繰り返してきた通り、たとえデカルトがこれと矛盾するように「よく行うためにはよく判断するだけで十分であり、自分の最善をなすためには、できるかぎりよく判断すれば十分である」[*13]と主張していたとしても、変わることはないのである。

デカルトの思想におけるこの矛盾する様相に、決してアランは気づいていなかったわけではない。むしろ、それこそはまさにデカルトを称賛するべき理由の一つなのである。たとえば〔アランによる〕『精神の季節』の序言は、デカルトが純粋理性の使用を限定することができたことについて、はっきりと賛辞を表明している。確かに、悟性が「真理の観想」[*14]を目し、それによって一つの認識を産出しようというとき、

＊9　*Cf.* G. Canguilhem, « Qu'est-ce qu'un idéologie scientifique », *op. cit.*, p. 38. カンギレムの「傲慢＝推定」をデカルトの「高邁」に結びつけることは、この概念が「デカルトと技術」における分析でもはっきりと示されているという点から、よりいっそう強く説得力を持つものと考えられる。

＊10　Descartes, *Traité des passions* (1649), Alquié III, art. 153, p. 1067 ; AT XI, 446.〔『情念論』一三四頁〕

＊11　Alain, *Histoire de mes pensées*, *op. cit.*, p. 190.〔『アラン著作集一〇　わが思索のあと』二八四頁〕

＊12　G. Canguilhem, C. Planet, *Traité de logique et de morale*, *op. cit.*, p. 817.

＊13　Descartes, *Discours*, *Troisième partie*, Alquié I, p. 595 ; AT VI, 25.〔『方法序説』五〇頁〕

＊14　Descartes, *Principes*, *op. cit.*, art. 3, Alquié III, p. 92 ; AT IX II, 26.〔『哲学原理』山田弘明・吉田健太郎・久保田進一・岩佐宣明訳・注解、ちくま学芸文庫、二〇〇九年、四七頁〕

まさしく問題となるのは、デカルトが望んだように、魂と身体を分けることである。肉の削げたエクリチュール。血の気のない代数。但し、デカルトはこの厳格な方法を日常生活には命じずに、その反対に、散歩と社交によって、魂を身体にたびたび結合させることが必要なのだと述べた。[*15]

アランがここで言及しているのは、分析的方法の推進者たる『省察』や『方法序説』の学者デカルトではない。それは「人間デカルト」であり、「エリザベト王女への書簡」で、次のように主張するデカルトである。

魂と身体との合一を理解するようになるのは、実生活と日常の交わりだけを用い、省察したり、想像力をはたらかせるものを研究したりすることをさし控えることにおいてです。[*16]

M・ゲルーが述べるように、デカルトにとって「真の人間」とは「三つの実体、〔…〕一つの悟性と、一つの延長と、一つの心理－生理的存在の結合体」[*17]であるということを思い起こすなら、右で述べられていることの意味は小さいものではない。「生と日常の交わり」を用いることとは、つまり自らの魂と身体とを同様に用いて行動することである。そしてそれは、ただ悟性に関わるものであるだけではない。なぜなら、何かを切り落とすのでなければ、ここには単独で取り出すべき要素は存在しないからだ。「ここに存在するのは一人の人間であり、肉と骨を持った人間です。そして操縦士は機械それ自身なのです」[*18]。日常の生活は、分析には全く適さない。そしてアランはその問題を決して無視することはなかったのである。従って、あまりに性急に、彼の哲学を純粋悟性の哲学と同一視するようなことはあってはならない。それは重大な誤読以外の何ものでもないだろう。

技術の科学に対する先行性

ここからは、カンギレムとアランの思想の決定的で容赦ない断絶という考えに反対する、第二の議論について述べることとしたい。「デカルトと技術」というテクストがこれまで様々の注釈者の関心を集めてきたのは、[*19] それはカンギレムがこのテクストで初めて、論理的にも時系列的にも科学に先行するものとしての技術という観念を展開したからである。これが、『創造的進化』においてベルクソンの主張した命題と関係することは周知の通りである。そして、哲学史とは、何人かの大著作家の名前に還元されがちなものであることから、カンギレムのこの主張を根拠として、多くの場面において、実に性急に次のような主張がなされることとなった。すなわち、それは突如として強くなったベルクソンの影響というもの、つまり我々の哲学者〔カンギレム〕にとっての哲学の殿堂でそれまでアランが占めてきた場所に、いわばベルクソンがとって代わることとなったことの証左なのだとされてきたのである。

＊15　Alain, *Les Saisons de l'Esprit*, *op. cit.*, Avant-Propos.
＊16　Descartes, « Lettre à Elisabeth du 28 juin 1643 », Alquié III, p. 45.〔『デカルト全書簡集　第五巻（一六四一―一六四三）』三〇〇頁〕
＊17　M. Gueroult, *Descartes selon l'ordre des raisons*, tome 2, Paris, Aubier, 1968.
＊18　Alain, « Lettres au Docteur Henri Mondor », dans *Les Arts et les dieux*, *op. cit.*, p. 730.
＊19　*Cf.* J. Sebestik, «Le rôle de la technique dans l'œuvres de G. Canguilhem », dans *Georges Canguilhem. Philosophe, historien des sciences*, *op. cit.*, p. 243-250.

確かに、『創造的進化』の第二章において、ベルクソンは〈ホモ・ファベル〉の〈ホモ・サピエンス〉に対する先行性という命題を主張している。

もし、我々があらゆる思い上がりを捨てることができるなら、そして、われわれの種を定義するのに、人間の知性の変わらぬ特徴として有史時代と先史時代が提示するものだけで我慢して、それ以外のものには決して頼らないならば、われわれはおそらく、ホモ・サピエンス（知恵のある人）とは言わず、ホモ・ファベル（工作する人）と言うだろう。[*20]

ベルクソンによれば、人間とは観察者である前に、まず道具の製作者である。科学――ベルクソンの用語を使うならば、知性――は行動から、より正確に述べるならば、妨げられた行動からこそ生まれる。ところが、この技術の科学に対する先行性という命題は、一九二七年、カンギレムが「名著」と見なした作品である『思想と年齢』において、アラン自身もはっきりと主張しているのである。

誰しも、観念の歴史は道具の歴史から引き離し得ぬと感ずる。ところで、道具の歴史は、弓や楔や梃子や車輪が遍く用いられる時期までは、資料を残さなかったが、その点は別としても、技術の進歩は、現代においてさえ、本来窺知し得ぬものだと言わなくてはならない。というのは、知性が事をはっきり見る前に、機械と操作は既に形を成しているのが常だから。[*21]

一九二七年にカンギレムがアランと結んでいた緊密な関係と、また、この若い弟子が当時ベルクソンの著作に対して抱いていた芳しくない評価を知るなら、論理的に考えて、次のように言うことができるだろう。すなわち、技術の科学に対する先行性という命題をカンギレムが誰かから借りたとすれば、それはベルクソンであるよりも、アランからだと考えられるのである。[*22]

「〈傲慢な＝推定的な〉行動」の権利回復

前述のすべてに留意した上で、但し我々としては、カンギレムが「デカルトと技術」を執筆しつつ、行動一般を可能にする諸条件について密かにアランへ論争を挑んでいたのだということは、確かだと考える。

そして、いかにそれが矛盾に見えるとしても、『創造的進化』を参照することによって、アランの哲学における何がカンギレムに問題を提起するものとなったのかを、我々は正確に突き止めることができるだろう。何よりもまず、この『創造的進化』への「戦略的な回り道」が、多くを教えてくれるものであることを指摘しておきたい。ベルクソンとカンギレムは、実際に一つの同じ問題、すなわち経験の統一という問題に直面していた。そして両者ともにおいてこの問題は、認識に対する行動の独創性＝起源

＊20　H. Bergson, *L'Évolution créatrice* (1907), Paris, P.U.F., 1999, p. 140.〔『創造的進化』合田正人・松井久訳、ちくま学芸文庫、二〇一〇年、一七九頁〕

＊21　Alain, *Les Idées et les Âges*, *op. cit.*, p. 246.〔『思想と年齢』三四五頁〕

＊22　先に引用したポリツェルのパンフレットに対する称賛〔*Cf.* « La fin d'une parade philosophique : le bergsonisme », *op. cit.*〕を参照のこと。

性〔l'originalité〕の存在を認めることを通して、示されたのである。彼らは確かに両者ともに、行動をただ客観的認識の延長・帰結と見なすことを拒否するものである。但し、そこからベルクソンのカンギレムに対する急激な影響が確証されるのだと結論するのは、我々としては賛同しがたい一つの飛躍がある。しかし行動がどこまで知性に根ざすものであるのかという問いを提起したことにおいては、カンギレムが純粋悟性の哲学全体にとっての限界と見なした点を、ベルクソンは間違いなく言い当てていたのである。

では、影響関係の特定という問題を脇に置き、哲学的な領域に問いを集中するとして、『創造的進化』でベルクソンは何をしようとしていたのだろうか。そこで第一に目指されていたこととは、「知性を生み出す可能性を垣間見[*23]」させることである。反論者たちに先手を打つ形で、ベルクソンはまず直ちに、このような試みが含みこむ途方もない困難に言及した。すなわち、知性それ自体を用いる以外に、いかにして知性の生成を辿るなどということができるのか。

人はわれわれに言うだろう。「知性より先に進むと主張されていますが、それは無駄です。そのためには、知性そのものを使うしかないではありませんか。あなたの意識の中ではっきりと照らされているのは、知性だけです。あなたは思考の内部にいて、そこから出ることはないでしょう。お望みとあれば、知性は進歩可能だとか、知性はより多くの数の事物をより明晰に見ることになるとか、言ってもらって構いません。しかし、知性を生み出すなどと言わないでいただきたい。なぜなら、あなたは、ご自分の知性を使って、知性を生み出すことになるからです[*24]」。

悟性の生成を辿ることを目指す限り、このような循環論法に突き当たることとなる。つまり思考するための思考の存在を前提せずに、どうやって思考を可能にしている条件について思考できるというのか、というわけである。ことは不可能に見える。そしてベルクソンの計画は、自ら自身を極めて危ういものであると認識している。我々がここで言おうとしているのは、知性の歴史の復元という問題のために、カンギレムがアランと道を分かつことになったのだということではない。あるいは少なくとも、直接的にはそのようなことにならない。先に述べた通り、思考のカテゴリーの非歴史性こそにカンギレムが彼の若き日の恩師の哲学の限界を見たというのは、実際極めて蓋然性の高いことである。この両者の間に影響を及ぼすこととなったのは、むしろ、循環論法を打ち破るためにベルクソンが主張した解決法の方である。悟性の生成過程を辿ることが不可能だという反問を取り除くために、ベルクソンは次のような命題を掲げる。すなわち、ただデカルト的な意味における高邁なる行動のみ、つまり、無謀な行動、そして要するに傲慢な＝推定的な〔*présomptueuse*〕行動のみが、知性による推論の循環を打破することができるのだ、という命題である。

詳述しよう。彼自身の歩みという点から見て、もしベルクソンが悟性のレベルに留まっていたなら、彼は決して『創造的進化』の試みに身を投じることはできなかっただろう。それはつまり、論理という点から見れば、知性の生成過程を辿ろうと意志することには、条理を逸した何かがあるからである。事実それには、我々が、我々自身の思考の原因を思考することができるということが前提とされている。

＊23　H. Bergson, *L'Evolution créatrice, op. cit.*, p. 187.〔『創造的進化』二三八頁〕
＊24　*Ibid.*, p. 193.〔同二四五頁〕

しかし再び言えば、あらかじめ思考の原因を思考するための思考というものを想定するのでなければ、そのような試みがいかにして首尾よく遂行されることができるというのだろうか。「この反論は自ずと精神に浮かぶものである」[*25]と、ベルクソンは認めている。だが、彼はすぐに、だからと言ってそこに留まらねばならないわけではない、とも付け加えるのである。なぜなら、

そのような理屈を使えば、いかなる新しい習慣も獲得できないことが証明されるだろう。所与の循環にわれわれを閉じ込めるのが、理屈〔推論〕の本質である。しかし、行動はこの循環を打ち破る。もしあなたが、人が泳ぐところを一度も見たことがなかったなら、私にこう言うだろう。「泳ぐなんて不可能なことです。泳ぎ方を覚えるためには、まず水の上に浮かんでいなければならないでしょう。ということは、すでに泳ぎ方を知っていなければならないからです」。理屈は、実際、いつまでもわれわれを硬い大地の上に釘付けにするだろう。しかし、もし私が怖がらずにただ水の中に飛び込んだら、最初は水と格闘しながらどうにか水の上に浮かんでいられるようになり、少しずつこの新しい環境に適応して、泳ぐことを覚えるだろう。こうして、理論上は、知性以外の仕方で知ろうとすることにはある種の不合理があるのだが、率直に危険を受け容れるなら、恐らく行動は、理屈が自分で結んでおきながら解くことのない結び目を断ち切るだろう。[*26]

我々の最も大胆果敢な行動の「発意」[*27]について、これを認識による判断ではなく、悟性を超え出るような一種の高邁と無謀を示すものだとすることによって、ベルクソンはまさしく、カンギレムがアランの判断の哲学の重大な限界と見なした同じ点を指差しているのである。

アランの判断の哲学、すなわちラニョーから受け継がれた反省的「思考様式」の精髄は、最終的にはただ一つのことを目的とする。それはつまり、精神の恒久的な勝利（事実、情念、その他……に対する精神の勝利）の主題化である。アランがいかにアナクサゴラスの言葉を好んで引用したかは、先に見てきた。「すべてはひとかたまりであった。だが、精神というものがやってきて、すべてに秩序を与えた」[訳注4]。精神なしの世界、もしそのようなものが考えられるとすれば、そこにはカオスと無関心しか存在しない。そして秩序（価値）は、プラトン、デカルトおよびカントがまさしく示したように、思考から生じる。なお、ここにおける「思考」とは、つまり身体に根ざした想像力によるフィクションを、悟性による認識で置き換えることを意味する。「叡智というものはすべて、自らの認識するところから、自ら自身のこの部分を、できるだけ取り除くことにある」[*28]。言い換えれば、よき生、つまり「それをよく生きたいということに哲学の目的が存するものである生」[*29]は、我々を取り囲む世界の法則に関する認識からしか、可能とはならないのだ。事物についての客観的認識によってこそ、我々は運命論へ一歩一歩と通じてしまう数々の誤謬の源泉たる情念から、自らを解放することとなるのである。

確かに、我々はアランが誤謬について、それに真理の探求における極めて根本的な役割を認めていたことを無視するものではない。「思考する者は皆、誤ることから始める。正しい精神もまた、他のもの

＊25　*Ibid.*〔同箇所〕

＊26　*Ibid.*〔同二四五―二四六頁。〔〕内は邦訳の訳者による注記〕

＊27　G. Canguilhem, « Descartes et la technique », *op. cit.*, p. 497.

＊28　Alain, Les Dieux, *op. cit.*, p. 1204.〔『神々』八―九頁〕

＊29　G. Canguilhem, « Descartes et la technique », *op. cit.*, p. 497.

と同じように、まず誤るのである」[30]。従って、次のバシュラールの有名な思考にも、アランは難なく賛同したことだろう。「最初の真理などはありうるはずがない。あるものは最初の誤謬のみである」[31]。しかしこのように誤謬こそが常に最初のものなのだとしても、それは判断による補整機能によって取り除かれることとなる。「我々の誤謬のすべては無謀な判断なのであり、そして我々の真理のすべては、例外なく、修正された誤謬である」[32]。

ところで、〔カンギレムの〕アランに対する断絶が最も顕著に生じるのは、まさしく、〔アランが〕体系的に「無謀な判断」を「誤謬」につなげる、この点においてなのである。というのも、一九三〇年代におけるカンギレムの価値論的視点に身を置いてみるならば、アランの言う「最初の誤謬」とは、彼にとって適切である科学と価値――すなわち真理――が既に前もって選択済みであるという状況においてのみそう見えるのだという意味で、遡及的にしか「最初」でありえないと言えるからである。換言するなら、誤謬とは、経験を認識の観点から理解するという選択との関係において、二次的なものでしかありえない。そして、この「価値の判断」の水準においてこそ、カンギレムは彼の恩師と道を分かつことになるのである。ただひとつ悟性を起点として人間性の経験を考察しながら、アランは人間性が確立すべき価値の体系の頂点に真理を据えた。しかし、もし我々の経験が自らの意味を多重に示すものなのであり、従って、行動をただ分析によって事前に確立された真理の応用とのみ結びつけることが否定されるならば、アランが迷いなく「誤謬」に帰した「無謀な判断」とは、反対に、まさしく「自らの認識するところから、自ら自身のこの部分を、できるだけ取り除く」[33]ことを拒否するような叡智に起源を持つ、ある「実践的叡智」の存在を証言するものとなるのではないだろうか。「真理の観想」が目指される限りにおいてはデカルトから非難される「偏見」[34]が、けれども「生きているものの要求」[35]の火急性に行動によって対応することが必要なとき、本質的な重要性を持つこととなる状況というものが、確かに存在するのである。ここから一〇年後、G・フリードマンの機械化に関する考察が果たした哲学的寄与を評価するためにカンギレムが用いた表現を繰り返すならば、「いかなる現実においても、一定して合理的であろうとするなどというのは、理性的なことではない」[*36]。反省的方法が主張するところとは反対に、実際には、人間の経験のある局面では、認識による判断が自らの勝利を脇におき、カンギレムがデカルト論において職人や技術者に見出した、先取りによる独創的な「力能」に従うことが要求される。言い換えるなら、アランの語った「叡智」とは、ただ分析的方法を手にした者たちだけの専有物ではありえないのである。

＊30　Alain, *Les Vigiles de l'esprit*, *op. cit.*, p. 34.
＊31　G. Bachelard, « Idéalisme discursif », dans *Recherches philosophiques* (1934-1935), repris dans G. Bachelard, *Études*, Paris, Vrin, 1970, p. 89.〔『エチュード――初期認識論集』一三九頁〕
＊32　Alain, *Les Vigiles de l'esprit*, *op. cit.*, p. 34.
＊33　Alain, *Les Dieux*, *op. cit.*, p. 1204.〔『神々』八―九頁〕
＊34　Descartes, *Discours*, Alquié I, p. 586 ; AT VI, 18〔『方法序説』三八頁〕を参照。ここでは『リトレ仏語大辞典』が prévention の語に与えている第四および第五の語意を思い起こさずにはいられない。すなわち prévention とは「予防する、または先んじようとする行動」（第四の語意）であり、さらにそれは「真理および正義による理由とは無関係に、判断や意志を決定させるもの」（第五の語意）でもある。
＊35　G. Canguilhem, « Descartes et la technique », *op. cit.*, p. 497.
＊36　G. Canguilhem, « Milieu et normes de l'homme au travail », *op. cit.*, p. 122.

「デカルトと技術」では、悟性の判断が服従の姿勢を見せるべき領域とは、未だ生命の認識に関わるものではなかった。[*37] 一九三八年においては、認識による判断が譲ることを知らねばならなかったのは、技術的行為を前にしたときのことだったのである。そしてこの点に関して、丹念なデカルト読解は、確かに決定的な意味を持つものであった。[*38]

一方において、デカルトは、認識を確固たる形而上学的「基盤」で支えるという自らの野心的な――そして推定的＝傲慢な――計画が、「長い時間」[*39] をかけてしかなしえないものであることを完全に自覚していた。それは特に、多くの実現すべき「決定的実験」を伴う一連の論証が必要とする順序のためであった。すなわち、自然学の諸々の難題は、

密接に連関していて互いに非常に強く依存し合っておりますから、すべてを一緒に証明することなく、そのうちの一つを証明することは不可能でありましょう。[*40]

そのような理由により、厳格に遂行されるならば、デカルトの計画とは必然的に「長い時間」にわたるものとなる。しかし、他方でデカルトは、このような計画の歩調では対応することができないと思われる、ある火急性にとりつかれていた。〔コンスタンティン・〕ホイヘンス[訳注5]への手紙において、彼はこう打ち明けている。「あっと言う間にふえて来た白髪は、その進行を遅らせる手段になること以外はもう研究しないよう私に告げています」[*41]。事実デカルトは、非常によく「健康の維持はつねに私の研究の主要な

目的でした」[*42]と認めていた。そもそも『方法序説』においても、彼は「われわれを自然の主人にして所有者にする」ことを望むのは、「主として健康を維持するためでもあって、健康が第一の善であり、この世のあらゆる善の基礎であることは明らかである」[*43]とはっきりと認めている。

ところで、『哲学原理』の認識の樹の隠喩が教えるところから理解できるように、[*44]様々の根の保証（形而上学的基礎）を維持しながら「医学、機械学、道徳」へと至るためには、数限りない論証が必要

＊37　つまり、一九五二年の『生命の認識』においてそうであるようには〔という意味において〕。その序説でカンギレムは、はっきりと次のように述べている。「数学を学ぶためにはわれわれにとって天使であるだけで十分であるが、生物学を学ぶためには、知性に助けられるとはいえ、ときには自分が獣であると感じる必要があるのではないかと思う」。*Cf.* « La Pensée et le vivant », *op. cit.*, p. 13.〔『生命の認識』一〇頁〕

＊38　以下の段落の議論は、イヴ・シュヴァルツに負うものである。Cf. Y. Schwartz, « Conclusion » dans *Le Paradigme ergologique ou un métier de philosophe*, Toulouse, Octarès, 2000, p. 6410743 ; 特に p. 658-664.

＊39　特に、一六三〇年四月一五日付けメルセンヌ宛ての手紙（Alquié I, p. 255）を参照。〔『デカルト全書簡集　第一巻（一六一九―一六三七）』一二九頁〕

＊40　*Ibid.*〔同一三一頁〕

＊41　Descartes, « Lettre à Huygens du 5 octobre 1637 », Alquié III, p. 800.〔『デカルト全書簡集　第二巻（一六三七―一六三八）』武田裕紀・小泉義之他訳、知泉書館、二〇一四年、二四頁〕

＊42　Descartes, « Lettre au Marquis de Newcastle d'octobre 1645 », Alquié III, p. 625.〔『デカルト全書簡集　第六巻（一六四三―一六四六）』三四九頁〕

＊43　Descartes, *Discours, Sixième partie*, Alquié I, p. 634 ; AT VI, 62.〔『方法序説』九三頁〕

＊44　Descartes, « Lettre-Préface » de l'édition française des *Principes de la Philosophie* (1647), texte français de l'Abbé Picot, trad. par D. Moreau, introduction et notes par X. Kieft, Paris, Vrin, p. 260-261.〔『哲学原理』二五―二六頁〕

となる。それゆえに、デカルトにとっては以下のことが指摘できるのだと、イヴ・シュヴァルツは適切に述べている。

〔デカルトは、〕哲学が諸々の概念を少しずつより具体的な経験と連結させながら、有用な機械や効果的な治療法について理解し処方できるようになったその場面を、職人たちがはるかに先取りしていたということに喜ぶのである。[*45]

『精神指導の規則』のデカルト、また『海辺の対話』のアランが要求するような、悟性による認識に留まり続けるならば、我々は決して必要や欲求の火急性に応える個別に関する認識において前進することなどありえないだろう。このことのために、デカルトは「決定的」な分析をなす科学を推進する者でありながら、我々の健康に維持に対し、理性の秩序に従ってこれを説明できないまま貢献する職人たちによる総合的かつ推定的な先取性というものについて、何らかの形の恩義を認めざるを得なかったのである。

「通常の効果」に関する認識を保有する学者たちとは逆に、職人たちは不可解な――なぜなら分析的認識に頼らないのだから――支配力を、学者による一般的な演繹では捉えきれない部分を残す個別的なるものと多様なるものとに対して持つ。[*46] それゆえに、学者の分析は、いつでも職人たちの総合的な先取性に対しては二次的なものとなるのであり、職人たちは「生きているものの要求」に応えるために、概念の光が差すことを喜んで待っていたりはしない。行動による、この推定的＝傲慢な追い越しにこそ、科学に対する技術の先行性というカンギレムの命題は根ざしている。そしてそれは、壮年期におけるカンギレムの、「合理主義とは事後性の哲学である」[*47]という定式化についても同様である。カンギレムは科学を敵視する一種のニーチェ主義への肯定を示したのでは全くなく、彼は技術の「推定的先取性」を、事後的に科学的分析が加えられるべき素材と見なしたのであり、そしてこの科学的分析は職人による総合と比して、人間性に対する本質的な意義において劣るわけではない。事実、行動的な人間性による失敗を分析することによってこそ、認識は行動にとっての障害となる困難の解決に貢献することができるのだ。「デカルトと技術」において、カンギレムは次のように説明するのである。

科学が技術から生じるのは、真なるものが有用なるものの体系化であったり、成功の採録であるからではない。それはむしろ、その反対に、技術的障害や不首尾や失敗というものが、人間の技巧が遭遇する抵抗の本質を問い直し、障害を人間の欲望とは独立した対象として理解して、真の認識を求めるようにと精神をいざなうことにおいてなのである。[*48]

科学と技術の間にある規範形成的な関係性の分析は、カンギレムによって、〈行動〉と〈認識〉を調停

＊45 Y. Schwartz, « Conclusion » dans *Le Paradigme ergologique ou un métier de philosophe*, *op. cit.*, p. 659.

＊46 学者にとっての「結果から原因に」達するという義務に関しては、*Discours*, *Sixième partie*, Alquié I, p. 637 ; AT VI, 64.〔『方法序説』九六頁〕

＊47 G. Canguilhem, « Note sur la situation faite en France à la philosophie biologique », *Revue de métaphysique et de morale*, juillet-octobre 1947, p. 322-332 ; p. 327.

＊48 G. Canguilhem, « Descartes et la technique », *op. cit.*, p. 496.

する——還元によるのでも、諸々の要素の切り捨てによるのでもない——手段と見なされる。一九三七年から一九三八年にかけて技術的行動を検討することによって、カンギレムは行動を、認識の逆説的な回路についての範型へと昇格させたのである。換言するなら、彼は行動と認識における、互いへの還元不可能性を提起したのだと言ってよい。つまり、コントに反して、行動とは、事前に証明された認識の応用という問題に帰することはできないということである。しかしながら——そして、その点でこそカンギレムは根本的にニーチェと別の道を進むのであるが——彼においては、この還元不可能性は決して、科学の価値の否定にはつながらない。むしろその反対に、

科学は、自らに起源を持つわけではない跳躍に対して、用心と利便性とをもたらすものとなる。人間は、自らが知らぬままに行ったこと、そしてただ知らないがゆえにのみ行ったことを、今後はよりよく——なぜなら彼はそれについて知っているのだから——なすのである。[*49]

確かに、その後カンギレムが生命こそにその根拠を置くこととなる総合的な活動とは、常にどこかで、科学による分析的運動に先行するものとなるだろう。しかしながら、そしてこれこそは根本的に重要な点なのであるが、この行動による認識の「傲慢な追い越し」を、学者は運命と考えなければならないわけではない。事実において行動が認識を超え出るからといって、認識が行動を自らのうちに組み入れ統合するという、それ自体においては正当である希望を断念せねばならないわけではないのである。行動が単に客観的認識の産物と見なされえないとしても、それは決して、概念が自らの野望を低く見直さねばならないということを意味するものではない。行動を認識に還元するのが不可能であることは、何か

底知れない閾として解釈されるのではなく、むしろ行動に関する認識の漸近的運動として理解されるべきなのである。ここで重要となるのは、いわば調整的観念というものであって、学的な人間性はこれを用いて行動の無謀な先取性を研究し、行動的な人間性に対して、その支えを提供するのである。カンギレムはこれを以下のように要約している。

> 同じ一つの人間性が、同時に学的にも創造的にもなる以上、つまりそこにおいてこそ、科学から技術、あるいは技術から科学という変換ではなく、これらの機能のうちの一方の規範形成的な要求に対する、他方の成果の供与というものが、密かに遂行されるのである。[*50]

そして哲学史家カンギレムの称賛すべきところとして、彼はこの行動と認識の相互追い抜きレースのような運動を、まさしく行動を認識へと還元する方向性によってこの問題を解決したと見なされてきた哲学のうちにこそ見出したのである。学者の分析的認識が職人の「常に何らかの意味で総合的である行動」[*51]によって先んじられること——言い換えるなら、行動が、認識によって後に続く形で理解されることとなるものを先取りすること——とは、カンギレムによれば、まさにデカルトによって『哲学原理』第四部の第二〇四節で主張された命題である。

＊49　G. Canguilhem, « Activité technique et création », *op. cit.*, p. 504.
＊50　*Ibid.*, p. 505.
＊51　G. Canguilhem, « Descartes et la technique », *op. cit.*, p. 497.

周知の通り、デカルトは一度ならず以下のように宣言していた。「私の求めている哲学とは、自然の光が我々に獲得させてくれるものであり、かつ人類にとって有用なものである諸々の真理についての認識です[*52]」。従って、実践的な有効性は客観的認識に従属するものであるという原則から出発して、デカルトは『精神指導の規則』――すなわち「われわれが複雑な不明瞭な命題を、段階を追うて一層単純なものに還元する[*53]」分析的方法論のためのマニフェスト――において、このような方法論が取り除くことのできる錯覚に、「自然学を捨てておいて機械学を研究し、運動を起こす新たな機械を軽率に作り出す[*54]」技術者の想像力によるフィクション＝擬制を数え入れたのである。しかしそれにも関わらず、一九七三年のテクストでカンギレムは、技術者の思考における「軽率さ」が、デカルトの中で一方的に軽視されているわけではないという事実を力説する。反対にこの軽率さは、救済的なものであると証明されるのである。なぜなら、「生きているものの要求」に根ざす欲求と必要の火急性とは、方法論に従った真理の厳格な確証を待つことのできないものであるのだから、それゆえデカルトは次のように「信じていた」のである。

そのように想像される諸々の原因について認識することは、あたかも真実についての認識を持つことと同様に、生にとって有用である。なぜなら医学、機械学、そして自然学が寄与できるあらゆる諸芸一般は、感知可能な物体をそのようにして互いに適用すること、そして自然の原因による結果として、何らかの感知可能な効果を生じさせること以外に、目的を持たないからである。かように想像された何らかの原因による結果を考察することによって、たとえそれらの原因が偽りであっても、あたかもそれらが真実であるのと同じくらい、我々はよきことをなすことができる。というのも、感知可能な効果に関しては、この結果は類似のものであると推定されるからである。[*55]

カンギレムにとって、「あらゆる技術的な総合」[*56]（右のテクストにおける医学および機械学）の前で必然性の認識が示すべき恭順とは、根本的に、あらゆる職人的行動が「その全体を演繹することのできない異なる種類の物体に作用する」[*57]という事実によるものである。言い換えるならば、つまり技術的行動が展開されるのは、経験の次元においてこそなのである。しかるに、まさしくカントとアランが理解したように、経験とは常に何らかの程度において〈遭遇〉なのであり、すなわち、完全と目されるいかなる認識によっても全体を見越すことのできない、その「予見不可能性」と「不測性」[*58]の部分との〈冒険〉

---

*52　Descartes, *Epîtres à Voetius*, 24 mai 1643, Alquié III, p. 30.

*53　Descartes, *Regulae* (1628), *Règle V*, Alquié I, p. 100 ; AT 379.〔『精神指導の規則』野田又夫訳、岩波文庫、《改訳版》、一九七四年、三三頁〕ここで論じられているのは方法の第二の規則、つまり「私が吟味する諸問題のおのおのを、できるかぎり多くの、しかも問題をよりよく解くために必要なだけの小部分に分けること」である。*Cf. Discours, Seconde partie*, Alquié I, p. 586; AT VI, 18.〔『方法序説』三八頁〕

*54　*Ibid.*〔同箇所〕

*55　Descartes, *Principes, Quatrième partie*, art. 204, Alquié III, p. 521 ; AT IX, 322 ; « Descartes et la technique », *op. cit.*, p. 496 において、カンギレムによって引用されている。〔『哲学原理』第四部第二〇四節については『増補版　デカルト著作集　三』白水社、二〇〇一年、一五七―一五八頁を参照。但し本書で引用されている仏語版では、ラテン語原文とテクスト自体が大幅に異なっているため、本訳においては仏語版に即して訳出する〕

*56　G. Canguilhem, « Descartes et la technique », *op. cit.*, p. 496.

*57　*Ibid.*

*58　*Ibid.*（二つの引用に関して）

である。

一九三八年に、カンギレムは次のように書いている。

結論はつまり、たとえときに認識によって助けられることがあるとしても、認識を越えて、そして認識とは独立に、創造は続くということである。もし認識すべきことが完全に尽きた〔*fini*〕なら、どうして我々は、あらゆる決定的認識という理想が、すぐさま出来事によって否認されるのを目にするのだろうか。[*59]

「出来事」を無意味化するのでない限り、経験——その始まりもまた、職人的人間性の推定的＝傲慢な先取性に由来するものである——はこうして、必ず概念の見越すところを超え出て、追い越していく。そもそも、この行動と認識の追い抜きレースにこそ、科学史の動力は発見されるものである。「これこそ、知的冒険の哲学である経験主義において、真実であり続けるもの」と、『正常と病理』のカンギレムは宣言することとなるだろう。

どんな障害に出会うこととなるか知らずにいる無謀な技術が、体系化された認識による用心深さに常に先んじるということがなかったなら、科学的な諸問題——それはまず失敗であった後に、驚きとなるのだが——は、ほとんど解決されることがないだろう。これこそ、知的冒険の哲学である経験主義において、真実であり続けるものであり、その反動によりいくぶん過剰に自らを合理化しようとしている実験的方法が、無視しているものなのである。[*60]

つまり、行動による、総合的で合成的な先取性というものが、事後的に科学によって分析されることとなる対象を構成するのである。一九三九年の『論理・道徳概論』で、カンギレムとプラネは以下のように書いている。

理論的分析と、これに無限に題材を与え続けるところの総合的活動との間に、通常確立していると見られる関係を考慮するならば、そして、(同様のこととして)人間の進化を二つの力の結合、つまり一方が無謀さによって、他方にとってひたすら理解するべきものを生み出すのだということを考慮して、そうして進化のあらゆる段階において、この進化を経験的に織りなすものそれ自体として、〈技巧〉〔Art〕と〈科学〉〔Science〕の遭遇を考察するのであれば、もはや実在の機能たる科学とは、恐らく補正の機能としか、すなわち創造の力能によって惹起され、その跳躍に対して危険を警告しようと努める一種の減速装置としか、理解できないものとなるだろう。もしこのような見方が受けいれられるならば、科学の価値とは全く限定的であり、ほとんど否定的に近いものなのだと言うことも、恐らく受けいれられることだろう。すなわちそれは慎重さという価値であり、用心の厳格なる体系という価値なのである。[*61]

＊59　G. Canguilhem, « Activité technique et création », *op. cit.*, p. 506.
＊60　G. Canguilhem, *Essai*, *op. cit.*, p. 62.〔『正常と病理』八四頁〕
＊61　G. Canguilhem, C. Planet, *Traité de logique et de morale*, *op. cit.*, p. 801.

経験とは「創造」であり、また人間性が分析による「用心の厳格なる体系」を待てない生の様々な欲求と切り離せない以上、経験は常に自らが未だ知らないものに先んじて、それによって「生きているものの要求」に応えなければならないのである。

リスク、誤謬、無謀さ

そこから、カンギレムが決して見逃すことのなかった、次の推論が展開されることとなる。もし行動的な人間性にとって、科学が「慎重さ、用心の厳格なる体系」[*62]を持つものなのだとすれば、それはつまり、行動による推定的な先取性とは、リスク抜きには発揮されることができないということを意味している。「行動は通常において、跳躍とリスクを含んでいる」[*63]ゆえにこそ、カンギレムにとって、次の二つのものが同時に存在することになる。すなわち、確かにデカルトが理解していた通りの「『決定的』道徳というものの不可能性」[*64]と、そして何よりも「『決定的』な分析をなす科学というものの不可能性」——つまり、右記とは反対に、デカルトが「自らにも他者にも認めたくなかった」[*65]もの——の、二つである。

ところで、アランの反省的方法にとってどうしても承認できないこと、それはまさしく、人間がリスクを冒すということである。なぜならリスクを冒すとは、常に何らかの程度において、反省に関わる意味で考えるならば、判断する前に行動することである。アランにとっては、それは要するに、世界の秩序に従うより、自らの欲望と情念に従って判断することと同じである。リスクを冒すとは、行動を完全な安全のうちに完遂するために状況のメカニズムに関する十分な認識を得ることをしないまま、我々の行動に身を投じるということである。つまりそれは、想像力に堕した悟性を起点として行動するということを意味する。従って、認識による判断という観点から見れば、リスクを冒すこととは実際には、誤謬に立脚していることになる。悟性の哲学者であり、そして、この点に関してはデカルト主義であるよりもスピノザ主義者であったアランは、事実、誤謬を「認識の欠乏」[*66]としか見なさなかった。しかるに、欠乏とは無である。だからこそ、たとえ先に見た通り、アランにとってあらゆる認識は誤謬から始まるのだとしても、それは後に修正されるべく定められている。そしてこの最初の誤謬を修正することにこそ、認識の進歩は存在するのである。アランは経験をただ悟性を起点としてのみ理解するのであり、すなわち認識という観点からのみ理解する。それゆえに彼は最終的に誤謬に対し、僅かな肯定性しか認めることはないのである。

しかし問題は、そのような論理に従えば、我々は決して行動することがないだろうということだ。一九三八年に、カンギレムはこう書いている。「理論的明晰さは、行動に移るために十分な理由には決してなりえない」[*67]。スピノザ自身もまた、デカルトの誤謬の理論を否定するその一方で、しかし人間性

＊62　*Ibid.*
＊63　G. Canguilhem, « Descartes et la technique », *op. cit.*, p. 498.
＊64　*Ibid.*
＊65　*Ibid.*
＊66　Spinoza, *Ethique* (1677), II, proposition 35, trad. fr. R. Misrahi, Paris-Tel-Aviv, Ed. de l'éclat, 2005, p. 133.〔『エチカ（倫理学）（上）』畠中尚志訳、岩波文庫、《改版》、一九七五年、一三五頁〕
＊67　G. Canguilhem, « Activité technique et création », *op. cit.*, p. 504.

とは、意志による悟性に対する「傲慢な追い越し」から生じるリスクを冒さずにいることがありえないのだと、はっきり認めている。一六六五年一月二八日付のブレイエンベルフ宛の手紙の中で、彼は次のように述べているのである。

私はデカルトと共にこう言います。もし我々の意志を我々の極めて制限された知性の限界を超えて延ばすことが出来ないとしたら我々は甚だ惨めなものになります。一片のパンを食うことも一歩前へ進むこともまたは立ち止まっていることも我々の力の中にないことになるでしょう。すべてのことは不確実で危険に満ちているのですから。[*68]

経験とは常に〈遭遇〉なのであれば、我々は自らの行動を完全な用心をもって開始できるほどに、それについて知っておくことなど決してできないだろう。しかし状況による火急性は、たとえ何らかの行動をとるために出会うこととなるリスクのすべてを見越すことができるほどの知識を備えていなくとも、我々に行動するように強いる。そのためにこそ、カンギレムはデカルトの哲学において、「『決定的』な分析をなす科学というものの不可能性」を「『決定的』道徳というものの不可能性[*69]」と結びつけたのである。彼によれば、デカルトによる「仮のものとしての道徳」への承認は、要するに、経験とは、それについて我々が持つことのできる認識を必ず超え出るものなのだという考えに立脚するものである。そして、そこからこそ、行動に普遍的に当てはまる規則の総体を規定してくれる「『決定的』な分析をなす科学」の「不可能性」が導かれることとなる。一九三七年から一九三八年にかけての自らの仕事を、いわば概括するような形で、カンギレムは一九三九年の『論理・道徳概論』に以下のように記している。

この（科学によって提供される予防の）体系がいかに厳密であるとしても（そしてそれは無限にそうでなければならない）、それはそれ自体では何も生み出さない。具体的な出来事の予見でさえ、この体系には恐らく禁じられている。この体系がなすことのできる予見とは、巨大な諸々の現象（天文学、「大数」、「種概念」）には及ぶものだが、それ自体として予見不可能であり、そして恐らく我々の統覚の尺度を超えて事物に実際にもたらされる生成に変化を与えるものである、創造的行動に対しては及ばないのである。[*70]

ここで再び問題となっているのは、あのコントの格率である。「科学から予見が生じ、予見から行動が生じる」という公式が「よく知られるとともに、人を惑わすものである」[*71]のは、それが行動的な人間性による傲慢な先取りというものを軽視しているからであり、それらの先取りこそ、上に引いたテクストでカンギレムがはっきりと「創造的行動」と見なしているものである。『論理・道徳概論』と同時期に書かれたテクストにおいて、彼は次のように述べている。

＊68　Spinoza, « Lettre à Blyenbergh du 28 janvier 1665 », dans *Correspondance*, Paris, Flammarion, 2010, p. 166.〔『スピノザ往復書簡集』畠中尚志訳、岩波文庫、一九五八年、一三三―一三四頁〕
＊69　G. Canguilhem, « Descartes et la technique », *op. cit.*, p. 498.
＊70　G. Canguilhem, C. Planet, *Traité de logique et de morale*, *op. cit.*, p. 801.
＊71　G. Canguilhem, « Activité technique et création », *op. cit.*, p. 504.

知識が予見に導くのは、未来が過去に似ている限りにおいてであり、いかなる力能も現象の必然的な進行を変えられない限りにおいてである。知識を力能に変換することが可能だと信じる前提には、以下のことが存在している。つまり人が認識していると主張するときには、知識の主体にして力の主体である人間が、認識され、またこれから認識されるべき事物の体系の外に、自らを暗黙のうちに位置づけているということである。[*72]

しかしながら、自らを回路の外へ置くこの位置づけとは、精神の観点によってなされるものである。そしてこの位置づけはそもそも、まさにデカルトが理解していた通り、「真の人間」とは「合一」であるという事実に由来しているのである。人間とは悟性であると同様に身体でもある以上、欲求と欲望による強制的なシステムに従うものであり、これらに対して積極的に応えなければならない。技術的活動とは、この「生きているものの要求」にこそ根ざすものである。しかし逆説的なことに、環境を飼いならそうという技術的な試みは、常に何らかの程度において、環境をよりいっそう思い通りにならない、不正確なものにしてしまう。あらゆる満たされた欲求は、新たに創出される欲求と通じている。創造は創造を呼ぶのであり、人間性はそのようにして経験を歴史的に展開することに寄与するとともに、しかし他方では、この経験を自らの科学的活動によって飼いならそうと努める。それゆえ、行動の次元におけるリスクと、そして認識の次元における誤謬とは、人間の生において不可分なのである。

この点に関連して、カンギレムが「デカルトと技術」および『論理・道徳概論』を執筆していた際の政治的文脈について、もう一度ここで思い起こしておくことは無意味ではない。一九三四年二月の出来事、一九三六年三月のドイツ軍による非武装地帯ラインラントへの進駐、一九三六年七月のフランコによるクー・デタ、平和主義からの離脱、オーストリア併合、独ソ不可侵条約締結……。当時において、行動という問題、そしてこのような文脈において行動が必然的に伴うこととなるリスクとを併せて問わずにいることは、不可能なことだったと言ってよいだろう。リスクの概念を哲学的に探究しながら、カンギレムが問おうとしていたこととは、行動一般の権限——すなわち、ただ技術的行動のそれだけではなく——以外のなにものでもない。

ここで問題となっていることをよく理解するためには、ベルクソンに立ち戻ることが必要となる。すなわち、ただひとり彼にとって、無謀かつ高邁な行動は、悟性が我々を閉じ込めている輪を断ち切るものだった。反省的悟性が我々に用心と疑いを持つよう勧める一方、生の欲求の火急性は、我々の意志に理性・分別——ここにおいては、この語の一般的な意味で——の境界を越えるよう仕向ける。それゆえに、厳格な悟性の観点から見れば、そのとき我々は何か「分別を欠いた」形で行動するのであり、そしてその最も極端な例においては、この思いあがりは、我々にとって致命的なものとさえなりうる。それでも、そしてそれはデカルトやスピノザという悟性の哲学者と逆説的に似通うことなのだが、ベルクソンは次のように指摘するのである。もしいかなる大胆さも人間の精神をよぎることがなく、そして人間が自らの能力について過信するという欠点を持っていなかったなら、人間はその歴史の一歩を踏み出すことは決してなかっただろう。というのも、新しさ、つまり要するに〈創造〉とは、いつでも何らかの程度においで、リスクを冒すことより生じるのだから。その意味において、『創造的進化』でベルクソンが彼自身の活動（知性の生成を辿ること）を説明するために用いた水泳の隠喩は、単に知的行動についてだ

＊72 *Ibid.*

けではなく、行動なるものの真の範例として捉えられるべきものだと、我々には考えられるのである。
認識による判断に留まり続ける限り、我々は水へ飛び込むことはないだろう。無謀さと高邁さは、事物の状態、すなわちいまそうであることに我々を釘づけにする悟性には属していない。しかしながら、人間が少しずつ水泳の技を発展させたことは明白である。それはつまり、人間が、ただ純粋悟性だけで汲み尽せるものではないということの証左となる。もし人間が知性でしかないのであれば、人間は決して自らを水に飛び込ませる「発意」を得ることはなかっただろう。従って、無謀さと高邁さ――両者とも「生きているものの要求」に、つまり換言すれば身体に、根ざしている――によってこそ、人間は自らの限界を押し広げ、そうして論理が触れるなと禁じる新たな環境に自らを馴染ませてきたのである。要するに、人間性がリスクを冒し、情念に積極的に応えようと望む意志によって認識の判断が超え出られたその瞬間から、人間は新しい生の形式を創造するものとなったのである。

この水準、すなわち総称的な意味で理解される創造なるものにおける、アランとの断絶は極めてはっきりとしている。一九三七年から一九三八年にかけて、カンギレムの中で、創造の問題は価値の問題へと向かうこととなる。この価値の問題については、アランの思考では捉えられていない部分が残されていたのである。アランは悟性の哲学の全体を導く基本線に忠実に、先に見た通り、真理を価値の最高位に据えていた。悟性にとって可能ないかなる価値――道徳的な価値であれ、美学的な価値であれ、そして、生命に関わる価値であれ――も、彼によれば、真なるものの確証に関係している。情念に肯定的なものを認めることを拒否する点によって、アランは最終的に『哲学原理』と『情念論』のデカルトよりも、『方法序説』のデカルトに近い立場に留まり続けた。悟性の哲学者として、彼は恐らく全く何の困難もなく、『方法序説』第三部におけるデカルトによる、善とは真実に結びつくものだとする宣言に同意したことだろう。

一つの道に従い行くことによって、私に可能なすべての認識をたしかに獲得できると考え、またそれと同じ仕方で、およそ私の能力の範囲内にあるすべての真の善を獲得できるとかんがえたのでなければ、私の欲望を制限したり満足したりすることもなかったであろう。[*73]

事物がいかなる価値を持つかについての認識は、アランにとって、それらの事物がいかなるものであるかについての認識に依拠する。言葉を換えれば、彼によればあらゆる問題は、必然性の判断の問題に再び帰着するのである。判断をゆがめる情念のせいで、事物はそれが現実にそうであるよりもいっそう、よいものや悪いものとして我々には感じられる。それゆえ、想像力から悟性へ、そしてフィクションから認識へと上昇することによってしか、我々は事物をそれ自体として認識し、それによってそれらの事物の真の価値を発見することはできない。従って、経験とは、真理のプリズムのうちにしか、そしてそのプリズムによってしか、自らの意味を獲得することはないのである。

創造的擬制＝フィクション

人間的経験の全体を考察することを求めるために、カンギレムは経験をただ悟性の支配すべき領域と

＊73　Descartes, *Discours, Troisième partie*, Alquié I, p. 598 ; AT VI, 28.〔『方法序説』五〇頁〕

見なすことを拒否する。それというのも、デカルトにおける技術的活動、とりわけ先に引用した『哲学原理』第四部第二〇四節に関する検討が示したこととは、ほかでもなく、情念に根ざした想像力によるフィクション＝擬制——存在しないこと＝そうではないこと〔*ce qui n'est pas*〕——には、ある種の実定性が存在するのだということだったのではないのだろうか。職人や技術者、医師たちは、もし彼らが既存の事実に留まり続けたならば、決していかなる機械を製作することも、命を救う治療を発見することもなかっただろう。ある理想のためにいまそうであることを拒み、そうして意志によって悟性の境界を越えるからこそ、職人たちは道具の制作に飛び込む——たとえ物理学の法則を知らなくとも構わずに——のである。彼らにとって重要なのはいまそうであることを証明することではない。重要なのは、彼らの願望に従って、あるべきことを出現させることである。換言するならば、技術とは、存在の価値に対する非-反省的な従属関係を証言するものである。それは、この一〇年後、「技術と有機体」においてカンギレムが次のように述べることとなる通りである。

> 技術の合理化こそが、機械の非合理的な起源を忘れさせるのであり、そしてこの領域においては、他のあらゆる領域と同じく、非合理的なものに譲ることができなくてはならない。それは合理主義を主張したいときにおいてさえ、そして実はそのときにこそ、必要なことである。[*74]

心理と生理の合成体による欲求と欲望に応えることとは、確かに技術者にある形の非合理性を要求する。そしてこの非合理性とは、フィクションを創出する能力に要約されるものであって、そこにおいてこの技術者は、いまそうであることとそうでないこととの間にある衝突を、解決済みのものと考える。そしてその技術的な創造が目指すすべてとは、技術者が切望する非－存在の形式をこの世に出現させることである。一九三九年に、カンギレムは以下のように書いている。

科学は、好みや嫌悪とは無関係に、ある純粋な現実存在を主張しようとするものである。技術は、科学が気にも留めない、これらの人間的な性向に影響された力というものを確証しようと努めるものである。科学は「そうでありうると考えられること」を越えて、「そうであること」を発見しようと目指すが、技術は「そうであること」を「そうではないこと」、および「そうであってほしいこと」で置き換えようと目指す。科学は現実を理想とし、技術は何らかの理想を現実にすることを望む。科学が人間性の自然に対する独創性と独立性を認めず、人間性を自然の一部として扱う（生理学－社会学）傍らで、技術は人間から独立した自然による価値それ自体というものを認めず、自然を人間に従属させ、辛抱のない願望に応じて自然を矯正することを望むのである。[*75]

技術者的精神の判断基準となるのは、科学が確立しようと望んでいる真理や事実、あるいは事物の状態ではない。技術者は、精神的なものに限らない欲求と欲望に応えようと欲するのであるから、すなわち魂と身体の両方の水準に関わる価値である、有用さと快適さとを目指すこととなる。しかしながら、とカンギレムは記す。そのような技術的活動とは、人間性が自らを実在につなぎとめる認識の判断を追い

＊74　G. Canguilhem, « Machine et organisme », *op. cit.*, p. 125.〔『生命の認識』一四三頁〕
＊75　G. Canguilhem, C. Planet, *Traité de logique et de morale*, *op. cit.*, p. 684.

越したときに、初めて可能となるものなのである。そこから、非合理性の一つの形式を認める必要が生じる。そしてこの非合理性とはフィクションを創出する能力に要約されるものであり、これによって、人間性は事実から抜け出し、自らの願望を主張することとなるのである。

『哲学原理』のデカルトが理解した通り、技術的「発意」の根源には、可能な判断のすべてをただ必然性による判断に帰するような悟性の哲学では認めることのできない、想像力によるフィクションの実定性というものが存在している。「デカルトと技術」において、カンギレムは簡潔な仕方で、悟性に対する意志の独立というデカルトの主張に、このフィクションの実定性を結びつけている。「神においても人間の意識においても、意志すなわち自由とは知性に制限されるものではない」[*76]。しかし、もし一九三七年のカンギレム——つまり、もはや若い時期のテクストのカンギレムそのままではない——が、既に何らかの程度で壮年期のカンギレムとなりつつあるものだという、かなり蓋然性の高い仮説が認められるとするならば、このフィクションの実定性については、もっと後に書かれたコントのフェティシズム論に関するテクスト[*77]を参照することもできるのではないかと考えられる。このコントのフェティシズム論に、カンギレムはより一般的な射程を与えている。

一九三七年にカンギレムによって、デカルトのうちにあるものとして示された「技術の科学に対する最終的な還元不可能性[*78]」と、一九六四年になされた、一見すると哲学史の細部と思われる主題に関する研究との間に、いかなる関連があるのだろうか。カンギレムの表現を借りるならば、デカルトにおける科学と技術の間の「ずれ」と、コントが人間性の出現においてフェティシズムに認めた根本的な役割は、両者ともに、人間性の独創的・起源的な機能という方向を指し示している。悟性に還元することが不可能なこの機能とは、コントにとっては、ほかでもなくフィクションを創出する力能であり、換言するなら、それはそうではないものを主張するためにそうであるものから解放される力能であった。これについて、一九六四年にカンギレムは次のように述べている。

> まず初めには、人間の本性とは不調和である。力と要求、手段と目的は、そこにおいて適合していない。人間の生と経験は、有機体と環境とが織りなす生物学的共－関係の一つの様相である。この共－関係は、生命にとって真逆の意味を持ちつつ、同様に重要である二つの傾向に向けて、表現される。すなわち、生存条件へ従うことと、その生存条件を改変しようという発意とに向けてである。この具体的な対立から、思弁と企図、知性と情動性、現実とフィクションの間の、あらゆる種類の対立が生じる。[*79]

もし人間性が既成の事実を認めるだけに甘んじていたならば、それは環境の圧迫の下で消滅していただろう。しかし、実際はそうなっていない。そしてカンギレムが理解した限り、コントによれば、そうな

*76　G. Canguilhem, « Descartes et la technique », *op. cit.*, p. 497.
*77　G. Canguilhem, « Histoire des religions et histoire des sciences dans la théorie du fétichisme chez Auguste Comte », repris dans *Études d'histoire et de philosophie des sciences, op. cit.*, p. 81-98.〔「オーギュスト・コントのフェティシズム論における宗教史と科学史」『科学史・科学哲学研究』九一―一〇九頁〕
*78　G. Canguilhem, « Descartes et la technique », *op. cit.*, p. 497.
*79　G. Canguilhem, « Histoire des religions et histoire des sciences dans la théorie du fétichisme chez Auguste Comte », *op. cit.*, p. 83.〔『科学史・科学哲学研究』九三頁〕

らなかったのは、ときには世界の秩序に従うのではなく自らの願望に従って判断することができる、つまり言葉を換えれば、非合理性の一つの形式に従って判断することができるという、人間性の機能のためなのである。

「われわれの見解を願望に基礎づけるという自然な欲望」（コント）は、根本的かつ豊饒な幻想であるということが、明らかになるのである。コントによれば、実証的精神の出現にとって、推進力としての幻想による歴史の進行が必要であったという事実は、いくら強調してもし過ぎることはない。[*80]

二五年の間隔をおいて、一九三七年の「デカルトと技術」で着手され、そして一九三八年の「技術的活動と創造」で展開された議論が、ここには再び見出される。「予見すべく知り、予見によって、ことをなす〔savoir pour prévoir afin de pouvoir〕」[*81]というコントの公式を厳しく批判しつつ、同時にカンギレムは我々に次のように――但し、それをさらに展開することはないまま――警告していた。「それがただA・コントの思想の一面を要約したものに過ぎないということは、常に忘れられている」[*82]。フェティシズムに関する考察は、この警告について、いくばくかを明らかにしてくれる。もし純粋悟性の哲学――コントの公式はそこに出自を持つものである――が主張するように、人間性が真理の探求をしか目的としないものであるならば、そこには歴史の展開も、創造も存在しないだろう。行動の火急性、「生きているものの要求」に根ざした欲求の充足は、確かに、決定的な科学の到来を待つことはできないものであろう。そしてそこから、生きているものの要求と事物の状態との間に常に存在する衝突が、解決済みであると想定すること（フィクション＝擬制）の必要性が生じることとなる。カンギレムは次のように書いている。

製作者の跳躍に固有の本質とは、欲求と事物との間の一致という問題は解決済みだと考えることである。この誤謬は、それ自体で創造的である。[*83]

しかるに、この無謀な先取りが可能となるためには、それはつまり反省的な次元においては、人間性が真なるものから離れて、偽りのものを主張する能力を持つということを意味することになる。そして、一九六四年のカンギレムの解釈に従うなら、コントによれば、その能力とは、フィクションの創出以外の何ものでもない。フィクションが存在するということは、人間性が、ただ真理という価値にのみ帰することのできない、多様な価値を受けいれる力能を持つということを証言するものである。真理とは、判断がその前でひれ伏すべきただ一つの価値ではない。判断は、偽りをもまた、選ぶことができる。そして、人間がただ偽りのものを考えることができるというだけでなく、それを選ぶこともできるからこそ、歴史が可能となったのである。このような価値論から見たときには、フィクションとは、あらゆる歴史を可能にする条件であることが明らかになる。これこそが、壮年期のカンギレムによる「傲慢」の概念についての考察が意味するところである。「傲慢」について、彼は以下のように定義している。

＊80　*Ibid.*〔同箇所〕
＊81　G. Canguilhem, « Activité technique et création », *op. cit.*, p. 504.
＊82　*Ibid.*
＊83　*Ibid.*

ここで傲慢という語で意味されるのは、ある問題について既に解決済みと考える操作的な先取りのことであり、可能性の主張に基づき、その実効性と有効性とが構成される、ある解決策に関するア・プリオリな想定のことである。[*84]

一定の連続性において様々の問題が取り組まれてきたことを確かめさせるしるしとして、カンギレムは「デカルトと技術」と同様に、ここでも再び、「可能的なことについての意識は、論理的必然の認識によって我々に与えられる[*85]」とする主知主義の命題の効力を停止しようとしている。独断論に満ちたこの命題は、真実の認識、すなわちそうであるものの立証が、可能的なものについての心理的地平を決定するものであると、確かに前提している。これに反してカンギレムは、ゲーテの『ファウスト』の有名な言葉「初めに行為ありき」を引用し、そしてこれを「初めにフィクションありき[*86]」に変形しながら、真理が人間性にとってその身を捧げることのできる唯一の価値であったならば、いかなる創造も――従って、いかなる歴史の展開も――可能ではなかっただろうと主張するのである。自らの確かめる事実から離脱するためには、人間性は真理を逸脱して、そうではない＝存在しない、しかしとりわけ「生きているものの要求」のもとではそれこそが出現して欲しいと願われる事物の状態の方を、選択することができなくてはならない。このそうではない＝存在しない事物の状態、人間性にとっての欲求と欲望を満たすこの可能的なものとは、まず第一には、フィクションなのである。換言するならば、〈健康〉とは、「生きているものの要求」に根ざしたある種の非合理性を条件とするものなのであって、そしてこの非合理性のためにこそ人間性は、多かれ少なかれ意識しながら、「『現実存在』のいかなる否定的な必然性とも混じり合おうとしない、〈行動〉に固有の権利が保存されるように[*87]」と、注意を払い続けているのである。

＊84 G. Canguilhem, « Histoire des religions et histoire des sciences dans la théorie du fétichisme chez Auguste Comte », *op. cit.*, p. 85.〔同九五頁〕

＊85 G. Canguilhem, « Descartes et la technique », *op. cit.*, p. 494.

＊86 G. Canguilhem, « Histoire des religions et histoire des sciences dans la théorie du fétichisme chez Auguste Comte », *op. cit.*, p. 85.〔同箇所〕

＊87 G. Canguilhem, C. Planet, *Traité de logique et de morale, op. cit.*, p. 802.

訳注

1 ——原文は « Philosophie périmé ou philosophie sanctionée ? »。この「失効した〔périmé〕」と「承認された〔sanctioné〕」の二語の対立は、バシュラールによる「科学的思考に固有な歴史的弁証法」の定義を参照したものである。科学史の歴史記述においては、その歴史の進行に含まれるべき「科学」と、そこから排斥されるべき「禁じられた道」とを選り分ける手続きがとられることを指摘して、バシュラールは科学史を「判定された歴史〔histoire *jugée*〕」と呼んだ（Bachelard, *Épistémologie*, textes choisis par D. Lecourt, Paris, P.U.F., 1971, p. 197〔邦訳『科学認識論』二六三頁〕）。「だから、科学的思考に固有な歴史的弁証法の重要性を理解しなければならない。要するに、失効した歴史と、現に働いている科学によって承認される歴史との弁証法を絶えず形成し、形成しなおさなければならない」（*Ibid.*, p. 198〔同二六四頁〕）。

2 ——Jean Wahl (1888-1974). フランスの哲学者。ベルクソンの非常に近しい教え子であったが、ユダヤ系であるため大戦中は収容所に送られ、一九四二年にアメリカへ亡命。フランスへのヘーゲルの最初期の紹介者であるとともに、英米哲学の紹介者でもある。ここで引用されたブラウンシュタインの言葉は、ウィリアム・ジェームズ、A・N・ホワイトヘッド、ガブリエル・マルセルの哲学を論じたヴァールの著書 *Vers le concret, Études d'histoire de la philosophie contemporaine*, Paris, Vrin, 1932 を参照している。

3 ——Alain, *Les Passions et la sagesse*, p. 1073.（『アラン著作集一　思索と行動のために』中村雄一郎訳、二二頁）

4 ——邦訳『思索と行動のために』三四頁を参照。アランは『精神と情念に関する八一章』ではこのアナクサゴラスの言葉を « Tout était ensemble ; mais vint l'entendement… » と引用し、『ジュール・ラニョーの思い出』では « Vint l'Esprit » としている（*Les Passions et la sagesse*, p. 1079 & p. 743）。

5 ——Constantijn Huygens (1596-1687). オランダの詩人・作曲家。二代にわたるオラニエ公の近臣を務めた黄金時代のオランダ共和国の名士であり、科学革命の時代の大科学者となるクリスティアン・ホイヘンスの父。デカルトとの間に多くの書簡を交わした。

結論

本書のここまでの研究が目的としていたこととは、カンギレムが「生命の規範性」という鍵概念をうち立てる際の基盤となった、哲学的源泉を突き止めることであった。そのために、我々は一九四三年以前、すなわち『正常と病理に関するいくつかの問題についての試論』が刊行された日付より前の、彼の哲学的道程を再構築することを試みた。我々はこの歩みのうちに、若きカンギレムがある一つの問いに応じるべく、順に呈示することとなった回答に即して、二つの場面を区別することとなった。その一つの問いとは、判断による必然性と行動の火急性とをいかに調停することができるのか、というものである。

青年期のごく初期のテクストの研究は、カンギレムが一九三〇年代に至るまで、第三共和政における哲学教育を支配していた潮流に属していたことを示すものであった。その潮流とは反省的分析であり、その二人の代表的な人物とは、若きカンギレムの恩師であった、ラニョーとアランである。反省的方法とは、〈私は考える〉の問いにおいてデカルトとカントを総合するものであり、それは経験の根底に活動というものが存在すること、つまり精神が自らの思うように世界に秩序と価値とを与えている、そのような活動の存在を証明することを目的とした、判断についての哲学である。それゆえに、我々は反省的「思考様式」をカントに源泉を持つ学説、すなわち、あらゆる哲学的企図の出発点に判断を据えるものである学説との関わりから論じた。

しかしながら、この主知主義的な哲学は、〔カンギレムの〕よく知られている医学博士論文の以降に展開されることとなった生命の哲学とは、かなり距離のあるものである。そのため、カンギレムと反省的「様式」との意外とも映る系統関係を辿った上で、次に目指されたこととは、精神を価値づけの力能と見なす判断の哲学から、生命こそを価値を定めるものとして捉える「生命の規範性」の哲学へ移行する、この謎めいた歩みについて理解することであった。

一九三〇年代後半のカンギレムの知的道程が証言する通りに、客観的認識から行動への変換可能性という伝統的な問いは、彼において、急速に大きく重い意味を持つこととなる。判断の哲学に対する、この活動という問いの闖入とは、明らかに当時の国際関係における文脈と関連したものである。スペインでの内戦の勃発は、包括的平和主義へのカンギレムの参与を終わらせることとなった。しかし、同時に彼は、より密かな形で、アランがその絶対平和主義の基盤としていた悟性の哲学に対して、論争を挑むことを開始する。我々は、この政治的および哲学的な危機を基底に置きながら、一九三七年から一九三八年にかけてのテクストを読んだ。それらのテクストは、技術を主題としながらも、カンギレムの思考において、規範という語彙の支配が強まることを明らかにする。彼にとって、技術的なるものは、確かに人間的経験の本質的な一場面として捉えられるのであり、そしてそこにおいて、反省的「思考様式」が展開していた規範の序列は、逆転することとなるのである。技術は科学とは異なり、学者の長々とした一連の演繹を待つことができない様々の欲求に、緊急で応答しなければならない。換言すれば、技術者は、分析的方法論の規則に従って判断することができる前に、行動することを強いられるのである。これが反省的な規範の序列を覆すことにつながる。それというのも、技術的活動においては、判断は行動によって、文字通り超え出られるからである。一九三〇年代末、行動による認識に対するこの乗り越えを、カンギレムは「生きているものの要求」に結びつける。そしてそれ以降、彼はこの「生きているものの要求」こそが、その根源性において精神を超えた、価値づけの力能であると見なすこととなる。これ以来、彼の壮年期における哲学の基礎は定められることとなったが、但し、一九三七年から一九三八年においては、そこで問題とされる「生きているもの」とは、いまだ特定の「生きているもの」、つまり人間という生きものであった。カンギレムが必要の概念に依拠しながらアメーバに判断の一形式というものを認め、そうして生きもの一般を選択の力能として考えるようになるには、実際には、一九四一年まで待たねばならない。

その上で、我々がここで結論として一個の答えを提出したいと考える、ある問いが存在する。すなわち、壮年期のカンギレムにおいて、彼の学びの日々を支配していた反省的「思考様式」から守り継がれたものとは、いったい何だったのだろうか。その答えは『論理・道徳概論』に見出される。この一九三九年のテクストは、真に『正常と病理』を予告するとまでは言えないものの、しかしもはや青年期に属するものでもない。「科学の価値」を論じた章で、カンギレムとプラネはカントの〈批判〉という試みについて論じるに至っており、次のように述べている。

それはこの理性なるものの能力についての、すなわち要するに〈実在なるもの〉〔un Réel〕一般の正当な認識の可能性についての、吟味に文字通り関わっている。そしてここにおいては、正当性〔légitimité〕の観念が決定的であるということに注意しなければならない。なぜならこの観念こそは真の問題をなすのであって、それは起源や内容の問いより、認識の価値の問いを提起するのである。[*1]

現実存在についての判断こそは「生き、考え、行動する人間」[*2]が正しい方向に向けてなすことのできる唯一の判断なのだとする独断論の公準を退けて、カントは人間の経験が持つ価値論的多様性を明らかにした。「古典的な存在論の序列を覆し」、そしてそこで「あらゆる現実存在についての判断の受容を、その価値の検証に従属させたこと」、それこそが「カントの学説をいまもなお生き生きとしたものとし、それに今日も変わることのない教育的重要性をもたらしている」とカンギレムとプラネは主張している。[*3]『純粋理性批判』第一版の「序文」で、カントは以下のように宣言した。「私たちの時代はほんらい批判の時代であって、すべては批判のもとに置かれなければならない」[*4]。この宣言の対象には、現実存在についての判断も含まれるのであって、以来この判断は、自ら自身も、哲学の法廷の前に召喚されることとなったのだ。カンギレムとプラネによれば、そこにこそ、「批判的態度」に帰されるべき「大きな射程」というものが存在する。[*5]カントの哲学は判断の時代を開いたのであり、そこにおいて〈存在〉〔l'Être〕、〈現実〉〔la Réalité〕、〈現実存在〉〔l'Existence〕なるものはもはや、思考が直ちに服従すべき絶対的なものとは見なされない。カントにおいて、もはや存在は思考に自らの価値を与え授けるものではなくなり、むしろ思考こそが存在に何らかの価値を与えるものとなった。そして哲学とはまさしく法廷となるのであり、そこでは真理——現実存在についての判断に固有の価値——を、判断にとって可能である他の諸々の価値、つまり道徳的、政治的、あるいは美学的といった諸価値と対峙させながら、現実存在についての判断それ自体が、判断される＝裁かれる〔jugé〕こととなるのである。

カンギレムが、哲学についてのこの理解に変更を加えることは一度もなかった。彼はむしろ、その射程をより根源にまでおし進めることとなる。というのも、彼はカントが「物自体」を保持したことのために、批判的態度を「その通常の発展を恐らく妨げた、存在論的偏見」[*6]から解放できなかったと見なしていたからである。カントは「同時に存在論的でもあり、批判的でもある」状態に留まった。なぜなら、彼は存在と思考の間の伝統的な従属関係を転倒させることを、最後までは徹底しなかったからである。一九三〇年代の終わりにカンギレムの主張した「価値論的主知主義」[*7]は、批判哲学の試みが未だ含み続けている可能性のある存在論的部分を取り除きながら、「ここで考えられている転倒をはっきりと受けいれ、言明する」[*8／訳注1]。そして、留保抜きに「存在に対する価値の優位を認める」[*9]ものとしてのこの〈価値論的〉というパースペクティブにおいてこそ、壮年期のカンギレムによる有名な宣言、すなわち「哲学的な真理というものはない」[*10]は理解されるべきなのである。

一九六五年にテレビ放映された「科学と真理」に関する対話の中で、カンギレムは、「近代哲学のす

＊1　G. Canguilhem, C. Planet, *Traité de logique et de morale*, *op. cit.*, p. 799.
＊2　*Ibid.*, p. 800.
＊3　*Ibid.*, p. 799.
＊4　E. Kant, *Critique de la Raison pure*, *op. cit.*, A XII, p. 65, note.〔『純粋理性批判』三頁（註）〕
＊5　G. Canguilhem, C. Planet, *Traité de logique et de morale*, *op. cit.*, p. 800.
＊6　*Ibid.*, p. 799.
＊7　*Cf.* 本書、二五九―二六一頁。
＊8　G. Canguilhem, C. Planet, *Traité de logique et de morale*, *op. cit.*, p. 793, note a.
＊9　*Ibid.*
＊10　*Cf.* « Philosophie et Science », *Revue d'Enseignement philosophique*, vol. 15, no. 2 (décembre 1964-janvier 1965), p. 10-17.

べては、とりわけカント以来、哲学的問題を全体として解決するためには真理を認識するだけでは十分ではない、ということによって特徴づけられている」[11]と告げている。カント以降、哲学に懸かっているのはそうであることを確立することではなく——それこそは科学の仕事である——、そうであることを判断する＝裁くこと、すなわち〈事実〉を〈価値〉という光に照らして鑑定することである。しかるに、我々に代わってその〈価値〉の輪郭を独断論的に定義することは、なにものにもできない。科学性が何らかの真理を確立するとすれば、そこにあるのはつまりカンギレムの述べたように「合目的性のない真理」[12]である。そして「真理の合目的性」を問い、その合目的性を全体性——それは事実によって与えられることはなく、日々構成され、再構成されるものである——へと結ぶ使命は、哲学に帰されるものなのである。哲学的判断による経験の統一性とは一個の冒険なのであり、そして冒険とはその語の定義上、決して前以て書かれているものではない。「選ばなくてはならない」。それが、『論理・道徳概論』の末尾にあたって、戦争と平和について、カンギレムが選んだ言葉であった。そのとき、そこでは第二次世界大戦が始まろうとしていた。「存在するか、しないか、自らも、そして他のあらゆるものも、選ばねばならないのだ」[13]。そのように、ラニョーの「神の現実存在についての講義」の「不朽の紙葉」——なぜならそれは、神託のように謎めいているからだ——は、閉じられている。

＊11　G. Canguilhem, « Philosophie et Vérité », *Revue d'Enseignement philosophique*, vol. 15, no. 4 (avril 1965-mai 1965), p. 11-21 ; repris dans M. Foucault, *Dits et Écrits, op. cit.*, tome 1, p. 476-492, p. 485.〔「哲学と真理」慎改康之訳、『ミシェル・フーコー思考集成　二』筑摩書房、一九九九年、二四九頁〕

＊12　*Ibid.*, p. 484.〔同箇所〕

＊13　J. Lagneau, *Cours sur l'existence de Dieu, op. cit.*, p. 358.

訳注

1――ロートがこの結論部で参照している『論理・道徳概論』第九章「科学の価値について」最初の節「認識の諸理論」の議論を説明する註には、以下のように述べられている。「以下のように対比するとわかりやすいだろう。『存在論的』哲学とは、判断、思考、価値に対し、〈存在〉の優位を認める哲学である。『批判的』哲学とはこの関係を転倒させ、従って、〈存在〉に対する〈価値〉の優位をうち立てるものである。あらゆる曖昧さを回避するためには（たとえばカントは同時に存在論的でもあり、批判的でもある）、ここで考えられている転倒を是認し、言明する哲学を、『価値論的』と言うことが適当だと認められるだろう」（*Traité de logique et de morale*, p. 793, note a.）

訳者あとがき

本書は Xavier Roth, *Georges Canguilhem et l'unité de l'expérience : juger et agir (1926-1939)*, Paris, Vrin, 2013 を訳出したものである。著者グザヴィエ・ロートは現在、グルノーブル＝アルプ大学で准教授の職にあり、原著は彼の第一著書となる。

原著は、ロートが二〇一〇年、カナダ・ケベック大学モントリオール校およびフランス・エクス＝マルセイユ大学（旧プロヴァンス大学）に提出した博士論文をもとにしている（但し、タイトルを含め、大幅な改稿が加えられている）。学位審査の主査はケベックのマテュー・マリオンとエクス＝マルセイユのイヴ・シュヴァルツが務め、副査にはジャン＝フランソワ・ブラウンシュタイン、クロード・ドブリュ、カミーユ・リモージュ、アラン・ミシェルが名を連ねている。本編をお読みいただけば気づかれる通り、「緒言」を寄せているドブリュをはじめ、シュヴァルツ、ブラウンシュタイン、リモージュは、皆カンギレムのごく近くで科学史・科学哲学を学んだ者であり、彼らはロートにとって主要先行研究者であるとともに、カンギレムという哲学者＝教育者についての貴重な証言者でもあったと言えるだろう。中でも、ロートのモントリオールでの研究の場であった科学・技術大学間共同利用研究センター（Centre interuniversitaire de recherche sur la science et la technologie）の創設者リモージュは、アメリカ・ゾーンブックス社より二〇〇〇年に出版されたフランソワ・ドラポルト編のカンギレム英訳選文集、『生の合理主義者（*A Vital Rationalist : Selected Writings from Georges Canguilhem*）』に寄せたカンギレム著作目録（"Critical Bibliography"）によって、カンギレム本人が生前に編んだ書籍には収められないままだった、数多の論考・講演録の相貌を明らかにした人物である。この著作目録が呈示した新たなカンギレム像が、本書にまとめられたロートの研究へとつながる重要な道筋をひらいたことは、本文、特に序章において強調されている通りである。ロートの原著書は、この恩師カミーユ・リモージュに捧げられている。

一　カンギレム研究の現況について

本書でロートが論じている、若きカンギレムの思想の曲折が持つ哲学史的な意義へ立ち入る前に、カンギレムという哲学者に関する近年の研究動向を確認しておきたい。本編でも、またドブリュの「緒言」でも述べられている通り、二〇一一年から刊行が開始された『カンギレム全著作集（*Œuvres complètes*）』は、「カンギレムを読む」ということの意味を大きく変えるものとなった。

ロートも本文で引用している、「ジョルジュ・カンギレムは相対的に作品の発表が少ない」というピエール・マシュレの指摘は、それが最初に記された一九九六年の時点では、確かに事実を示していた。カンギレムが自ら刊行に携わった単著は基本的に五冊（後述する教科書類を除く）、そのうちの所謂「モノグラフ」にあたる二冊は博士論文に基づくものであり、残る三冊がおよそ一〇年ごとに、その間の彼の仕事をまとめた論集の形をとっている。しかし、これらの論集はカンギレムの言説の総体を伝えようとするものでは決してなかった。すなわち、マシュレが正しく、またどこか親密な共感に根ざす確信のように語った通り、生前のカンギレムはその論考や講演記録を専門家しか見ないような媒体に発表し、そしてその中から選ばれた一部の原稿だけが、まるで「しぶしぶと（non sans réticences）」かなり時期を隔ててようやく数冊の論集にまとめられたからである（Macherey, *De Canguilhem à Foucault : la force des normes*, p. 110）。『生命の認識』、『科学史・科学哲学研究』、『生命科学の歴史におけるイデオロギーと合理性』——一九五〇年代から七〇年代にかけてのカンギレムがそのときの自らの仕事に与えた題名とはこのようなものだったが、それぞれに極めて凝縮度の高いテクストを収めたこれらの論集の背後に、その書物では語られていない多くの言葉が存在することを、彼の授業に出席したことのある教え子たちは証言し続けていた。従って、実際に一読で理解できる類のものでは全くなかったカンギレムの書物を「ちゃんと読みたい」と僅かでも願う者は、どうしても「そこにない」言葉を求めて違う場に向かう必要があったのである。(カンギレムについて、本書でも何度も言及される discret「控えめさ、口の固さ」という馴染みの形容詞は、お世辞より嫌味や恨み節の意を湛えることも多かったはずだ。)

先述のリモージュの著作目録は、そのような独特の布置に遺されたカンギレムのテクストを探り出すための、一種の地図を描く作業だったと言える。そこでは、カンギレムの最初の単著『正常と病理に関するいくつかの問題についての試論』(一九四三年)よりおよそ二〇年を遡る一九二六年から、再版や加筆版を除けば彼が生前にまとめた最後の論集である七七年の『生命科学の歴史におけるイデオロギーと合理性』の一六年後となる九三年まで、異種多様な媒体に長短(および新旧)様々なテクストが発表され続けていたことが明らかになった。かつ、それとともにリモージュは、自身の行なった作業について、次のようにも「釈明」したのだった。

間違いなく、もしジョルジュ・カンギレムが自らの著作目録を提供するよう依頼されたとしたら、彼はここに挙げられたタイトルのかなりの数のものをそこに含めなかったことだろう。それらを隠すためではなく、カンギレムは、著述家としての仕事〈作品〉*l'œuvre*と、知識人や専門家としての経歴の「痕跡」との間に、常に厳格な区別を保っていたからだ。/現代フランスの知の歴史に関心を注ぐ研究者でもある書誌作成者として、カンギレムの非凡な知的道程について、その活字化された「痕跡」のすべてを可能な限り数えあげることには、確かに意義があるはずだと私は考え続けた。多くの読者がこの考えを共有してくれるものと、私は確信している。

（Delaporte (ed.), *A Vital Rationaliste*, p. 386）

前述の通り、二〇一一年に刊行された『全著作集』第一巻は一九二六年から三九年まで、そして昨年出された第四巻は四〇年から六五年の間の、カンギレムの言葉——発表された著述に限らず、記録された発言、残された手紙を含む——を収録している（第一巻はシュヴァルツとブラウンシュタイン、第四巻はリモージュが編纂作業を率いた）。『全著作集』は六巻本として計画されており、第五巻は六六年から九五年の諸論考、第六巻は包括的な書誌の巻となることが予告されている。カンギレムが再刊せず、現在では入手が困難である教科書の類（本書で詳細に論じられている『論理・道徳概論』や、アシェット社・哲学教科書シリーズの一冊『欲求と傾向』（*Besoins et tendances*, Paris, Hachette, 1952）を除いて、生前に書籍の形にまとめられた著作は第二・三巻に振り分けられているので、つまり現時点で新たに読者に提供されることとなったテクストとは、基本的にカンギレムの歩みの「痕跡」の側に属するものとなる。

「総じて、私は自分が十分に消化できていないと思うものについては、多く喋らないのです」（Braunstein et al. (ed.), *Actualité de Georges Canguilhem : le normal et le pathologique*, p. 126）。ブラウンシュタインに対してそのように答えたこともあるカンギレムが、読者が「痕跡」を辿るのを妨げることをはっきりと意図していたのだと信じるための論拠はいくらでも見つけられる。とはいえ、たとえそうだとしても、彼は自らの痕跡をすべて廃棄してしまったわけでもなかった。その蔵書のみならず、研究発表や講義のための草稿、贈呈された抜き刷りや書簡、あるいは教育行政に関わる書類など、これもやはり膨大な量の一次資料が息子ベルナール・カンギレムらによってパリ高等師範学校に寄贈され、現在ではCaphés、科学哲学・科学史・科学出版史料センター（Centre d'Archives en Philosophie, Histoire, et Édition des Sciences）に「ジョルジュ・カンギレム文庫（Fonds Georges Canguilhem）」として整理されて、閲覧を希望する者の利用に付されている。つまり私たちが読むことのできる「カンギレムのテクスト」の内容は、彼の死を境に一変したのである。講義草稿の活字化・出版は故人の遺志によって禁じられているということであるから、逆に考えるならば、これらの資料が残され、私たちに与えられているという事実自体を、この「口の固い人」の一つの意図として受け取ることも許されるだろう。

そうして、この「カンギレム文庫」の目録を眺めてみると、なぜ『全著作集』の編者たちが、全集の表紙に様々な「花崗岩の石切り場」の写真を選んで使うこととしたのか、その心持ちが理解できるような気がしてくる。読むべき言葉、聴くべき言葉が、山のように積もって、そこにはある。だが、恐らくそれは通常の「読書」ではないだろう。切り立った、あるいは奥深く閉じこもった、堅い岩盤のどこからまず穴を穿つべきであるのか、なされるべき「労働」は、はかり知れないものであることが予感される。「ジョルジュ・カンギレム研究」は、ここからもう一度始められねばならないものとして、今日、私たちに示されているのである。

二　ロートの研究の位置づけ

本書のロートの研究は、そのような意味における「新しいカンギレム研究」の、まさしく嚆矢をなすものである。ロートは、先に名前を連ねた研究指導者たちとともに『全著作集』の整理・編纂にごく近くで立ち合っており、第一巻では、青年カンギレムの知的経歴の凝集点と言うべき『論理・道徳概論』についての詳細な解説を執筆している。

つまりロートの研究とは、『全著作集』の編纂作業とともに歩みながら、いわば他に先駆けて、この恐らく最も分け入るのが困難である時期のテクストの森を検分し、しかもそこから一つの独自の「議論＝地図」を持ち帰ってきた貴重な第一証言である。本書のロートの議論には、文献にあたる手続きの慎重さと、材料から見取り図を展開する際の跳躍の大胆さとが、同時に見出される。率直に述べるなら、あるいは「博士論文ならでは」と言えるかもしれないこの特性が、カンギレムという独特の筆致の持ち主であった哲学者のテクストを「読み直す」ことに、大きく寄与していると私には感じられた。本訳において、フランスで既に発表された他の数多くのカンギレム論の傍らで、このひときわ若い世代に属すロートの研究を紹介したいと考えたのは、そのためである。

序章で「仮面を被って舞台に歩み出るカンギレム」という印象深いイメージを――ジル・ドゥルーズの『ニーチェ』の「選集」、その第一部の「哲学者とはなにか？」の冒頭の断片が「仮面をつけた哲学者」と名付けられていたことを思い起こさせる――しかもデカルトという哲学者の若き姿と重ねながらうち出している通り、ロートがカンギレムのテクストを読むためにまず採ってみせた立場とは、極めて明快なものだろう。それは、一方では「フランス・エピステモロジーの大家」、他方では「一九六〇年代フランスの主導的哲学者すべての恩師」として、既にその地位が確立されているような人物とはまだ関係のない、ある熱心な哲学研究者の書きつけた文言を読むことである。

従って当然のことながら、序章の冒頭から警戒すべき、かつ必ず常に念頭に置いておくべきカンギレムの像として、ミシェル・フーコーの「生命――経験と科学」が言及されることとなる。「厳格であり、科学史のある特定の領域に注意深く身を投じている」、「彼自身はおよそ参加しようとはしなかった議論のなかで、彼の作品が問題とされることになった」カンギレム。そして何よりも、「経験、意味、主体の哲学と、知、合理性、概念の哲学。一方ではサルトルとメルロ゠ポンティの系譜があり、他方にはカヴァイエス、バシュラール、カンギレムの系譜がある」という二〇世紀フランス哲学史の鮮やかな整理は、たとえば一九九五年のカンギレム死去の際の多くの追悼記事の中で、殆ど定型として繰り返されることとなった。

私見としては、このフーコーの論文以上に「カンギレムにとって何が問題だったのか」を正確に書きあらわした作品は、やはり未だ存在しない。また、マシュレの回想する、一九八八年に開催されたシンポジウム「哲学者フーコー」において、聴衆の中からカンギレムが発言し、フーコーがいわば「絶筆」の一つとして残した「生命――経験と科学」への深い感謝を示したという挿話（Macherey, *op. cit.*, p. 26）も、単に「よき師弟」といった関係を証言するに留まるべきでない。カンギレムが一九六一年にフーコーの博士論文「狂気と非理性」に出会ったことが持った意味、そして『言葉と物』の議論とカンギレムの語られない「体験」とを結ぶ遡及的な一致を論じることに一章（「移行のために」）を割くロートの手続きは、それゆえ、本書が私たちに与える視野をよりいっそう信頼に足るものにすると強調したい。なぜなら、これによって、本書でロートが辿っているカンギレムの知的な足取りとは、つまり「なぜカンギレムがその問題を問わねばならなくなったのか」を示す史料にほかならないことを、私たちはあらためて意識することができるからだ。そしてそのように捉えた場合、このカステルノダリの豊かな農家からパリへとやってきた真面目で優秀な生徒が何を――しかも実に真剣に――学び、そしてその帰結としてやがていかなる転回が――つまりブラウンシュタインが「カンギレム以前のカンギレム」と名付けるほどに、「以前」と「以後」を切り分けるような不連続の感覚を発生させる歩みが――出現することになったのかを知ることは、それ自体が確かに「二〇世紀フランス哲学史」の運動の、ある優れた「表現」、あるいは切実な「ケース」を見ることそのものなのだと知ることができるからだ。

「歴史の中に不連続の思考を導入すること」、いまでは当たり前のことのようにフーコーとカンギレムをつなぐ共通項として語られるこの問いが、しかしそもそも、なぜ彼らにおいては「歴史叙述」の実践によってこそ、あのときあの場で示されなければならなかったのか。しかもそれは「正常なものと病理的なもの」、身体、概念、性的なもの、知、正義、真理……と、なぜそのようなものたちについての「歴史」でなければならなかったのか。「私は自分が十分に消化できていないと思うものについては多く喋らない」、そう述べるときのカンギレムはかたくなである。本書の分析において、ロートは、フーコーこそがカンギレムの「消化できなかった」体験を初めて説明＝診断することができたのだと述べつつ、しかし「生命――経験と科学」のフーコーの説明では当該の体験そのものにとって、あまりにも鮮やかすぎるのだという留保も示している。なぜなら、そうしてフーコーの「説明」を画定済みの起点にして論じ始めてしまった瞬間、私たちにとって見えなくなってしまう基層、「説明済み」

としてもはや埋められたままとなってしまう、その「説明」を出現させたはずの困難というものが忘却されることになるからである。ロートはその「困難」を、若きカンギレムの哲学的模索が突き当たることとなった、つまり、一九世紀末から二〇世紀初頭のフランス哲学を支えたある支柱を受け取ろうとした人物が衝突することとなった、一つの「史的状況」として本書で描き出そうとしているのだと理解できる。繰り返すなら、それはまさしくフランス哲学史そのものの「体験」として捉えられるべき場面である。「哲学史」が「消化しきれない」こととなったものを、ロートはカンギレムの体験の中に突き止めようとするのだとも言うことができる。だから、ここで追い求められるカンギレムとは、一貫して「哲学者」なのである。

本書において、この「消化できないもの」の源泉をなすのは、若きカンギレムの第一の師としてのアラン、およびその恩師ジュール・ラニョーの哲学である。本書のもととなったロートの博士論文は「ジョルジュ・カンギレムと〈フランス活動学派〉（*Georges Canguilhem et l'école française de l'activité*）」と題されており、その前半部はこの「活動学派」なる一つの哲学的系統の存在を、フランス哲学史の中に位置づけ直すことを主眼としている。本書の構成ではカンギレムの哲学的履歴の再検討により重心が置かれる形となっているが、ロートの研究のそもそもの「賭け金」とは、ある捉えがたい系統をもう一度明確に哲学史の中に引き直す作業と、その系統に連なるものとしてのカンギレム哲学の呈示にほかならない。本書においてロートはその手がかりを「反省的思考様式」に設定し直し、「反省」という方法論を指標としながら、この「学派」の運動を跡づけることを試みている。

今日、カンギレムの著作を読むためにラニョーを参照する手続きがとられることはまずないだろう。しかし、フランス哲学史の一時代を確かに象徴しているはずのラニョーやアランに加え、さらにジュール・ラシュリエまで遡って、一九世紀フランス哲学がいかにしてカントの「純粋理性」の運動としての「主体」を受けとめてきたのかが振り返られたとき、そこから私たちが引き出すべき論点は、殆ど尽きることがないほどだと感じられる。「彼の知っているカントを開陳すればよいだけの駿馬カンギレム」はもちろん、フーコーの「啓蒙とは何か」と

「生命——経験と科学」をつないでいた問題系、すなわち「一八世紀以来、科学史が哲学的課題を担うことの理由」として語られる「啓蒙」の議論を思い出させる。カントが回答を与えた「啓蒙」の問いの、フランス的受容の歴史としての「科学史」——あのフーコーの議論は、確かにフランス哲学を「経験、意味、主体の哲学と、知、合理性、概念の哲学」という二つの領土に分割するものとも読めるが、しかし、それがカントという一本の線を共有し、その周囲を捻転するものであると読めばどうなるだろうか。ましてや、そこに「価値」という「時＝契機〔moment〕」と不可分の、「現在性」の問いこそが問われているのだと読み直したならば。まさしくそこに描かれていた「フランス哲学の歴史」の渦の末流を歩んだカンギレムの道程を、この捻じれに添うようにして進まれた、ある消化できない「矛盾」、すなわち何らかの概念の永遠の姿では決して表象することのできない「反対物の一致するところ」の経験として読むことができるのではないか。そしてそれは恐らく、フーコーについても また同様に言うことができるはずだ。

また、その「カントという一本の線をめぐる捻じれ」を想起した場合には、当然のことながら、カンギレムにとってニーチェがいかなる存在として読まれたのか、という問いに対しても、新たな視角がひらかれることになるだろう。本書の第一章で、バシュラールにおける科学史という歴史叙述の本性への意識が、既に「ニーチェ的」なものとして示されていたことが明らかにされているのは重要である。ニーチェによる同時代ドイツ歴史哲学への苛烈なる反発と、現在性からの創設たる力への意志は、「カントという一本の線」に対していかに配置されるべきなのか。そして、そのような光の下でカンギレムのニーチェ論「科学と反科学について」(« De la science et de la contre-science », *Hommage à Jean Hyppolite*, P.U.F., 1971) を読み直したならば、フーコーがカンギレムに与えた「合理主義者」という呼称には、実に複層的な意味を読みとるべきものと考えられるだろう。

カンギレムにとって「合理性」は確かに最も重い主題であり続けたのであり、しかもその主題は、ほかならぬデカルトの〈コギト〉以来、途切れることなく問われ続けた人間学の問いであるとも捉えられる。それはカンギレムが一九四七年にデカルト論を書こうとしながら頓挫し、そして代わりに「哲学博士論文」としてあの極めて優れた科学史的書物である「一七・一八世紀における反射概念の形成」を書きあげたこととも、恐らく深く関わっている。デカルト－カント－ニーチェという哲学者たちこそが、カンギレムの取り組まねばならない課題であったのだとすれば、ここにおいても再び、カンギレムにおいて「主体」がもはや問うべきものでなくなったなどとは、到底言うことはできない。

ならば、なぜそこで「生物学的規範性」という概念が登場することとなるのか。この概念を「謎」として際立たせ、問い直した点に、本書の大きな意義はある。本書においてロートは、カンギレムが「回り道」を歩み、「仮面」を被らねばならなかったことを論じている。一方でフーコーは、そのカンギレム論の起点でカントを論じ、そして結論においてニーチェの名に触れた。カントによってひらかれ、そしてニーチェによって立ち向かわれたある歴史的場面に対して、二〇世紀を生きたカンギレムは「生命」と「科学」を論じることによって向き合ったのだ。そこに「回り道」があり、そして「仮面」が生じたのだとすれば、私たちは何によって惑わされている危険に気づくべきなのか。問いをそのように捉えてみたとき、私たちは新しい「暗号解読格子」をもって、カンギレムという「謎めいた」哲学と再び出会い直すことができる。そうして、彼のテクストが論じている事柄が、いったい何を問うためにそのように論じられているのか、すなわち哲学者カンギレムがなぜ科学の歴史をあのように記述し続けたのかを、ほかならぬ「哲学史」の問いとして、いまこそ問うことができるだろう。

＊

あらためて、カンギレムのテクストというこの堅固な岩盤に挑む力業によって、多くの道筋を切りひらいてくれたロートに、一人の「同僚」として最大の敬意と感謝を表したい。それとあわせて、本書を翻訳しながら交わした対話の中でロートが教えてくれた、彼が現在着手しているという研究についても触れておきたい。ロートの専門は規範性の哲学、エピステモロジー研究であるとともに、行動および道徳心理学を含み、グルノーブル＝アルプ大学では教育学研究科に属している。グルノーブル＝アルプ大学へ移る以前は、彼はエクサンプロヴァンスのレ・ミル強制収容所（Camps des Milles）・歴史・人間科学博物館に研究員として所属していたが、二〇一五年一一月一三日のパリでの大規模テロ以来、このレ・ミル強制収容所博物館での研究課題であった、過激な差異主義の形成過程に関する分析を再開したという。ロートはこれを「（今日のフランス的な意味での）共同体（差異）主義の伸長に対抗できる教育および社会的ケアを育てることを目指すもの」と説明してくれた。そして、「過激思想とは、カンギレムが生命の社会化と呼んだもの、つまり生命的規範の社会的規範に対する従属ではないのだろうか」とも。この彼の新たな研究課題もまた、決して容易なものではないだろう。しかし、「ライシテ」という近代の人間学的プロジェクト＝計画（プラン）を国家としてひとたび実行に移したフランスという国の特異性を、ロートは研究者として引き受け続けることを選択したのだと私には理解された。彼の研究の今後を追い、そこから学び続けたいと思う。

本書の題名は「カンギレムと経験の統一性」と訳したが、実はここには、一つの翻訳上の困難があった。l'unité の語は、いわば「統一＝単位」と訳を併記したいような語であって、すなわち「統一されている」という状態と、その状態を作り出すもの、つまり「統一するもの」（＝「統一性」）という作用の、両方の意味をこの一語は担っていると読むべきだろう。そして、ロートの言葉を借りれば「人間がそうであるところの、この生」なるものにおいて発生する「経験」の「統一」が問われるときには、この「統一するもの」とは、まさしく「人間」および「主体」を問うことにおける、受動態と能動態の双方に関わる両義性を意味するものとなるはずだ。

末尾になるが、本訳を法政大学出版局から刊行できることに心から感謝したい。この叢書ウニベルシタスによって、日本の読者は、先に言及したカンギレムの五冊の主著をすべて邦訳で読むことができる。これは驚くべき環境であって、そのおかげで、私もフランス語など読めない学生時代から何度も繰り返しカンギレムの難解な議論に挑み、その都度はじき返されながらも、いままで彼の言葉にかじりつき続けてくることができた。今回の翻訳に際しても、この五冊の邦訳を傍らに置き続け、そうしてカンギレムのフランス語と邦訳の日本語とを眺めながら、いくつもなお新たな理解の瞬間を得た。このように先達の訳者の方々に御礼申しあげる機会を与えられたこと自体が、私には望外の幸運である。

その幸運は、法政大学出版局の前田晃一さんに、本書を出版することを引き受けていただけたことによる。「カンギレムは読まれなくてはいけません」と言い続けてくださった前田さんは、私にとって文字通りの羅針盤となって、滞りがちな訳業を導いてくださった。繰り返し、深謝申しあげる。

そして最後に、この拙い翻訳書を、私のような後進の者たちのために大きく扉を開けておいてくださった、金森修先生に献じることを許されたい。師リモージュに初の著書を献呈した原著者ロートに力を借りて、私もここで、金森先生から受けた学恩への、尽きることのない感謝を記したい。

田中祐理子

二〇一六年一一月

主要参考文献

ジョルジュ・カンギレムの著作（年代順）

Œuvres complètes, tome 1, *Écrits philosophiques et politiques 1926-1939,* Paris, Vrin, 2011.

Essai sur quelques problèmes concernant le normal et le pathologique, Publications de la Faculté des Lettres de l'Université de Strasbourg, Fascicule 100. Clerment-Ferrand, Imprimerie "La Montagne", 1943.

« Milieu et normes de l'homme au travail », dans *Cahiers Internationaux de Sociologie*, vol.3, 1947, p. 120-136.

« Note sur la situation faite en France à la philosophie biologique », dans *Revue de métaphysique et de Morale*, vol. 52, juillet-octobre 1947, p. 322-332.

« Réflexions sur la création artistique selon Alain », dans *Revue de métaphysique et de morale,* vol. 57, avril-juin 1952, p. 171-186.

La connaissance de la vie (1952), 2e édition revue et augmentée, Paris, Vrin, 1965. 〔『生命の認識』杉山吉弘訳、法政大学出版局、2002年〕

« La signification de l'enseignement de la philosophie », dans Collectif, *L'enseignement de la philosophie. Une enquête internationale de l'Unesco*, Paris, Unesco, 1953.

La formation du concept de réflexe aux XVIIe et XVIIIe siècles (1955), 2e édition revue et augmentée, Paris, Vrin, 1977. 〔『反射概念の形成——デカルト的生理学の淵源』金森修訳、法政大学出版局、1988年〕

« Philosophie et Science », dans *Revue de l'Enseignement philosophique*, vol. 15, no. 2 (décembre 1964-janvier 1965), p. 10-17.

« Philosophie et Vérité », dans *Revue de l'Enseignement philosophique*, vol. 15, no. 4 (avril 1965-mai 1965), p. 11-21 ; repris dans M. Foucault, *Dits et Écrits* I, Paris, Gallimard, 2001, p. 476-492. 〔「哲学と真理」慎改康之訳『ミシェル・フーコー思考集成 2』筑摩書房、238-258頁〕

Le normal et le pathologique, Paris, P.U.F., 1966. 〔『正常と病理』滝沢武久訳、法政大学出版局、1987年〕

« Mort de l'homme ou épuisement du Cogito », dans *Critique*, 242, juillet 1967, p. 599-618.

Études d'histoire et de philosophie des sciences (1968), Paris, Vrin, 7e édition, 1994. 〔『科学史・科学哲学研究』金森修監訳、法政大学出版局、1991年〕

« Commémoration à l'ORTF, France-Culture, 28 octobre 1969 », texte de l'intervention repris dans J.Cavaillès, *Œuvres complètes de philosophie des sciences,* Paris, Hermann, 1994, p. 677-678.

« De la science et de la contre-science », dans *Hommage à Jean Hyppolite*, Paris, P.U.F., 1971, p. 173-180.

Idéologie et rationalité dans les sciences de la vie, Paris, Vrin, 1977.〔『生命科学の歴史——イデオロギーと合理性』杉山吉弘訳、法政大学出版局、2006年〕

« Une vie, une œuvre 1903-1944, Jean Cavaillès, philosophe et résistant, France Culture (27 avril 1989) », dans J. Cavaillès, *Œuvres complètes de philosophie des sciences*, Paris, Hermann, 1994, p. 683-686.

« Qu'est-ce qu'un philosophe en France aujourd'hui ? », dans *Commentaire*, vol. 14, no. 53 (printemps 1991), p. 107-112.

« Témoignage », dans *Silvio Trentin. Saggi e Testimonianze*, Gennaio, Marsilio editori, 1991, p. 176-178.

« Un inédit de Georges Canguilhem : Ouverture du colloque Alain-Lagneau », dans *Revue de l'enseignement philosophique*, vol. 46, no. 1 (septembre-octobre 1995), p. 69-70.

Vie et mort de Jean Cavaillès, Paris, Allia, 1996.

Écrits sur la médicine, Paris, Seuil, 2002.

ジョルジュ・カンギレムに関する研究

BALIBAR E., CARDOT M., DUROUX F., FICHANT M., LECOURT D., ROUBAUD J., *Georges Canguilhem. Philosophe, historien des sciences*, Paris, Albin-Michel, 1993.

BING F., BRAUNSTEIN J.-F., ROUDINESCO E. (dir.), *Actualité de Georges Canguilhem. Le normal et le pathologique*, Actes du Xe Colloque de la Société internationale d'histoire de la psychiatrie et de psychanalyse, Paris, Les empêcheurs de penser en rond, 1998.

BRAUNSTEIN J.-F., « Canguilhem avant Canguilhem », dans *Revue d'histoire des sciences,* vol. 53, no. 1, janvier-mars 2000, p. 9-26.

——— *Canguilhem. Histoire des sciences et politique du vivant*, Paris, P.U.F., 2007.

DAGOGNET F., *Georges Canguilhem. Philosophie de la vie*, Paris, Les empêcheurs de penser en rond, 1997.

DEBRU C., *Georges Canguilhem, Science et non-science*, Paris, ENS Rue d'Ulm Éditions, 2004.

FAGOT-LARGEAUT A., DEBRU C., MORANGE M. (dir.) HAN H. (éd.), *Philosophie et médecine. En hommage à Georges Canguilhem*, Paris, Vrin, 2008.

GAYON J., « Le Concept d'individualité dans la philosophie biologique de Georges Canguilhem », dans M. Bitbol, J. Gayon (dir.), *L'Epistemologie française 1830-1970*, Paris, P.U.F., 2006, p. 431-463.

GUILLIN V., « Les études cartésiennes de G. Canguilhem », dans *Les Cahiers philosophiques*, no. 114, Paris, CNDP, 2008, p. 65-84.

LAGACHE D., « Le normal et le pathologique d'après M. Georges Canguilhem », dans *Revue de métaphysique et de morale*, no. 51, 1946, p. 355-370.

LE BLANC G. (dir.), *Lectures de Canguilhem : le normal et le pathologique,* Fontenay-aux-

Roses, « Feuillets de l'ENS », 2000.
——— *La vie humaine. Anthoropologie et biologie chez Georges Canguilhem*, Paris, P.U.F., 2002.
LECOURT D., *Pour une critique de l'épistémologie (Bachelard, Canguilhem, Foucault)*, Paris, Maspero, 1972.
——— *Georges Canguilhem*, Paris, P.U.F., « Que sais-je ? », 2008.〔『カンギレム』沢崎壮宏・竹中利彦・三宅岳史訳、文庫クセジュ、2011年〕
LIMOGES C., « Critical Bibliography », dans *A Vital Rationalist. Selected Writings from Georges Canguilhem*, Fr. Delaporte (dir.), traduit par A. Goldhammer, New York, Zone Books, 1994, p. 384-454.
MACHEREY P., *De Canguilhem à Foucault, la force des norms*, Paris, La fabrique éditions, 2009.
Revue de métaphysique et de morale, 90e année, no. 1, janvier-mars 1985, numéro spécial consacré à Georges Canguilhem.
SCHWARTZ Y., « La radicalité de Georges Canguilhem », compte-rendu de l'ouvrage de C. Debru *Georges Canguilhem, Science et non-science, dans La quinzaine littéraire*, no. 891, 1-15 janvier, p. 17-18.

その他の文献

ALAIN, *Les Arts et les Dieux*, Paris, Gallimard, « Bibliothèque de La Pléiade », 1958.
——— *Les Passions et la Sagesse*, Paris, Gallimard, « Bibliothèque de La Pléiade », 1960.
BACHELARD G., *La formation de l'esprit scientifique* (1938), Paris, Vrin, 1975.〔『科学的精神の形成』及川馥訳、平凡社ライブラリー、2012年〕
——— *La philosophie du non* (1940), 4e éd., Paris, P.U.F., 1994.〔『否定の哲学』中村雄二郎・遠山博雄訳、白水社、1998年〕
BARRÈS M., Les Déracinés. *Le roman de l'énergie nationale*, tome 1, Paris, Plon, 1922.〔『根こぎにされた人々』吉江喬松訳、新潮社、1932年〕
BERGSON H., *Essai sur les données immédiates de la conscience* (1889), Paris, P.U.F., 1948.〔『意識に直接与えられるものについての試論——時間と自由』合田正人・平井靖史訳、ちくま学芸文庫、2002年〕
——— *L'Évolution créatrice* (1907), Paris, P.U.F., 1999.〔『創造的進化』合田正人・松井久訳、ちくま学芸文庫、2010年〕
BRAUNSTEIN J.-F., *L'histoire des sciences. Méthodes, styles et controverses*, Paris, Vrin, 2008.
CANIVEZ A., *Jules Lagneau, professeur de philosophie. Essai sur la condition de professeur de philosophie à la fin du XIXe siècle*, 2 tomes, Paris, Les Belles Lettres, 1965.
CASSOU-NOGUÈS P., GILLOT P. (éd.), *Le Concept, le sujet et la science*, Paris, Vrin, 2009.
COMTE A., *Philosophie des sciences*, présentation, choix de textes et notes par Juliette Grange, Paris, Gallimard, 1996.
DESCARTES, *Œuvres philosophiques*, édition Alquié, 3 tomes, Paris, Garnier, 1963-1973.

FOUCAULT M., *Les mots et les choses*, Paris, Gallimard, 1966.〔『言葉と物——人文科学の考古学』渡辺一民・佐々木明訳、新潮社、1974年〕

GRANEL G., « Michel Alexandre et l'école française de la perception », dans *Critique*, no. 183-184, août-septembre 1962, p. 758-788.

GUEROUT M., *Histoire de l'histoire de la philosophie*, tome 3, Paris, Aubier, 1988.

GUTTING G., *Michel Foucault's archeology of scientific reason*, Cambridge, Cambridge University Press, 1989.〔『理性の考古学——フーコーと科学思想史』成定薫・金森修・大谷隆昶訳、産業図書、1992年〕

KANT E., *Critique de la Raison pure* (1781 ; 1787), traduction française d'A. Renaut, Paris, Flammarion, 2001.〔『純粋理性批判』熊野純彦訳、作品社、2012年〕

LACHELIER J., *Du fondement de l'induction* (1871), Paris, Pocket, 1993.

LAGNEAU J., *Célèbres leçons et fragments* (1950), 2e éd., Paris, P.U.F., 1964.

LE SENNE R., *Le Devoir,* Paris, Alcan, 1930.

LETERRE T., *Alain. Le premier intellectuel,* Paris, Stock, 2006.

PASCAL G., *L'idée de philosophie selon Alain*, Paris, Bordas, 1970.

POLITZER G., *La fin d'une parade philosophique, le bergsonisme,* Paris, J.-J. Pauvert, 1967.

SCHMAUS W., « Kant's Reception in France : Theories of the Categories in Academic Philosophy, Psychology and Social Science », dans *Perspectives on Science*, vol.3, no. 1, 2003, p. 3-34.

SIRINELLI J.-F., *Génération intellectuelle. Khâgneux et Normaliens de l'entre-deux-guerres*, Paris, P.U.F., 1994.

《叢書・ウニベルシタス　1050》
カンギレムと経験の統一性
判断することと行動すること　1926-1939年

2017年2月10日　初版第1刷発行

グザヴィエ・ロート
田中祐理子 訳
発行所　一般財団法人　法政大学出版局
〒102-0071 東京都千代田区富士見 2-17-1
電話03(5214)5540 振替00160-6-95814
組版：HUP　印刷：ディグテクノプリント　製本：誠製本

Printed in Japan

ISBN978-4-588-01050-7

著　者

グザヴィエ・ロート（Xavier Roth）

エクサンプロヴァンスのレ・ミル強制収容所（Camps des Milles）・歴史・人間科学博物館の研究員などを経て、現在はグルノーブル＝アルプ大学教育学研究科准教授。専門は規範性の哲学。本書は、2010 年にカナダ・ケベック大学モントリオール校およびフランス・エクス＝マルセイユ大学（旧プロヴァンス大学）に提出した博士論文をもとにしている。2011 年から刊行が始まった『カンギレム全著作集（*Œuvres complètes*)』第 1 巻では編集委員に加わり、カンギレムとカミーユ・プラネの共作になる教科書『論理・道徳概論（*Traité de Logique et de Morale*)』の解説を担当。

訳　者

田中祐理子（たなか・ゆりこ）

1973 年生まれ。東京大学大学院総合文化研究科（超域文化科学専攻・表象文化論）博士課程単位取得退学。博士（学術）。現在、京都大学人文科学研究所助教。専門は哲学、近代医学思想史。著書に『科学と表象──「病原菌」の歴史』（名古屋大学出版会、2013 年）。共著に金森修編『合理性の考古学──フランスの科学思想史』（東京大学出版会、2012 年）、富永茂樹編『啓蒙の運命』（名古屋大学出版会、2011 年）など。